U0956573

报道伊斯兰

Edward W. Said

［美］爱德华·萨义德 著

阎纪宇 译

Covering Islam

媒体与专家如何决定我们观看世界其他地方的方式

How the Media and the Experts Determine How We See the Rest of the World

上海译文出版社

报道·掩饰·揭露

——东/西二元对立及其不满*

《报道伊斯兰》推荐序

> 今日的“伊斯兰教”一词虽然看似一件单纯事物，其实却是虚构加上意识形态标签，再加上一丝半缕对一个名为伊斯兰的宗教的指涉。
>
> ——萨义德，《报道伊斯兰》
>
> 批评必须把自身设想成为了提升生命，本质上就反对一切形式的暴政、宰制、虐待；批评的社会目标是为了促进人类自由而产生的非强制性的知识。
>
> ——萨义德，《世界·文本·批评家》

《报道伊斯兰》

手边有两本平装的《报道伊斯兰：媒体与专家如何决定我们观看世界其他地方的方式》(*Covering Islam: How the Media and the Experts Determine How We See the Rest of the World*)，一本是 1981 年版，设计得十分素雅，白色封面上是一长纵条有如撕下来的淡灰色告示,告示上有书名和作者姓名,书名的正、副标题之间夹着一张小照片,照片上左方是两位身穿军服的中东人,面带微笑,其中一人还炫耀似的双手抱持冲锋枪,右方背对镜头的显然是一位白人男记者,大胡子的他背着相机袋,手持相机"瞄准"(aim at)战士,正要"拍摄/射击"(shoot)。另一本则是 1997 年的增订本,封面更为多彩多姿,除了作者和书名之外,也标示了本版经作者增补并撰写新序,上下方分别以黑、红为底色,特别醒目的是中间几乎占了一半封面的彩色照片,照片中间是一堵水泥矮墙和铁栅栏,之后似乎是一座公园,有草地、大树、步道、远山,一片自然、静谧、祥和的景象,左方蹲跪在水泥墙和铁栅栏之前的却是一位戴着头巾、穿着白色中东服饰、双手持冲锋枪的男子,正全神注视着青葱的公园内,右方侧对镜头的则是一位穿着白衬衫黑西裤的白人男子,同样蹲着,相机袋置于身旁地上,手持着高性能相机,正聚精会神地对准持枪者,同样是在"瞄准",准备"拍摄/射击"。相隔 16 年的两个版本选择了类似的"螳螂捕蝉,黄雀在后"的呈现方式,这绝非偶然,而是隐喻了萨义德这本书元批判的(metacritical)性质。

萨义德为当今举世闻名的文学与文化批评家,也是公认的后殖民论述的奠基者之一。他于 1935 年 11 月 1 日出生在耶路撒冷,是家中的长子(也是独子),父亲是当时中东首屈一指的文具商,具有过目不忘的记忆力,个性强悍,教子甚为严

* 本文之撰写承蒙吕洁桦小姐协助搜集资料,李有成先生、何文敬先生、纪元文先生过目,陈雪美小姐润饰,特此致谢。

苛，母亲则深爱文学、音乐、戏剧，对于独子宠爱与疏离兼而有之。萨义德便是在父母亲的严格要求与悉心调教下成长，在英国殖民统治及美国势力扩张期间，就读于埃及开罗的英国学校和美国学校，因此对于身为殖民地的子民有着切肤之痛的感受："殖民主义和帝国主义对我来说并非抽象，而是特殊的经验和生命的形式，具有几乎不堪忍受的具体感"（"Interview with *Diacritics*" 36）。他于 1951 年赴美就读一流中学，先后获得普林斯顿大学学士（1957 年），哈佛大学硕士（1960 年）、博士（1964 年），博士论文探讨的对象就是同为流亡者（exile）的波兰裔英国小说家康拉德（Joseph Conrad）。萨义德自 1963 年起任教于纽约的哥伦比亚大学迄今，讲授英美文学与比较文学①。

萨义德多次说过，1967 年的中东战争是他人生的转折点：之前，学术与政治分属两个截然不同的领域，他则是专注于研究与教学的学院人士；之后，他开始关注学术与政治的相关性，并接连写出所谓的中东研究三部曲——《东方主义：西方对于东方的观念》（*Orientalism: Western Conceptions of the Orient*, 1978）、《巴勒斯坦问题》（*The Question of*

① 有关萨义德的前传，详见《乡关何处：萨义德回忆录》（*Out of Place: A Memoir*）。有关其他的生平和学术简介以及对于知识分子的见解，可参阅笔者中译的《知识分子论》（*Representations of the Intellectual*）之"绪论"及为彭淮栋中译的《乡关何处》所撰写的导读"流亡·回忆·再现——萨义德书写萨义德"。若想了解萨义德自 1966 年以来十余本专著的大要，可参阅笔者的"萨义德专著书目提要"（《知》213—221）。对于萨义德的访谈录感兴趣的读者，可参阅薇思瓦纳姗（Gauri Viswanathan）编辑的《权力·政治·文化：萨义德访谈录》（*Power, Politics, and Culture: Interviews with Edward W. Said*, 2001），此书精选了自 1976 年至 2000 年 29 篇萨义德的英文访谈录，也可参阅笔者为萨义德所作的三篇中文访谈录。

Palestine, 1979)和《报道伊斯兰》(1981)。他在后者的“绪论”中开宗明义指出:“这本书是我一系列著作中的第三本,也是最后一本。在这一系列作品中,我试图处理两个阵营在现代的关系,一边是伊斯兰教、阿拉伯人与东方的世界,另一边则是西方世界:法国、英国,以及最重要的美国。”(p. 99)他接着针对三本书的性质做了如下的描述:《东方主义》“最全面性”,探讨从1798年拿破仑率军入侵埃及,一直到第二次世界大战后美国强权兴起,其间“各个阶段”的东、西方世界之间的关系,其“背后的主题是知识与权力之间的从属关系”(p. 99);《巴勒斯坦问题》采取个案研究的手法,将巴勒斯坦人争取民族自决的诉求及行动与犹太复国主义及以色列之间的长期抗争,视为东、西方世界关系的具体呈现,“试图更明晰地描述潜藏于西方人看待东方观点之下的事物”(p. 99);至于《报道伊斯兰》的主题则“切合当前时事:西方世界——尤其是美国——对于伊斯兰世界的反应”(p. 100),着重西方媒体对于特定事件(如石油危机、伊朗革命、人质危机)的报道,并指出官(国家政策)—产(媒体报道)—学(专家意见)三者之间的共谋关系。

本书出版16年后,1997年萨义德在初次接受笔者访问时,不但说明这三本书的意义与关联性,更把它们连接上他一贯重视的再现(representation)、东西对立、文化政治(cultural politics)以及解放(liberation)等议题:

> 在这三本书中,我集中于再现的问题,以及再现作为研究的对象与政治、经济机构的研究之间维持着多少自主——而不是完全独立、不相往来——的

关系。对我来说,再现的研究是重大的文化议题,而我在那三本书中所处理的就是再现的力量——以强制和知识力量的方式,决定所谓非欧洲人的命运,因此西方描绘伊斯兰世界的方式与犹太复国主义者把巴勒斯坦描绘、再现成空白之地的方式有关,根本不把原住民放在眼里。这也和媒体的方式有关,而这是《报道伊斯兰》的主题:当代媒体把伊斯兰世界再现成恐怖、非理性的世界等等。但是,我认为这三本书的作用在于它们能延伸到其他文化脉络中的再现,以及再现的意义和塑造等问题,也能与亨廷顿(Samuel Huntington)所说的"文明的冲突"当前这个议题相关。我认为那是一个自然发展的过程。因此,我试着做的便是谈论这些作品所具有的解放效应,也主张更仔细地分析文化可以使我们超越"我们"对抗"他们"这种思考模式。(《知》167—168)

对一般读者而言,《报道伊斯兰》这本书既不像萨义德其他学术著作,如《东方主义》或《文化与帝国主义》(*Culture and Imperialism*, 1993)那般渊博与艰深,也不像《巴勒斯坦问题》、《最后的天空之后:巴勒斯坦众生相》(*After the Last Sky: Palestinian Lives*, 1986)、《流离失所的政治:巴勒斯坦自决的奋斗,1969—1994》(*The Politics of Dispossession: The Struggle for Palestinian Self-determination*, 1969 - 1994, 1994)或《和平及其不满:中东和平过程中的巴勒斯坦》(*Peace and Its Discontents: Essays on Palestine in the Middle East Peace Process*, 1995)那样集中于巴勒斯坦的议

题。相反地，本书是萨义德所有作品中比较平易近人的一部，探讨的是阅听大众（audience）在日常生活中于平面与立体媒体上所接触到的讯息，以及背后的生产者与传播者。世人长期暴露于这种环境下，对于相关的资讯与知识习而不察，视为当然，而不曾针对这类资讯传播与知识生产的动机、过程、效应予以应有的反思与批判。反讽的是，西方对于伊斯兰教的形象以及运用这种形象的方式，“这两项因素之间的关联性，最终会使得它们揭露西方与美国与揭露伊斯兰教的程度不相上下，后者的具体性与趣味还略逊前者一筹”（p. 4）。换言之，在“明眼人”眼里，虽然再现者（the representer）再现了被再现者（the represented），但再现的内容与方式却揭露、再现了再现者。虽然萨义德批判的对象是美国主流媒体，但对于倚赖美国资讯来源甚深的世界其他地区的媒体和学术界，此书的见解也发人深省。因此，这本书所提供的不只是对探讨案例的剖析与批评，更示范了我们在生活中面对资讯、知识、媒体、政府、学界……时应有的警醒惕厉（vigilance）、独立思考（independent thinking）、批判立场（critical stance）与具体行动。

本书的主标题“Covering Islam”明显地玩了一个文字游戏，因为“covering”一语双关，有“（正在）采访、掩饰”之意，而中文的“‘采’‘访’”一词也暗示了具有选择性，而非全盘实录——毕竟除了事件本身之外，任何相关的论述不论宣称是如何的中立、客观、超然，都必然是部分的/偏颇的（partial）。因此，“采访”势必有所遗漏、排除与“掩饰”，重点在于：“**如何**”（how）与“**为何**”（why）遗漏、排除与掩饰了“**什么**”（what）？此书的副标题更明确指出了探讨的是“媒体与专家如何决定我们观看世界其他地方的方式”，表示其研究对象是西方与其他地方的对立（the West /the rest）这种心态与立场以及所产生的后果。因此，全书是以元批评的立场，探究西方世界，尤其是美国，有关伊斯兰的相关报道与评论：谁在报道？报道的内容为何？报道的方式如何？为何有此报道？为谁报道？其意图何在？效应如何？诸如此类的问题。简言之，本书旨在以另类的观点，“发现”（discover）并“揭露”（uncover）西方主流媒体所“采访/报道/掩饰”的伊斯兰世界。

由此可见，萨义德的讨论主要涉及下列议题：东/西二元对立（binary opposition）的见解及其缺憾；知识、权力与再现的关系；媒体的角色；官、产、学三者之间的共生共谋；媒体于再现时如何将原本多元、异质、繁复的伊斯兰——即使伊朗在革命时期也充满了异质性——加以扁平化（flatten）、同质化（homogenize）；诠释、知识与建构（construct）。全书的章节安排也显示了作者有意由具体的个案出发（如西方主流媒体所呈现的伊朗革命和人质危机），逐渐走向抽象的层次（知识、再现、诠释、异文化之间对话与了解的可能性……）。下文略加阐述。

首先就是根深蒂固的东/西二元对立的看法。其实，萨义德的名作《东方主义》便是这方面开疆辟土的经典，造成了学术界的范式转移（paradigm shift），成为后殖民论述重要的奠基之作。该书最后一章〔“当代的东方主义”（Orientalism Now）〕最后一节〔“晚近发展面面观”（The Latest Phase）〕，讨论的就是美国这个新兴势力及其所表现出的东方主义，相较于其他各章节，是最贴近读者生活经验的。《报道伊斯兰》在理念上承袭前书，探讨的对象是日常生活中的平面与立体媒体，采取的策略是具体与抽象、实务与理论兼备，特别是把美国主流媒体透过强有力的网络所传送的伊斯兰形象当成东方主义心态(Orientalist mentality)的具体呈现。这种心态表现在学术上就是像刘易斯(Bernard Lewis)之流那种“我们/他们”对立的论调：“‘他们’注定要陷入激愤与非理性，而‘我们’则享受自家的理性与文化优越感；‘我们’代表一个真实的同时也是世俗化的世界，‘他们’则在一个幼稚狂想的世界中谩骂呐喊、高谈阔论……‘我们的’世界是以色列与西方的世界，‘他们的’是伊斯兰与其他地域。‘我们’必须抵挡‘他们’，靠的不是政策或议题辩论，而是绝对的敌意。”(p. 79)刘易斯更拈出“文明的冲突”(the clash of civilizations)一词来描述这种现象。亨廷顿承袭这个观念，并加以发挥，以“文明的冲突”来“三分天下”：将世界上的主要文明化约为基督教文明、伊斯兰文明及儒家/儒教文明——其实，基本上是西方/非西方的二分法——彼此间存在着对立、竞争、冲突的关系①。

美国新闻记者在这种二分法的心态作用下，“局限并化约”了自己的思考(p. 148)，再加上语言能力的不足(绝大多数记者不通晓中东语)，背景知识的欠缺，经常的轮调，使得他们与长驻中东的英、法资深记者相形见绌，无法掌握事件的来龙去脉、现象的错综复杂。训练的不足、制度的缺失加上预设的心态，使得美国记者只能复制既有的成见。当他们“将这种(二分法的)群体感受转化为文字”时，自然显得肤浅、偏颇，欠缺历史的纵深和多元的观照，“只会更加彰显记者的无能与含

① 下文讨论萨义德对于“9·11”事件的回应时，会再谈到这个议题。

糊”(p. 148)。不幸的是,一般阅听大众的主要新闻来源正是这些美国的平面与立体媒体记者。

影响所及,美国学术和媒体所呈现的伊斯兰现象,一言以蔽之,便是浅薄化、单一化、标签化、污名化、妖魔化。在他们的笔下和口中所呈现的伊斯兰世界,不是上下十数世纪、纵横数十国家地区、10 亿左右人口、涵盖多种社会、语言、传统的复杂存在,而是被视为同质化的集体。萨义德曾在 1996 年的一篇访谈中指出:“我主张没有纯粹而简单的伊斯兰这回事(there's no such thing as Islam, pure and simple);有许多的穆斯林和不同种类的对于伊斯兰的诠释——这是我的另一本书《报道伊斯兰》的主题。总是有一种倾向要把他者加以同质化,转化为单一的事物(something monolithic),部分是出于无知,而且是出于恐惧,因为阿拉伯军队曾于 14、15 世纪来到欧洲”(“Edward” 238)。这种明显的过分简化、自以为是,其特色除了强烈的二分之外,还漠视了报道的对象,表现出“种族优越感或冷漠不关心或两者兼具的模式与价值”、“全然错误的讯息、重复、回避细节”、“缺乏真诚独到的见解”(p. 54)。这种现象非但不利于对他者的认知,反而强化了彼此之间已经存在的藩篱,产生“一连串相当重要的后续效应”。萨义德明确地指出了五种效应:“首先是提供了伊斯兰教的明确形象。其次,伊斯兰教的意义与讯息被限定与刻板化。第三,创造出一种冲突的政治情势,让‘我们’(美国/西方)与‘伊斯兰教’势不两立。第四,这种简化的伊斯兰教形象对于伊斯兰世界也有明确的影响。第五,媒体呈现的伊斯兰教与文化界对伊斯兰教的态度,彰显的不仅是‘伊斯兰教’,还有文化中的机制,以及资讯、知识与国家政策的政治运作。”(p. 54)

当以刻板化、概括化的方式来看待他者〔如阿拉伯人(或巴勒斯坦人)=穆斯林=宗教激进主义=恐怖分子=威胁=暴力〕,以对立的心态来看待异己甚而采取行动〔"口诛笔伐、恐吓威胁、制裁抵制、孤立隔离,甚至还要施以空袭轰炸"(p. 54)〕,要对方百依百顺、任己予取予求,根本是缘木求鱼。"只要一点点同理心",就可以体会"穆斯林的焦虑不安"(p. 63)。在惶惑惊惧的情况下,身为异己的对方或出于自保,或出于对抗,都必然采取相应的措施。如此一来,双方的歧见加深,对立加大,更坐实了原先的冲突观,而和平也就更难实现①。

其次便是学术、媒体与政治,而其中也涉及相当程度的学术与媒体的政治(politics of scholarship and media)。以往学术所标榜的客观、中立、超然,在后现代的思维中已遭到质疑,而在与地缘政治、经济利益密切相关的中东研究上,所牵扯到的利害关系更是复杂多样。过往的东方研究或"东方学"(这是简体版译者王宇根对 *Orientalism* 书名的中译),隐藏了其中涉及的各式各样利益因素,甚至沦为"侵略性研究"而不自知。事实上,这也是萨义德在《东方主义》中除了揭露由来已久的二元对立之外的另一个重点:知识与权力的关系。由这一点可以明显看出萨义德受益于福柯(Michel Foucault)之处。如果说《东方主义》一书讨论西方历史上有关东方研究的不同类别的文本(如文学、历史、人类学……)中所显示的二元

① 入围 2002 年奥斯卡最佳纪录片的《美丽天堂》(*Promises*),透过以巴双方 7 个小孩子的联络、交往,让世人更了解以巴双方错综复杂的历史和现实处境。导演之一的戈德伯格(B. Z. Goldberg)是犹太裔美国人。或许必须等到双方交往的孩子们长大后,建立起真正的了解与情谊,和平("美丽天堂")的契机才比较可能出现。英文片名正代表了这种期盼。

对立和其中涉及的知识与权力的关系，那么《报道伊斯兰》一书的重点可说置于学术、媒体、官方三者之间的共谋关系，其中的重点之一就是诠释、知识与权力的关系，这也是为什么最后一章（第三章）直接以“知识与权力”（Knowledge and Power）命名，而最后一节（第二节）又以“知识与诠释”（Knowledge and Interpretation）命名。

《报道伊斯兰》所采取的切入点便是一般阅听大众在日常生活中暴露其中的大众传播媒体。这也多亏流亡在外的巴勒斯坦裔知识分子萨义德，以其特殊的处境、切身的体会、精辟的见解、流畅的文字，深入剖析被再现者的悲哀。此处使人联想到《东方主义》扉页所引述马克思的话：“他们不能代表/再现自己；他们必须被代表/再现”（They cannot represent themselves; they must be represented）。然而问题在于：若是代表/再现者不但强而有力，而且具有特定的立场、利益，或者心怀误解、甚至恶意时，被代表/再现者要如何自处及回应？双方要如何化解这种主/客甚或主/奴的关系，达到平等与互惠？

萨义德“有幸”接受西方的精英教育（中东的殖民地外国学校教育和美国长春藤盟校教育），对于西方的文学和音乐都有精湛的造诣，加上自己的中东文化背景，更亲身体会到不同文化之间的混杂与融汇。就是这种特别遭遇，加上巴勒斯坦人流亡海外的“孤臣孽子”之心，使他游走/游离于不同文化之间，以流亡者自居，时时省视这种特殊的边缘位置并善加运用：“大多数人主要知道一个文化、一个环境、一个家，流亡者至少知道两个；这个多重视野产生一种觉知：觉知同时并存的面向，而这种觉知——借用音乐的术语来说——是对位的

(*contrapuntal*)。……流亡是过着习以为常的秩序之外的生活。它是游牧的、去中心的(decentered)、对位的……”(“Mind” 55)①。此外,他也提到自己的三重身份及彼此之间的相关性:“我是巴勒斯坦的阿拉伯人,也是美国人,这所赋予我的双重视角即使称不上诡异,但至少是古怪的。此外,我当然是学院人士。这些身份中没有一个是隔绝的;每一个身份都影响、作用于其他身份。……因此,我必须协调暗含于我自己生平中的各种张力和矛盾”(*Identity* 12)。因此,我们不但可以说萨义德自己就是混杂的文化的产物,而且也身体力行,促成不同文化的交融与荟萃,这些都具现于他积极引介欧陆理论和中东文学进入美国和英文世界。这更说明了为什么他对“非友即敌”、“非白即黑”、“非此即彼”的“文明冲突论”期期不以为然。

进一步说,萨义德固然在理论上借重福柯有关知识与权力的洞见(insight),却也认为后者的理论中有其盲见(blindness)。他不满于福柯对已存在的权力采取屈从与接受的态度。在回应笔者的询问时,他提到:“他去世后我写了一篇短文《福柯与权力的想象》(‘Foucault and the Imagination of Power’),谈论到他有关权力的书中很惊人的模式:权力总是在压迫、降低抗拒。如果你想要从他的书中获得一些可能的抗拒模式的观念,根本就找不到。在我看来,他沉浸于权力的运作,而不够关切抗拒的过程,部分原因在于他的理论来自

① 他的回忆录原名为“Out of Place”,直译便是“格格不入”。在被笔者问到若是出版续集会取什么名字时,他答道:“题目会类似‘宾至如归却未必真正如此’(in place without really)”(单,《权》60)。这些命名充分反映了他的心态。

对于法国的观察。他根本不了解殖民地的变动,对于世界其他地方所出现的有异于他所知道的解放模式,他似乎也没兴趣。”(《论》173—174)在艾德蒙森询问他为什么比福柯乐观时,他提到“一个特殊的东西、一个特殊的思想风格,我想就是葛兰西(Antonio Gramsci)的因素”(《知》194)。综观萨义德的著作,我们发现意大利的马克思主义批评家葛兰西对他的作用主要在于有关文化霸权(cultural hegemony)和有机的知识分子(organic intellectual)之观念:相对于墨守成规、维持现状的传统的知识分子(traditional intellectual),有机的知识分子不满并挑战现存的文化霸权,致力于与大众结合,开启民智,鼓动风潮,促成社会的变迁。

此外,萨义德乞灵于其他非西方的研究者与行动分子(activist),最大的影响之一便是法属殖民地知识分子法农(Frantz Fanon)。他曾对比福柯与法农二人,态度上对于身为“个人的学者—研究者”(the individual scholar-researcher)的福柯颇有保留,而明显倾向从事“‘集体的’奋斗”〔“*collective struggle*”(“In” 39)〕的法农,认为他致力于为被压迫的阶级寻求解放,不止是谈论,“也更能以历史的、心理的、文化的方式来诊断压迫的本质,并提出去除压迫的方式”,而且他一直与新兴的阶级和运动站在同一阵线(“Overlapping” 53 - 54)。对于自己的批评事业与法农的关系,萨义德有如下的表白:“法农所称的由民族意识转化、转型为政治和社会意识(the conversion, the transformation, of national consciousness into political and social consciousness),这种情形尚未发生。那是个未完成的计划,而我认为那也是我的工作的起点”(“Criticism” 134)。由此可见,他有意继续努力促成法农未竟之功。

由上所述可知，萨义德既从福柯的知识与权力观得到灵感，复以马克思主义与后殖民论述的主张加以转化，济其不足，“又从自己特殊的背景——与其说是族裔的背景，不如说是非欧洲的背景——抽取模式”(“Criticism” 128)，以顺应眼前的处境，发挥最大的效应。质言之，他借助葛兰西对于文化霸权的探讨与挑战以及法农对于殖民主义的剖析与抗拒，发展出自己批判的立场，对反的论述(counter-discourse)，对立的知识(“antithetical knowledge”，此词见于第三章第一节)。他的中东研究三部曲就是这种立场与认知的具体展现。《报道伊斯兰》末章对于对立的知识的剖析，更是以前两章的实例为基础，进行理论化的分析，其作用不仅在于有关伊斯兰的采访、报道与掩饰，凡是涉及知识、再现、霸权、权力结构等议题，都可能在其中获得不同程度的启发。而本书作为现身说法之作，更为将知识转化为启蒙及争取公义之利器作了强有力的示范。

在他的示范之中，很重要的一点就是揭穿传统的东方研究在心态上的据地为王、夜郎自大，在方法学上的故步自封、自以为是，无视于学术思潮的演进。他曾在《东方主义的重新省思》(“Orientalism Reconsidered”)和《东方主义》增订版的后记〔“《东方主义》后语”(*Orientalism*, an Afterword)〕提到，此书出版后，不同的学门纷纷回应，唯一没有回应的正是此书所诘问的东方研究的领域①。然而，在当今资讯四处流通的时代，即使如此封闭的学术社群，也不可能完全自外于当前的思潮及与时俱进的理论与方法学。萨义德在有关“对立的知

① 萨义德对于东方学的观察，可参阅本书第一章第一节；他对于东方学专家的批评，他们“独特的无知与自满”，尤见于第三章第一节。

识”一节中,指出在东方研究的领域中出现了三种另类的研究方式,不管在视野、观念和实际成果上都能摆脱以往的窠臼,提供新的可能性(p. 208 - 211)。以下的说法透露了他的夫子自道:“面对这样的鸿沟(同质性的观念与实际的历史之间的鸿沟),偶然会有个别人物挺身而出,质问切中要害的问题,并期待合情合理的答案。”(p. 223)萨义德的中东研究三部曲确实提出了“切中要害的问题”,也试图提供“合情合理的答案”,再加上他个人的多重角色,为上述三种另类研究发挥更广泛的效应,并推上世界的舞台。

至于在媒体方面,以往中东是罕为人知的神秘领域,自从20世纪六七十年代之后,由于战争与石油的因素,顿时成为世人瞩目的焦点。然而,一般人所接触到的,主要是透过美国主流媒体中介的资讯,其中除了先前提到记者的先天与后天的不足之外,还涉及美国的利益。此处萨义德仰赖另一位他所佩服的美国知识分子乔姆斯基(Noam Chomsky)。乔姆斯基身为语言学界举足轻重的人物,却以特立独行的公民身份,多年来在一篇又一篇的论述中指证美国政府与媒体如何为了所谓的“国家利益”而建立起共谋关系,借着“制造同意”(manufacturing consent)来建构共识,这些尤其显现于美国的外交政策。乔姆斯基对此大加挞伐,不遗余力。他的方法、作为及角色给予萨义德不少启发①。因此,本书剖析美国媒体,认为它们“怀有同样的中心共识。这种共识……塑造出新闻、

① 在萨义德眼中,乔姆斯基是美国硕果仅存的知识分子(单,《印》379)。萨义德曾对比乔姆斯基和福柯,认为乔姆斯基的立场更持久、坚定、可敬(“Literary” 77)。

决定什么是新闻以及它如何让它成为新闻”(p. 64)。而且,这种新闻和舆论是逐渐形成的,“依据规则、局限于框架、运用传统做法”(p. 61),然而一旦形成便很难改变,更由于不是强制性的规定,所以不易让人感觉到它的存在。萨义德直指,这种共识“不是源出于严格的法律,不是阴谋,也不是独裁。它是源出于文化,或者更恰切地说:它就是文化本身”(p. 64)。因此,《报道伊斯兰》一书主要是对美国媒体文化的解析。

在这本特别谈论媒体的专著中,萨义德以政府、媒体与学界的共谋为对象,辅以福柯对于知识与权力的洞见,加上诠释与认知的效应,针对具体的事例剖析美国媒体有关中东资讯的传播,以及相关的知识生产与流通(production and circulation of knowledge),一方面进行实例式的诠解与分析,另一方面进行理论的省思与批判的思考,相辅相成,互为表里。全书呈现了萨义德对于美国的文化霸权——或者说,美国作为文化帝国主义(USA as cultural imperialism)——进行实务与理论的解析,以此作为对于意识形态的批判(critique of ideology),在另一个竞逐的场域进行启蒙与公理正义的抗争。

至于萨义德所发挥的效应如何?这里只举一个例子:尽管有人给他扣上“恐怖教授”〔Professor of Terror (Alexander)〕的帽子,尽管他批评美国媒体,但只要涉及伊斯兰世界和巴勒斯坦的议题,美国媒体往往会找萨义德发表看法①。这一方面是因

① 本书的“新版绪论”中提到,1995年美国俄克拉何马市爆炸案发生时,媒体猜测是穆斯林发动攻击,萨义德一个下午就接到25次来自媒体的电话。另一位后殖民论述大师巴巴(Homi Bhabha)在接受廖炳惠访问时,对于萨义德也有如下的说法:“他曾为巴勒斯坦的权益力争,却遭到诋毁……他在美国已变得非常不受欢迎;然而,他有影响力却是另外一回事”(廖 199)。

为他杰出学者的身份,另一方面是因为他曾积极介入巴勒斯坦的民族自决运动,担任过巴解领袖阿拉法特的智囊(后来因理念不合而割袍断义)。他也一再竭尽自己所能,用政治参与、撰写政论的"直接的政治"(direct politics),以及著书立说、启迪观念的"迂缓的政治"(slow politics),直接、间接地发挥影响力①。经过众人多年的努力,在新千禧年的另一轮以巴冲突中,我们可以看到媒体,尤其是欧洲的媒体,不再完全偏袒以色列,多少摆脱了以往对于巴勒斯坦人的刻板印象(不是石油大亨、戴头巾的恐怖分子,就是哀戚的难民),而逐渐能以较公允的态度来呈现以巴双方的观点。

值得一提的是,本书副标题中的"我们",原先主要指的是美国的阅听大众,但由于美国的强势文化及媒体,使得此处的"我们"扩及全球所有仰赖美国主流媒体的阅听人——甚至连新闻焦点的中东人士也透过美国的媒体,一方面了解它们如何呈现自己的国家,也借此来了解自己国家的情况。萨义德对于人质危机的解读,多少展现了这一点。因此,萨义德对于美国媒体的省思和美国文化霸权的批判,可以提供不少反省之处:在媒体传播上强势者与弱势者的关系;这种关系如何决定了我们观看世界和省视自己的方式;在我们的领域中,是否同样复制、上演着类似的权力、知识、媒体的共谋现象?萨义德提供了何种的反省与角色?诸如此类的问题。

此处,萨义德对于知识分子的观察与期许扮演相当重要的角色。在《知识分子论》中,萨义德以流亡者的边缘位置来

① 有关"直接的政治"与"迂缓的政治"的说法,参阅单,《论》179。

描述他心目中的知识分子：反对与当权者挂钩，保持一己的独立性与批判性，对权势说真话。至于面对异文化之间的遭逢时，知识分子的抉择是："要让知性为权力服务，抑或为批评、社会、对话与道德感服务。这个抉择必须是今日诠释行为的当务之急，而且必须能引导出决定行动，而非拖延观望。"(p. 226)在这层意义上，积极介入学术和政治的萨义德，的确发挥了葛兰西笔下有机的知识分子的角色。他有关知识分子的见解在福柯和甫过世的法国社会学家布迪厄(Pierre Bourdieu)中也找得到相似的论调。布迪厄在《抗拒的行动》(*Acts of Resistance*)中提到知识分子有以下的特征："不屈从于权势，批判既有的成见，摧毁简化的是/非的思维方式，尊重问题的复杂性。"最近整理出版的福柯遗作《直言无讳》〔*Fearless Speech*(*Parrhesia*)〕中，从西方哲学传统的脉络出发，探讨西方文化中的批判精神，主张这种直言无讳的信念及行为便是：以坦率来取代文过饰非，以真实来取代虚伪，以冒险来取代安全，以批评(含自我批评)来取代表面的和谐团结，以责任来取代逃避。这些有关知识分子的见解，完全适用于描述萨义德的观念与作为，也值得我们三思，并且置于当前的脉络中探寻各种实践的可能性。

前已提及，身为流亡者、边缘人的萨义德是混杂的文化的产物，致力于打破二元对立的思维方式，并试图矫正其所导致的后果。中东研究三部曲正是这种理念下的结果。虽然有些人指称萨义德的《东方主义》塑造或强化了东/西对立的现象，但萨义德在不同的场合中，尤其是《东方主义》增订版的"后记"，一再强调自己所要挑战的正是这种对于东西对立之本质化的(essentialized)思考模式，而主张东西其实是建构。这种见地与他出入东西文化之间的经验关系密切:“……我游走在东、西帝国分野之间,我进入了西方的生活,但也一直与原先所来的地方保持着一些有机的连结……这样的经历是一种超越障碍的过程,而不是构成障碍;我相信《东方主义》这本书可以展现这一点,特别是当我言及人文研究就是一种理想性的追求,一种超越思想的压制性钳制,并且努力朝向以达成非支配性、非本质主义式的学习类型。”(*Orientalism* 336 - 337;中译,504)深切体验到文化交融之重要性的萨义德,对于了解异文化的可能性及条件的相关看法显得弥足珍贵。

讨论过学界与媒体有关伊朗和伊斯兰的呈现后,萨义德特别指出它们的意义不止在于成为当前国际政治的一环,更在于“涉及其他文化知识的学术追求与诠释行为”(p. 176)。因此,他在末章劈头便问了一个重要的问题:“一个文化的成员是否能够真正获取关于其他文化的知识?”(p. 18)就美国而言,由于产业—官方—学界形成了宰制集团,造成“全面的边缘化、全面的**知识**不连贯性、大部分关于伊斯兰教作品的全面性诠释破产”(p. 201)。面对如此险恶的情况,萨义德在指出缺憾的同时,也为异文化之间的认识提出了两项条件,希望能促成相互的了解、甚至尊重。其中之一就是呼吁强势的一方能摆脱从殖民主义框架下所认知的伊斯兰,以平等、同理心、非强制性的方式来认知所研究的对象(p. 215)。就萨义德一贯的立场而言,这种为弱者声援、呼吁的主张是可以理解的。然而,笔者要进一步指出的是,异文化之间的沟通与了解,强势者固然要多负些责任,然而在权力天平另一端的弱势者也得致力于寻求自己在其他方面(如文化、历史、道德诉求……)

可能具有的特点及优势，以不卑不亢的态度了解对方——不论这种了解“只是”为了知识之用，还是为了“百战不殆”而所需的“知己知彼”（此处所谓的“战”涵盖了不同形式的竞争与奋斗——包括克服彼此之间沟通与了解的障碍）。萨义德本人身体力行这种方式，深知西方文化价值的他曾多次呼吁巴勒斯坦人以普世的价值观（如争取自由、平等、民主、自决）来向西方世界诉求。

萨义德指出的第二项条件则较具知识论、方法论上的意义：有关人文及社会的知识，其实都是诠释的产物；诠释并非凭空而生，而是来自特定的时空及历史情境中的男男女女；任何了解与诠释都必须以世俗化、历史化、脉络化的方式来进行(p. 215 - 216)。他进一步指出，这些都涉及文本的阅读与诠释，而任何读者与诠释者也必然早已处于特定的时空位置，具有特定的利益（interest）和形形色色的从属关系(affiliations)，没有所谓客观、中立、超然之说。尽管如此，或者该说，就是因为如此，所以任何读者与诠释者更该警觉到自己可能具有的限制与偏见，努力尝试突破自己的情境和产生文本的情境这两者可能造成的障碍。此处，萨义德特地引述诠释学者加达默尔（Hans-Georg Gadamer）的见解，并主张这种努力的结果可能产生新的、非强制性的知识(p. 216 - 218)。

在讨论到诠释、了解与知识时，萨义德提到了文学训练的作用，而这正是身为文学批评家的他之所长。“绪论”中提到：“任何人在谈论‘伊斯兰教’时，都必须谨记连初涉文学领域的学子都知道的原则：在写作或阅读关于人类实体的文本时，涉及的因素之多，绝非‘客观’之类的标签所能涵盖（或保护）。”

(p. 110)这些原则所提倡与教导的批判性的阅读技巧〔“运用高明读者批判性的技巧来厘清合理与不合理、质问适切的问题并要求切题的答案”(p. 111)〕,不仅适用于文学文本,也可转用到其他性质的文本,并由此开展出“人文知识”(p. 111)。遗憾的是,以往的中东研究大都集中于伊斯兰法律与以色列—阿拉伯的冲突,而忽略了文学领域(p. 204),并且对于文本的诠释欠缺理论性的省思。萨义德的文学训练正好可以弥补这方面的缺憾。他在访谈中提到,在《巴勒斯坦问题》和《报道伊斯兰》这两本书里,“运用了一些文学文本、文学技巧和诠释的事情,这些教给我许多有关观念的传递、形成和建制化的方式”(“Literary”76)。证诸他个人的行径,除了精研英国经典小说之外,也为西方世界引介了许多阿拉伯世界的文学杰作,包括1988年诺贝尔文学奖得主马哈福兹(Naguib Mahfouz)①,更在文学与文化批评及理论的建树上发挥了很大的作用。换言之,不管是文学本身的感人或者文学研究的理论、方法论的启示,都让人以感性和知性的方式“激发对于遥远、异国但依然属于人性的事物的觉察”(p. 217),更了解异己——和自己。

与此相对的则是依然以二元对立的心态,面对世界其他地方,无视于历史与现实的复杂性,以刻板印象的方式来勾勒

---

① 在这方面,虽然萨义德自言相当保守,但对于文学经典和新作则采兼容并蓄的态度:“我认为这种情形不是‘非此即彼’(either/or),而是‘既此且彼’(and/and)”(单,《论》176)。他对于文化也抱持相同的看法。此外,他对于历史的复杂性也有充分的认知,主张“历史不能如此〔以二分法的方式〕简化,而且历史会在一块又一块疆域之间相互渗透,跨越原本会将我们分裂为敌对阵营的边界”(“Clash”12)。相同的论点详见《文化与帝国主义》(*Culture and Imperialism*)第一章“重叠的疆域,交织的历史”(Overlapping Territories, Intertwined Histories)。

他者,据以形成政策或对策,并采取具体的行动展现出“武断自信”、“自欺欺人”(p. 117)。书中特地以驻德黑兰的美国代办兰根(Bruce Laingen)发给当时的国务卿万斯(Cyrus Vance)的一封机密电报为例,说明这种对立心态的严重后果,并语重心长地发出了如下的警语:“如果兰根的电报仍然不足以证明这种错误最好永远扬弃,那么将来美国人势必会陷入更多国际纷争,而且,美国人的无辜会再度受到有百害而无一利的侵犯。”(p. 125)

这段警语写于 1981 年 2 月 9 日,半个多月前(1 月 20 日)52 位美国人质在历经了 444 天的扣押之后终于获释,新上任的里根政府与全国民众欢迎人质历劫归来。当时《报道伊斯兰》的“绪论”已写出(“绪论”撰于 1980 年 10 月,全书正文完成之后),这段文字是添加于“绪论”之后的“附笔”(Postscript),同年该书就出版了。在近似举国欢腾的情境下,萨义德依然扮演着边缘者、异议分子的角色,一再指陈东西二元对立心态之缺憾及严重后果,底下苦口婆心的诤言是本书初版时最后写下的文字:“作为支持者的战斗口号,‘伊斯兰教’与‘西方’(或‘美国’)(这种二分法)提供的煽动远多于洞察……会将分析转化成简单的二元对立,将经验转化为狂想。与冲突及过度简化的敌意相较,对人类经验具体细微处的尊重、从同情看待‘他者’而产生的理解、凭借道德与知性诚实获得并传播的知识,应该是较好甚至较容易达成的目标。而且在这样的过程中,如果我们能清除残余的敌意,清除‘穆斯林’、‘波斯人’、‘突厥人’、‘阿拉伯人’或‘西方人’之类恶意概括的标签,那么事情将会变得更为美好。”(p. 126)这段写于 1981 年的文字,在 20 年后 2001 年的“9 · 11”事件之后读来,一方面让我们体认到萨义德对于西方与伊斯兰的关系，或者扩而言之，自我与他者/异己之关系的看法，确有先见之明，另一方面证诸世局的演变，却令人不得不感慨于历史的讽刺：人们无法从历史中汲取教训，以致悲剧重演，甚至处境每况愈下。

“9·11”之后——萨义德论“9·11”事件

去年(2001)8月下旬笔者第三度与萨义德见面、访谈，当时以巴冲突不断升级，以色列连日派兵进入巴勒斯坦人的居住区，双方迭有伤亡。他对中东局势的忧心溢于言表，明白表示以巴双方的关系糟透了，而他对和平的前景极为悲观。他还说到，对于没有国家、流离失所的巴勒斯坦人而言，对抗武器精良、长期受到美国大力支持的以色列，是多么的不利、无力与无奈。

半个月之后发生了“9·11”惊爆事件，纽约的世贸中心双塔毁于一旦，数千人丧生，对于大半生定居纽约的萨义德，震撼当然很大。事件发生之后，新闻媒体拍摄到巴勒斯坦人和若干伊斯兰国家人民在大庭广众下欢欣鼓舞的画面，使得这位长期以来公认是巴勒斯坦人在美国，甚至在西方世界之代言人的处境更形艰难。在爱国呼声响彻云霄之际，美国主流媒体纷纷投降，几乎听不到另类的声音。桑塔格(Susan Sontag)的文章出现于德国的《法兰克福汇报》(*Frankfurt Allgemeine Zeitung*)，萨义德有关此事件的第一篇文章刊登于英国的《观察家周报》(*The Observer*)，另有一些文章则在网络流传，其中包括著名的学者和知识分子的文章。这些文章一面谴责这次恐怖事件，但也从更宏观的角度对美国提出诤言。

一向批评美国外交政策和大众媒体不遗余力的乔姆斯基，撰文指出美国多年来在拉丁美洲、中东、东南亚等地的诸多不当行径，完全符合美国自己所定义的“国家恐怖主义”(state terrorism)，而大财团所拥有的媒体则与政府沆瀣一气。他在文章中指出，如同以往，这次恐怖事件中的主要受害者都是平民。他担心死硬的右派会趁机强力打击其所认定的对手，引发更多类似或更惨烈的攻击。在他看来，眼前的选择在于：美国是否有心了解造成这些罪行的原因，努力进入可能的加害者的心灵，避免类似悲剧在世界各地发生①。

以研究世界体系(World-System)闻名的社会学家沃勒斯坦(Immanuel Wallerstein)在《2001 年 9 月 11 日——为什么?》(“September 11, 2001—Why?”)一文中指出，战争无法说服，只是迫使对方改变行为。而且，此中情况混淆多变，并非单纯的“文明对抗野蛮……至少我们必须知道的是：各方皆认为自己是文明的，对方是野蛮的”。他认为，“这是不同的世界愿景之间的斗争”(a struggle between different visions of the world ...)。沃勒斯坦在结论时提出警告：对居住在地球上的人类而言，在未来的漫长斗争中，2001 年 9 月 11 日相形之下会只是一段“小插曲”。后来美国在阿富汗进行的军事行动，以及近日(5 月下旬)传闻本·拉登(Osama Bin

① 有关乔姆斯基的看法，可参阅《论轰炸》(“On the Bombings”)一文及后来出版的专著《9·11》(此书有丁连财之中译)。

Laden)将发动另一波的恐怖攻击,果然初步证实了他的预言。

拉康心理分析学派的文化批评家齐泽克(Slavoj Žižek)以《欢迎来到真实的沙漠!》("Welcome to the Desert of the Real!")为文,指出经过这个事件,证明美国是安全的港口此一想法是虚幻的。来自纷扰不安的斯洛文尼亚(Slovenia)的齐泽克认为,"过去5个世纪以来'文明的'西方,其相对的繁荣与和平,来自把暴力和毁灭输出到'野蛮的'外地",而"9·11"事件则是美国本土首次体验到世界许多地方天天发生的事情。至于对应的态度则有两种:一是无法接受这种事竟然会在美国此地发生;另一便是接受这个事实,进入"真实的"世界。他在结论时语重心长地指出,"9·11"事件的"真正教训"在于:"要确保此事不再在'此地'发生,唯一之道就是避免它在'任何其他地方'进行"。换言之,当今世上已没有任何国家或地区可以自外于其他国家或地区,彼此唇齿相依、休戚与共。

以上的知名学者大抵从个人的学思脉络出发,萨义德也不例外。《"伊斯兰"和"西方"的旗帜不足概括》("Islam and the West Are Inadequate Banners")刊登于2001年9月16日的英国《观察家周报》,代表了萨义德对于"9·11"事件的立即反应,而巴勒斯坦的背景使他对此事件的见解更具分量——毕竟许多人(包括本·拉登在内)提到此次事件的主要原因之一,就是伊斯兰世界深深不满美国在以巴关系中长期偏袒以色列。

萨义德的文章再度阐扬他多年来在学术论述、政治评论以及访谈中反复强调的要点,我们考量他的学思脉络以及数十年的"纽约客"(New Yorker)身份,当更能体会其中的深意。文中提到纽约市民对于此一事件的惊愕、恐惧、愤怒、震撼、悲伤、哀恸，正是他自己的心情写照。在当时人人皆曰“对抗恐怖主义的战争”中，却无人谈及“在哪里？在哪些战线？具体目标为何？”取而代之的是模糊的二分法：“我们”（美国）对抗“他们”（中东和伊斯兰）。这是萨义德多年来质疑、挑战的二元对立的思维方式：西方/东方，我们/他们，文明/野蛮，幼稚/成熟，先进/落后……在“9·11”事件后的一般反应，再次展现了这种粗糙的、本质化的对立模式，所透露出的则是罔顾历史，忽略现实，未能认知事情的复杂性。因为“所有的传统、宗教或民族”都有其复杂性，伊斯兰与美国都具有诸多不同的面貌，不可能以单一的方式概括。这些都是他在《报道伊斯兰》中再三阐述的。

笔者特此指出，我们从世界各地对此事件的反应，正可看出其中的复杂及吊诡之处。伊斯兰世界的许多国家都表示反对恐怖主义，但对于美国所可能采取的军事行动及后果，却抱持极为戒慎的态度，因为稍有不慎便会沦为以眼还眼、以暴易暴。伊斯兰的宗教激进分子则有意把这场战争导向保卫伊斯兰的“圣战”，以反美为主要诉求。美国官方的态度显得摇摆不定：一方面陷入二元对立的思维，采取“非友即敌”的态度，要世界各国选择，准备从事一场“文明对抗野蛮”的战争，甚至一度用上具有强烈宗教色彩的“十字军东征”（Crusade）、“无限正义”（Infinite Justice）①等字眼；另一方面在国际上与伊斯

① 此一军事行动代号，俨然自认是真理、正义的化身，僭越了伊斯兰教义中只有真主才拥有的权威，充分表现了对于异文化的迟钝（cultural insensitivity），后来察觉不妥，改名为“恒久自由”（Enduring Freedom）。

兰国家积极磋商,在国内与伊斯兰宗教领袖表现出团结合作的态度,极力避免造成宗教、族裔的对立。美国的欧洲盟邦固然支持打击恐怖主义的行动,但对于用武的时机、范围则甚表审慎。其他各国也呼吁美国小心行事,切莫伤及更多无辜。

这次事件提供了绝佳的机会来检验萨义德和亨廷顿的见解。萨义德反本质论(antiessentialism)、反对"对立的象征"(Manichaean symbols)的看法,正好与亨廷顿的看法相反。萨义德在10月22日发表于美国《国家》(*The Nation*)的《无知的冲突》("The Clash of Ignorance")一文中,指名道姓批判亨廷顿的"文明冲突论"。1993年夏天亨廷顿在《外交事务》(*Foreign Affairs*)这份国际著名的期刊上发表这种论调时,后面有个问号,多少还表示存疑,但后来出书时,问号不见了,表示他是肯定文明冲突的存在。至于其中的简化与误现,可由那本书的封面看出:以十字架代表西方基督教文明,星月代表伊斯兰教文明,太极图代表儒家/儒教文明。亨廷顿的基本信念是:不同的文明之间不仅彼此差异,而且彼此对立;不仅彼此对立,而且彼此竞争;不仅彼此竞争,更是彼此冲突。既然是以冲突的心态来看待文明之间的关系,自然也就忽视了彼此间的互动互补、相辅相成。而出身中东,并习得西方文化与艺术精髓的萨义德,则力主以混杂的(hybridized)、融通的方式来看待不同的文化。身为"前冷战战士"(p. 52)、"意识形态空想家"〔"ideologist"("Clash" 12)〕的亨廷顿,既然以这种很本质化、对立的方式来看待文明之间的关系,当然就要确保"我们"的利益,极力主张维系"美国"在国际政治中的既得利益和领先地位，不容其他国家、势力挑战、染指或僭越。在这种心态及世界观之下，“冲突进一步在‘我们’与‘他们’之间划分出讨论范围，使真正的讨论、分析与交流如同缘木求鱼。……战争似乎是再顺理成章不过的结果，亨廷顿宿命论式的文明冲突论因此特具吸引力”(p. 93)。

站在西方(主要是美国)立场的亨廷顿，一切以国家利益为优先考量。这种冲突观可证诸这次事件中双方的激进派所采取的手段，然而更是有识之士(包括小布什总统在较平和、理性的时刻)所试图避免的，否则教宗不会在“9·11”后的第一时间走访伊斯兰国家，小布什总统不会与多位伊斯兰的政治及宗教领袖会面，美国著名的历史学家小施莱辛格(Arthur M. Schlesinger, Jr.)不会批评文明冲突论的谬误①。因此，亨廷顿“三分天下”之见的极端化约、对立是显而易见的，作为提醒留意文化之间的歧异、歧见或许有其作用，但在面对实际问题时，却很可能因为强调甚至强化彼此之间的歧异、对立、冲突，而使得情况更趋恶化②。

在这两篇文章中，萨义德重申中东研究三部曲中一再阐

---

① 值得玩味的是，小施莱辛格在1991年出版的《美国的失合：对于一个多元文化社会的反思》(*The Disuniting of America: Reflections on a Multicultural Society*)一书中，担忧美国境内多元文化的发展会影响对西方文明的认知及对美国的认同，此刻却抨击明显二元对立的文明冲突论。此书有马晓宏的中译，但译名《美国的分裂：种族冲突的危机》(台北：正中书局，1994年)颇有夸张之嫌。

② 尤其在“9·11”事件之后，这种二分法的“陈腐标帜……误导并迷惑人心，而人心正力图从混乱的现实中理清头绪，避免轻率的归纳与论断”(“Clash” 12)。

述的见解,主张任何的标签化、概括化、“政治和宗教的抽象化以及化约的迷思”(religious and political abstractions and reductive myths)都背离了历史与理性,而这些误现与恐惧或仇恨结合时,更会产生不良后果。在他看来,在如此关键性的时刻,更不能逞一时之快或一时之愤/恨,因为盲目的爱国主义而失去了理智的判断,反而更须以批判的态度、知识的责任(intellectual responsibility)、世俗的意识(secular consciousness)加以省思,并采取适当的作为。这些又涉及萨义德在多处著作中屡屡关注的知识分子的角色、特立独行的重要、对权势说真话、非宗教性的思维方式。萨义德语重心长地指出,“任何信念、神明与抽象理念都不能为滥杀无辜辩护。尤其是当一小撮人主导此类行动,他们自认代表某种信念,其实根本不然”。这种说法既适用于中东,也适用于美国;既适用于伊斯兰的宗教激进主义者,也适用于犹太教和基督教的宗教激进主义者。

在萨义德看来,美国欠缺的是“理性了解情势”,未能认清美国在世界所扮演的角色,尤其是多年来的外交政策,以致“对伊斯兰与阿拉伯世界的大多数人来说,美国官方与傲慢强权是同义词,这个强权假仁假义,不仅大力支持以色列,而且也是许多压迫人民的阿拉伯政权的帮凶”,却不愿与“真正受苦受难的人民”对话——这些人民包括了巴勒斯坦人和阿拉伯威权体制(许多是美国的盟邦)统治下的人民。因此,伊斯兰和阿拉伯世界的反美自有原由。而晚近巴勒斯坦人的自杀爆炸事件和以色列的强力攻击,使世人对于以巴的和解与中东的和平更觉得希望渺茫。

冰冻三尺实非一日之寒,此时所需的正是萨义德在“9·

11”事件之后再次强烈呼吁的：充分的历史意识〔认知“不义与压迫相依相成的历史”(interdependent histories of injustice and oppression)〕,远大的胸襟与愿景〔寻求“共同的解放与彼此的启蒙”(common emancipation and mutual enlightenment)〕,重新省思“西方”与“伊斯兰”这类标签及旗帜之不足,摒除妖魔化对方(demonization of the Other)的手段……这些见解不但在《东方主义》及《报道伊斯兰》中早有精辟的发挥,在国际现势中更具有迫在眉睫的重大意义：避免“宗教或道德的激进主义……杀人与被杀的意愿”。而这一切都须“耐心与教育”。

总之,巴勒斯坦裔美国公共知识分子萨义德,在面对发生于自己定居数十载的纽约这桩美国历史上的空前惨剧时,再度以流亡者的双重视野指出“西方/伊斯兰”二元对立思维的危险,主张以世俗与批判的意识面对宗教的狂热和宗教式的道德使命感,以历史化的方式来理解当前的事件,反对本质化、抽象化、概括化、对立化、妖魔化。至于此次不幸事件能否成为重新省思人类处境的重大契机,从中汲取教训,以免沦入愈演愈烈、永无止境的对立与冲突,则有待观察。

虽然在台湾地区的弱势论述与后殖民论述的研究者很少不受萨义德的影响,但台湾对于萨义德的引介却为时甚晚,有很长一段时间“只闻楼梯响,不见人下来”,一直到 1997 年底才有第一本专著《知识分子论》的中译出版,以后相继有《东方主义》(1999 年 9 月)、《乡关何处》(2000 年 10 月)、《文化与帝国主义》(2001 年 1 月)问世,接连获得各大书奖,销售情况也迭创佳绩,可谓“叫好又叫座”①。《报道伊斯兰》一书中译的出版,至少有下列几层意义:使中文读者进一步了解萨义德的中东研究三部曲;因为内容是有关新闻媒体,可以让读者省思日常生活中暴露其中的情况及应对之道;由于他的深入分析,使我们更留意媒体、学术、官方三者之间的关系;因为讨论的内容是国人甚为陌生的伊斯兰,可以提供我们有别于透过媒体(主要是美国媒体)传送的伊斯兰形象或刻板印象;尤其在“9·11”事件和随后激烈的以巴冲突以及媒体的报道,此书适时地提供了另类的看法。

至于本中译的特色则有二,一在于译者,一在于附录。译者本身在报社从事外电编译,对于新闻的生产、传送、迻译、再传递,有更深切的体会。其次,当“9·11”事件发生时,刊登于中文报章的萨义德两篇文章都出自他的译笔,可谓追随了事件的进展,并参与了相关新闻及评论的传播。两篇附录的文章虽然距离本书初版有20年之久,然而不仅可以见出萨义德一贯的主张,更由于晚近的时事及新闻报道,印证了他的先见之明(悲观地说,世界近20年来在观念及作为上没有长进)。因此,当出版社要附录该二文时,笔者很乐于代为接洽萨义

① 《知识分子论》获《中国时报》1997年度开卷十大好书,《联合报》读书人1997年度最佳书奖(文学类),2001年5月翻译工作坊推荐之特别好译书;《东方主义》获《联合报》读书人1999年度最佳书奖(非文学类),《中国时报》开卷版一周好书榜,2001年5月翻译工作坊推荐之特别好译书;《乡关何处》获《联合报》读书人2000年度十大好书(非文学类),《中央日报》出版与阅读版2000年度十大好书榜(翻译类),《明日报》阅读版2000年度“十大翻译书奖”、“最佳翻译奖”(译者为彭淮栋),2001年5月翻译工作坊推荐之特别好译书;《文化与帝国主义》获《联合报》读书人2001年度最佳书奖(文学类)。在台湾地区的出版界,不管就创作或翻译而言,单一作者如此密集得奖的情况甚为罕见。

德,萨义德回的电子邮件很简短,全文如下:"当然你们能刊登这两篇文章。当前的确是我们悲惨的时刻(指的是在以色列挥军入侵下巴勒斯坦人的处境)。"可惜的是,对于后来我邀他为中文版略撰数语的请求,没有回应。

《报道伊斯兰》中译的问世虽然比原书初版晚了 21 年,但借由萨义德对于惊骇世人的"9・11"事件的评论,使人对他的见解之历久弥新有着更深切的体会,并希望借由本书的出版,进一步"揭露"新闻"采访"中的"报道/掩饰"。

单德兴

台湾"中央研究院"欧美研究所研究员

2002 年 5 月 28 日

台北南港

引用资料

中　文

艾德蒙森(Mark Edmundson)　"扩展人文主义:萨义德访谈录"(Expanding Humanism: An Interview by Mark Edmundson with Edward Said)。《知识分子论》。单德兴中译。台北:麦田,1997 年。第 185—212 页。

乔姆斯基　《9・11》。丁连财中译。台北:大块,2001 年。

单德兴　"论知识分子:萨义德访谈录"。《知识分子论》。单德兴中译。台北:麦田,1997 年。第 161—184 页。

——"绪论"。《知识分子论》。台北:麦田,1997 年。第

9—23 页。

——“流亡·回忆·再现——萨义德书写萨义德”。《乡关何处：萨义德回忆录》。台北：立绪，2000 年。第 9—30 页。

——“印度之旅及其他”。《对话与交流：当代中外作家、批评家访谈录》。台北：麦田，2001 年。第 375—385 页。

——“权力·政治·文化：三访萨义德”。《当代》第 174 期(2002 年 2 月)，第 46—67 页。

廖炳惠 “后殖民批评与知识分子：访谈巴巴”。林志玮中译。《中外文学》第 30 卷第 12 期(2002 年 5 月)，第 196—207 页。

萨义德 《知识分子论》。单德兴中译。台北：麦田，1997 年。

——《东方主义》。王志弘等中译。台北：立绪，1999 年。

——《东方学》。王宇根中译。北京：三联，1999 年。

——《乡关何处：萨义德回忆录》。彭淮栋中译。台北：立绪，2000 年。

英　文

Alexander, Edward. “Professor of Terror.” *Commentary* 88.2 (August 1989): 49 - 50.

Bourdieu, Pierre. *Acts of Resistance: Against the Tyranny of the Market*. Trans. Richard Nice.

New York: The New Pr., 1998.

Chomsky, Noam. “On the Bombings.” 25 Sept. 2001 http://www.zmag.org/chomnote.htm.

Foucault, Michel. *Fearless Speech*. Ed. Joseph Pearson. Los Angeles: Semiotext (e), 2001.

Goldberg, B. Z. , Justine Shapiro, and Carlos Bolado, dir. *Promises*. Cowboy Booking International, 2002.

Said, Edward W. *After the Last Sky: Palestinian Lives*. 1986. Text by Edward W. Said. Photographs by Jean Mohr. New York: Vintage, 1993.

—— "The Clash of Ignorance." *The Nation*. 22 Oct. 2001. 11 - 13.

—— *Covering Islam: How the Media and the Experts Determine How We See the Rest of the World*. 1981. Rev. ed. New York: Vintage, 1997.

——"Criticism and the Art of Politics." *Power, Politics, and Culture: Interviews with Edward W. Said*. Ed. and Intro. by Gauri Viswanathan. New York: Pantheon, 2001. 118 - 163.

—— *Culture and Imperialism*. New York: Alfred A. Knopf, 1993.

—— "Edward Said: Between Two Cultures." *Power, Politics, and Culture: Interviews with Edward W. Said*. Ed. and Intro. by Gauri Viswanathan. New York: Pantheon, 2001. 233 - 247.

—— *Email to the Author*. 23 April 2002.

—— "Expanding Humanism: An Interview by Mark Edmundson with Edward Said." *Wild Orchids and Trotsky: Messages from American Universities*. Ed. Mark Edmundson.

New York: Penguin, 1993. 103 – 123.

—— *Identity, Authority and Freedom: The Potentate and the Traveller*. Cape Town: University of Cape Town, 1991.

—— "In the Shadow of the West." *Power, Politics, and Culture: Interviews with Edward W. Said*. Ed. and Intro. by Gauri Viswanathan. New York: Pantheon, 2001. 39 – 52.

—— "Interview with *Diacritics*." *Diacritics* 6. 3 (Fall 1976): 30 – 47.

—— "Islam and the West Are Inadequate Banners." *The Observer*. 16 Sept., 2001.

—— "Literary Theory at the Crossroads of Public Life." *Power, Politics, and Culture: Interviews with Edward W. Said*. Ed. and Intro. by Gauri Viswanathan. New York: Pantheon, 2001. 69 – 93.

—— "The Mind of Winter: Reflections on Life in Exile." *Harper's Magazine* 269 (Sept. 1984): 49 – 55.

—— *Orientalism: Western Conceptions of the Orient*. 1978. New York: Vintage, 1979.

—— *Out of Place: A Memoir*. New York: Alfred A. Knopf, 1999.

—— "Overlapping Territories: The World, the Text, and the Critic." *Power, Politics, and Culture: Interviews with Edward W. Said*. Ed. and Intro. by Gauri Viswanathan. New York: Pantheon, 2001. 53 – 68.

The Politics of Dispossession: The Struggle for Palestinian Self-determination, 1969 – 1994. New York: Pantheon, 1994.

—— *Power, Politics, and Culture: Interviews with Edward W. Said*. Ed. and Intro. by Gauri Viswanathan. New York: Pantheon, 2001.

—— *The Question of Palestine*. 1979. New York: Vintage, 1992.

—— *Representations of the Intellectual: The* 1993 *Reith Lectures*. New York: Pantheon, 1994.

—— *The World, the Text, and the Critic*. Cambridge, Mass.: Harvard UP, 1983. Schlesinger, M. Arthur, Jr. *The Disuniting of America: Reflections on a Multicultural Society*.

1991. *Rev. and enl. ed. New York: Norton*, 1998.

Wallerstein, Immanuel. "September 11, 2001—Why?" 25 Sept. 2001 http://fbc.binghamton.edu/72en.htm.

Žižek, Slavoj. "Welcome to the Desert of the Real!" 25 Sept. 2001 http://www.nettime.org/nettime.w3archive/200109/msg00146.html.

目　录

第一章　新闻中的伊斯兰教

第二章　伊朗事件

第三章　知识与权力

附录　“9·11”事件回应

新版绪论

《报道伊斯兰》一书出版 15 年来，美国与其他西方世界的媒体一直强烈关注穆斯林与伊斯兰教，而且大多带有高度夸张的刻板印象与来势汹汹的敌意，程度之严重更甚于这本书中的描述。事实上，伊斯兰教在劫机与恐怖事件中的角色，伊朗之类的伊斯兰国家对“我们”与我们生活方式的威胁，以及对于炸毁建筑、破坏民航机、毒害水源等阴谋的揣测，都在西方人的意识中水涨船高。一群钻研伊斯兰世界的“专家”平步青云，危机一发生就在新闻节目或谈话性节目中大放厥词，发表一堆关于伊斯兰世界的公式化观念。同时，典型东方学专家(Orientalist)对于穆斯林——通常非白种人——的理念，尽管先前已受到批判，如今却奇特地卷土重来。这些理念近来声势惊人；然而在今日，对于所有其他文化团体的种族或宗教形象的扭曲，都不能像扭曲伊斯兰教形象这样肆无忌惮地进行。对伊斯兰教心怀恶意的概括化，是西方世界中唯一能被接受的污蔑外国文化行动；描述穆斯林整体心灵、性格、宗教或文化的方式，都不能运用在关于非洲人、犹太人、其他东方民族或亚洲人的主流论述中。

当然，过去 15 年来，穆斯林与伊斯兰国家的确做出许多挑衅，屡屡闯下人祸，例如伊朗、苏丹、伊拉克、索马里、阿富汗与利比亚等国。看看下列撮其大要的罪状：1983 年在黎巴嫩，240 名美军陆战队被一枚据称是穆斯林安置的炸弹炸死；贝鲁特的美国大使馆也遭到穆斯林自杀炸弹客的攻击，死伤惨重。在 20 世纪 80 年代，有多名美国人被黎巴嫩的什叶派(shi'a)穆斯林绑架并长期拘禁。1985 年 6 月 14 日到 30 日间连续发生数起劫机案——最恶劣的一桩就是环球航空(TWA)班机在贝鲁特被劫持——都有穆斯林声称作案。约莫同一时间，法国也发生数起爆炸案。1988 年泛美航空(Pan Am)第 109 号班机在苏格兰的洛克比(Lockerbie)上空爆炸，也是伊斯兰激进分子所为。伊朗被指称是多个地区叛乱组织的支持者与同情者，因而名声大噪，这些地区包括黎巴嫩、约旦、苏丹、巴勒斯坦、埃及与沙特阿拉伯等等。阿富汗在苏联撤军之后，似乎已陷入敌对伊斯兰教派与部族混战的局面，许多伊斯兰叛乱团体——特别是"塔利班"(Taliban)——当年曾接受美国当局军火、训练与经费的支援，现在正横行阿富汗。曾接受美国训练的游击队员还现身在别的地区，例如奥马尔·阿卜杜勒·拉赫曼谢赫(Sheikh Omar Abdel Rahman)，他因为策划 1993 年纽约市世界贸易中心大楼爆炸案而遭定罪；其他人则在埃及与沙特阿拉伯煽风点火，两个国家都是美国在中东地区的重要盟邦。伊朗宗教领袖霍梅尼(Ayatoallah Ruhollah Khomeini)1989 年 2 月 14 日下令追杀英国作家萨尔曼·拉什迪(Salman Rushdie)的"教令"(fatwa)，以及伴随而来的数百万美金悬赏，似乎更坐实了伊斯兰邪恶的本质、对现代化与自由价值的顽抗，以及跨越重洋、深入西方世界核心进行挑战、煽动与威胁的能耐。

1983 年之后，新闻中随处可见穆斯林宣示他们对伊斯兰教的信仰。阿尔及利亚的穆斯林赢得地方选举,但是掌权之路被一场军事政变扼杀。阿尔及利亚至今仍深陷于残酷的内战中,民兵与军队混战不休,数以千计的知识分子、新闻记者、艺术家与作家死于非命。苏丹现在是由一个好战的伊斯兰政党统治,其领袖哈桑·图拉比(Hassan al-Turabi)经常被描述为精明而邪恶,是披着伊斯兰教外衣的催眠大师斯文加利(Svengali)与异端宗教家萨伏那洛拉(Savonarola)的综合体①。数十名无辜的欧洲与以色列游客被埃及的伊斯兰激进组织杀害,埃及的"穆斯林兄弟会"(Muslim Brotherhood)与"伊斯兰促进会"(Jama'at Islamiya)过去 10 年来实力大幅增长,两者竞相表现其凶暴与绝不妥协的态度。巴勒斯坦人民从 1987 年 12 月开始,在约旦河西岸与加沙走廊(Gaza)以色列占领区发动"起义抗暴"(intifada),这段期间以色列曾扶植"哈马斯"(Hamas)与"伊斯兰圣战"(Islamic Jihad)两个团体,以削弱巴勒斯坦解放组织(PLO)的势力,结果他们却化身为最可怕且媒体报道最广的极端主义范例,屡屡犯下自杀炸弹攻击、炸毁民用巴士、杀害以色列平民等重大罪行。同样可怕的是常被美国媒体指称为恐怖组织的"真主党"(Hizbollah),真主党在黎巴嫩南部所谓的"安全区"(safety zone)反抗以色列的非法占领,他们自认为、同时也被当地民众认定为抗敌斗士。

---

① 斯文加利为英国小说家乔治·杜·莫里耶(George du Maurier)1894 年所著小说《崔尔碧》(*Trilby*)中的音乐家,能以催眠术控制女主角崔尔碧,令其唯命是从。吉罗拉摩·萨伏那洛拉(Girolamo Savonarola)是 15 世纪末意大利宗教与政治改革家,后被逐出天主教会,火刑处死。——译者

1996年3月，美国总统克林顿(Bill Clinton)、以色列总理佩雷斯(Shimon Peres)、埃及总统穆巴拉克(Hosni Mubarak)与巴勒斯坦自治政府主席阿拉法特(Yasir Arafat)等领袖齐聚埃及的谢赫港(Sharm el-Sheikh)举行国际会议，讨论所谓的“恐怖主义”，其近在眼前的例子就是三起对以色列平民发动的自杀攻击。佩雷斯在一场向全世界转播的演讲中，堂而皇之地宣称：伊斯兰教与伊朗的伊斯兰共和国要为恐怖主义负责；而这场会议本身显然也有此种意涵。美国与西方世界媒体对伊斯兰教的反感极深，以至于1995年4月19日俄克拉何马市爆炸案发生时，媒体纷纷敲响警钟，说这是穆斯林再度发动攻击。我还记得(至今余憾未平)那天下午我接了25通电话，来自报纸、各大电视网与几名反应机灵的记者，他们一致认定：既然我是来自中东地区，著述又多半与中东有关，因此我对此事一定有独到的见解与资讯。阿拉伯人、穆斯林与恐怖主义之间全属捏造的关联性，让我产生前所未有的强烈感受。尽管我不以为然，但是我心中被引发的涉案罪恶感，完全就是外界认定我应该要有的反应。简而言之，媒体对于我和伊斯兰教的攻击——或者说是攻击我与伊斯兰教的关联——正是原因所在①。

巴尔干半岛波斯尼亚(Bosnia)穆斯林的情形也正是如此，他们沦为塞尔维亚同胞种族大屠杀行动的祭品。但是大卫·里夫(David Rieff)与其他人都曾指出，直到最令人发指的暴行发生之前，欧洲强权与美国对波斯尼亚穆斯林几乎是

① 俄克拉何马市联邦大楼爆炸案主嫌提摩西·麦克维(Timothy McVeigh)为美国白人，全案与伊斯兰教毫无关联。——译者

不闻不问。联合国对波斯尼亚展开的大规模人道救援行动是一项创新之举,因为世界其他地区的穆斯林都被视为侵略者,必须加以口诛笔伐、恐吓威胁、制裁抵制、孤立隔离,甚至还要施以空袭轰炸。想一想俄罗斯当局对车臣(Chechnya)穆斯林的镇压。再看看利比亚与伊拉克,美国于 1986 年 4 月 15 日至 21 日之间,在晚间媒体黄金时段轰炸利比亚;美国在 1991 年对伊拉克发动全面战争①,之后又于 1993 年与 1996 年两度空袭伊拉克〔美国有线电视新闻网(CNN)报道了大部分战事〕。尽管有无数无辜平民惨遭池鱼之殃,西方世界的人们仍为这些攻击行动理直气壮。1992 年美国以人道为名干预信奉伊斯兰教的索马里时,几乎也没有人持异议,但这项行动就像 1982 年的黎巴嫩事件②一样,最后在混乱中结束。伊拉克、利比亚、车臣与波斯尼亚事件的情况都不一样,然而在全世界穆斯林眼中,这些事件的共同点是:西方的"基督教"强权与民族动员起来,持续对伊斯兰教发动战争。因此对立分歧日益深化,各文化之间的对话机会也被耽误。许多穆斯林认为,如果波斯尼亚、巴勒斯坦与车臣的受害者不是穆斯林,如果"恐怖主义"没有被咬定是源出于"伊斯兰教",那么西方国家会更积极帮助这些受害者。毕竟,以色列虽然早已占领并吞阿拉伯穆斯林的疆域,但是却从未受到惩罚。为什么只有伊斯兰国家与人民才会被刻意挑出来,承受蔑视羞辱与强烈敌意?对大部分美国人而言,伊斯兰教就是麻烦的化身。

---

① 指波斯湾战争。——译者

② 指以色列入侵黎巴嫩。——译者

因此情势相当复杂。整个伊斯兰世界再度民心激愤，锁定西方与以色列为攻击目标，有组织或无组织的恐怖活动屡见不鲜。包括根深蒂固的伊斯兰国家在内，如沙特阿拉伯、埃及、伊拉克、苏丹与阿尔及利亚，伊斯兰世界的普遍情况是生产力与人民福祉每况愈下，予人落后残酷的印象，相关现象如新闻检查制度、民主政治不彰、独裁盛行等，实在令人气沮；还有强力压制人民的专制国家，其中某些国家进行并鼓励恐怖活动、酷刑与阉割生殖器官。另一方面，(对我而言)部分人士一厢情愿地幻想：今日伊斯兰世界层出不穷的问题都可以在7世纪的麦加①找到解决之道，连要否定这种乏善可陈的想法都会被视为彻底的伪善。

但我真正忧心的是，使用“伊斯兰教”这个标签的行为本身，无论其用意是要解释抑或不分青红皂白地谴责“伊斯兰教”，到最后都会变成一种攻击行为，然后在那些自命为穆斯林与西方的代言人之间激起更强烈的敌意。“伊斯兰教”只能界定伊斯兰世界真实状况的一小部分，这个世界涵盖了10亿人口以及数十个国家、社会、传统、语言，当然也涵盖了无数各式各样的经验。要将这些事物一律追溯到某个名为“伊斯兰”的宗教，根本是大错特错，无论美国、英国与以色列那些好辩的东方学专家如何大放厥词，坚称伊斯兰教从上到下彻底规范伊斯兰社会，所谓的“伊斯兰国度”(dar al-Islam)是单一且紧密结合的个体，伊斯兰世界是政教合一。本书的主旨就是要指出，这类论点大部分都是无法接受的、最不负责任的以偏概全，而且绝不会运用在世界其他宗教、文化或族群团体上。

① 指穆罕默德创立伊斯兰教时期。——译者

针对西方社会,任何严谨的研究对于其社会结构、历史、文化形成都具备复杂的理论、琳琅满目的分析与细密的研究语言;我们期望,西方世界对伊斯兰社会的研究与讨论也能够达到同样的水准。

我们发觉,最常发表夸大言论的人士并非学者,而是新闻记者,这些言论又被媒体立刻接收并进一步绘声绘影。新闻记者的工作笼罩在一个刁钻滑溜的观念之下,也就是他们经常提及的"宗教激进主义"(fundamentalism),虽然这个字眼与基督教、犹太教与印度教有密切而经常被略而不提的关系,但它与伊斯兰教特别如影随形。伊斯兰教与宗教激进主义之间人为创造的关联性,使一般读者将伊斯兰教与宗教激进主义混为一谈。先是有一种倾向,要将伊斯兰教的信仰、创建者与人民简化为几项规则、刻板印象与概括化,然后对所有与伊斯兰教相关的负面事实——暴力、原始、复古、威胁——的渲染强化就永无止境。这些作为都不曾对"宗教激进主义"一词进行认真的探究,不曾去精确地界定"激进主义"(radicalism)或"极端主义"(extremism),也没有对相关现象的背景提出说明(例如说清楚到底有多少穆斯林属于宗教激进主义,是百分之五、百分之十、百分之五十抑或全部)。

美国艺术与科学学院(American Academy of Arts and Sciences)旗下一个团体,从1991年以来持续发表关于"宗教激进主义"的研究,至今已累积成5卷巨册。我怀疑的是,这项计划虽然也涉及基督教与犹太教,但却是从一开始就冲着伊斯兰教而来。多位知名学者参与其事,两位总编辑马丁·马提(Martin E. Marty)与斯科特·阿普尔比(R. Scott Appleby)负责擘画。最后出炉的结果是一册一册的报告,一般而言很有兴味，然而根据伊恩·鲁斯提科（Ian Lustick）颇具洞见的评论，这一系列研究报告并没有对“宗教激进主义”一词提出可行的定义。相反地，鲁斯提科进一步指出：研究报告的编者与撰稿者“到最后似乎在拼命暗示我们，根本不应该定义‘宗教激进主义’一词”①。因此，如果连这方面的专家都无法界定何谓“宗教激进主义”，那也难怪一大群对所有穆斯林事物深怀敌意的议论者对这个字眼更是含糊其辞，然而他们还是成功地激发出读者的戒慎恐惧。

一个典型的例子就是前白宫国家安全会议（National Security Council）成员彼得·罗德曼（Peter Rodman）1992 年 5 月 11 日在《国家评论》（*National Review*）上的一篇文章。“现在西方发现自己受到外在一股好战、复古力量的挑战，驱动这股力量的是对**所有**西方政治思潮的痛恨，而且要回归对基督教世界的古老怨憎。”这是罗德曼这篇文章的大前提。注意其中没有修饰语（qualifier），而且任意运用涵盖一切、无法证实的概括性说法，例如“回归对基督教世界的古老怨憎”。“基督教世界”（Christendom）虽然不如平淡的“基督教体系”（Christianity）一词真实，但是感觉上更为巨大，更令人印象深刻。罗德曼继续大发议论：“大部分伊斯兰世界都因为社会分歧而四分五裂，因为物质层面不如西方而深感挫折，对西方文化的影响咬牙切齿，并被心中的憎恨驱动〔刘易斯称之为‘激愤的政治’（politics of rage）〕。伊斯兰世界强烈的反西方心态，恐怕不止是一种策略。”伯纳德·刘易斯（Bernard

---

① Lustick, “Fundamentalism, Politicised Religion and Pietism,” *MESA Bulletin* 30 1996, p. 26.

Lewis)在这类话语中的角色,我稍后另行探讨。罗德曼指称伊斯兰世界自卑、憎恨且激愤,但却没有提出证据:他只要下断语就够了,因为由东方主义思潮与媒体刻板印象所再现或误现的"伊斯兰教",可以在充分论证或条件限定付之阙如的情况下遭到控诉与定罪,就像罗德曼讨论"西方"世界甚或"基督教世界"的惯用伎俩。我们要质问的是:全世界10亿穆斯林,是不是每一个人都感受到激愤与自卑?是不是印尼、巴基斯坦或埃及的每一位公民都憎恨"西方"的影响?人们要如何才能够找到这些基本问题的答案?还是我们不能像探索其他文化或宗教一样探索"伊斯兰教",因为它独树一帜,超乎"正常的"人类经验,也不是人们能够谈论的一种宗教;关于"伊斯兰教"的一切都犹如一个精神变态的病患。

或者看看强烈反穆斯林的丹尼尔·派普斯(Daniel Pipes),他最主要的特色是:身为一名东方学专家,他"知道"伊斯兰教极为骇人的本质。派普斯在1995年秋季号《国家利益》(*The National Interest*)发表的一篇"思考"之作中,进行了一些省思。这篇文章的标题看似平淡无奇:《温和派并不存在:对付伊斯兰的宗教激进主义》("There are No Moderates: Dealing with Fundamentalist Islam")。派普斯没有界定何谓伊斯兰的激进教派,且文章标题会让我们认定激进与非激进的教派并无差别。他这篇文章对伊斯兰激进教派的本质大加挞伐,毫不迟疑地告诉我们其本质"在精神上更接近于其他类似的运动(法西斯主义等)而非传统宗教。"后来他继续引申这种类比:"虽然伊斯兰的宗教激进主义在细节上与其他乌托邦意识形态有所差异,但是其见解与野心仍极为近似。就像法西斯主义,它提供了一种前卫的意识形态,一套改进人类、创造新社会的完整计划，意图完全掌控这个新社会，其成员随时准备甚至热切盼望要抛头颅洒热血。”派普斯嘲弄那些认为伊斯兰政治势力已经销声匿迹的专家，他对此不以为然，并以反论证的方式指出：伊斯兰政治势力正如日中天。残暴、非理性、难以安抚、绝不妥协，派普斯所指称的伊斯兰“宗教激进主义”正在威胁全世界，特别是威胁“我们”。然而根据美国国务院的统计数字，以全世界恐怖活动的发生频率而言，起源于中东地区的恐怖活动只位居第六。

简言之，宗教激进主义等同于伊斯兰教，等同于我们必须立即起而对抗的一切事物，就像我们在冷战时期对抗共产主义一样。派普斯还说，对抗伊斯兰教的战役更为艰巨、影响深远而且危机四伏。发表这类论调的派普斯或罗德曼都不是局外人，也不是来自狂热的边缘团体；他们的作品完全居于社会主流，并意图得到决策阶层的正视，而这并非不切实际的期望。他们的观点影响之广，由《美国新闻与世界报道》(*US News and World Report*)1987 年 6 月 6 日一篇文章可见一斑，文章中说：“明目张胆、不折不扣的宗教激进主义在伊斯兰世界各处风起云涌，显然令西方猝不及防，尤其是当伊斯兰宗教狂热与政治目标连成一气，造成暴力事件时。目前还没有多少证据足资证明大部分宗教激进主义服膺霍梅尼宣示的革命目标，不过他的讯息似乎正四处散播。”不久之后的 1987 年 10 月 16 日，同一份杂志上的一篇文章写道：“烈士情结——伊朗伊斯兰教什叶派不可或缺的一部分——如今也在伊斯兰主要教派逊尼派(Sunni)的青年中浮现。”人们在讨论伊斯兰教时，居然可以不顾理性感知的规范。例如，逊尼派青年多达数亿人，分布地区从摩洛哥到乌兹别克，没有人想探究这些青年“日益感染烈士精神”的说法有几分可以验证，或者就算可以验证，证据本身的效力又如何？

也难怪1996年1月21日周日版《纽约时报》“每周评论”(Week in Review)的头条标题是：《赤祸已熄，伊斯兰代兴》。(“The Red Menace is Gone. But Here’s Islam.”)标题之下是伊莲·西奥利诺(Elaine Sciolino)的一篇长文，文章架构虽然依循平衡报道的原则，但内容要透显的是她指称的：“今日学术圈中最热烈、激烈的争议，与旧日对共产党威胁的组织性与严重性的争议相映成趣。”西奥利诺的文章除了标题煽动之外，也怂恿读者认定伊斯兰教所谓的“绿祸”①危及西方利益，因为其中引用多位抱持这类观点人士的说法〔包括北约秘书长威利·克雷斯(Willy Claes)、美国国会众议院议长金里奇(Newt Gingrich)、刘易斯、佩雷斯，以及四处发表意见但恐怕不太够格的作家史蒂芬·艾默生(Steven Emerson)〕，此外还列举多名与美国关系匪浅的国家领袖，如巴基斯坦总理贝·布托(Benazir Bhutto)、穆巴拉克、土耳其总理坦苏·西勒(Tansu Ciller)，他们都支持这种全球性阴谋—威胁的论点。在西奥利诺文章中唱反调的只有乔治城大学教授约翰·艾斯波西托(John Esposito)，他通情达理、议论中肯的著作《伊斯兰威胁：迷思抑或真实?》(*The Islamic Threat: Myth or Reality?*)，步步为营地戳穿伊斯兰威胁论。很明显的是，今日的气氛倾向于认定——甚至可以说是需要——伊斯兰教成为一种威胁；虽然这种观念以偏概全，无法验证其本质，而且唯

① 绿色为伊斯兰教具代表性的颜色。——译者

恐天下不乱。

因此，伊斯兰教在许多决策圈与媒体界成为讨论的中心议题。这类讨论大部分都忽略了一项事实：今日主要的伊斯兰团体都是美国的盟国与附庸，或是隶属于美国势力范围；在沙特阿拉伯、印尼、马来西亚、巴基斯坦、埃及、摩洛哥、约旦与土耳其这些国家，好战伊斯兰激进组织的崛起，部分原因就是美国公开支持其国内政权。这些少数政府通常形同孤立，人民离心离德，不得不接受美国的保护与影响，而出发点是基于美国而非穆斯林的利益。夙负盛名且颇具影响力的政策研究机构“外交关系协会”(The Council on Foreign Relations)，近来成立了一个穆斯林政治报告与研究小组，广泛收纳关于伊斯兰教的评论，其中一部分裨益良多且资料丰富。但是在该协会季刊《外交事务》之类的刊物中，相关的论辩经常是观点南辕北辙、各自表述。例如 1993 年《外交事务》春季号，对于这样一个问题：“伊斯兰教是不是一种威胁？”(Is Islam a Threat?)朱迪斯·米勒(Judith Miller)持肯定答案，而利昂·哈达尔(Leon Hadar)则否。只要一点点同理心，就不难想像一个穆斯林的焦虑不安，因为一直有人坚定声称——尽管是以论辩的形式呈现——她或他的信仰、文化与同胞是一种威胁，而且她或他注定会与恐怖主义、暴力以及“宗教激进主义”扯上关系。

这种持续不断的形象塑造，又受到亲以色列新闻记者报道与书籍的推波助澜，这些报道与书籍的用心是要让更多美国人与欧洲人将以色列视为伊斯兰激进组织暴行的受害者。远从 1984 年以来，在围绕整个中东问题的讯息战中，历届以色列政府都利用受害者的形象来进行宣传。虽然我在别的地方已经讨论过这个问题，不过我还是要强调，这类针对伊斯兰教以及阿拉伯人的盖棺论定是别有用心的，试图掩饰“伊斯兰教”主要对手美国与以色列的实际作为。这两个国家曾联手轰炸或入侵几个伊斯兰国家（埃及、约旦、叙利亚、利比亚、索马里、伊拉克）。以色列曾在四个国家①占领阿拉伯穆斯林的领土，美国方面则在联合国公开支持以色列的军事占领行为。因此，对绝大多数穆斯林与阿拉伯人而言，以色列是个傲慢的区域核子强权，对邻国鄙夷不屑，随意进行轰炸、杀戮（受害人数远超过穆斯林杀害的以色列人）、剥夺财产与强制迁徙，其中尤以巴勒斯坦人民受害最烈。以色列无视于国际法与联合国数十项决议案，并吞东耶路撒冷与戈兰高地（Golan Heights），从1982年开始占领黎巴嫩，施行将巴勒斯坦人视为次等人类的政策——实际上是当成被隔离的种族，并影响、操纵美国的中东政策，使得400万以色列人的利益完全凌驾于两亿阿拉伯穆斯林之上。是这些因素，而非刘易斯的含糊论点，使得穆斯林对西方的“现代化”感到激愤，引发阿拉伯穆斯林对以色列与美国等强权可以理解的怨恨，这些强权自称是自由民主国家，但却运用自相矛盾的利己与残酷做法来对付弱势民族。1991年美国领导一些盟国攻打伊拉克时，宣称必须反击侵略与占领。如果伊拉克不是伊斯兰国家，又侵占另一个蕴藏丰富石油、而且受到美国保护的伊斯兰国家②，那么美国与盟国根本不会出兵干预。正如同以色列侵占约旦河西岸与戈兰高地、并吞东耶路撒冷、建立屯垦区等作为，在美

---

① 指埃及、约旦、叙利亚、黎巴嫩。——译者
② 指科威特。——译者

国看来都没有必要干预。

我不是说穆斯林并未借伊斯兰教之名攻击伤害以色列人与西方人。我要说的是,人们经由媒体所得知的伊斯兰教,不是挑衅便是侵犯,这些媒体还将原因归咎于“伊斯兰教”的本质,抹杀忽略了各地区的具体情况。换言之,报道伊斯兰成为一种单向片面的行为,对“我们”的**所作所为**视而不见,反而强调穆斯林与阿拉伯人有严重缺陷的本质。

接下来我要引述的不是那些边缘、狂热或无足轻重的作家对于中东与伊斯兰的报道,而是知名而且位居主流的新闻报道,诸如《新共和》(*The New Republic*)、《大西洋》(*The Atlantic*)这两份刊物的老板分别是马丁·佩雷兹(Martin Peretz)与莫顿·朱克曼(Morton Zuckerman),两人都大力支持以色列,因此也对伊斯兰教怀有偏见。佩雷兹更是特殊个案,美国媒体界没有人像他这样,长期(至少 20 年)宣扬他对特定文化与民族——伊斯兰与阿拉伯人——的种族仇恨与鄙视。当然,佩雷兹的恶意有一部分来自他不惜一切代价为以色列辩护的坚定信念,但是他多年来的言论有一大部分远超出理性辩护,他在专栏中表现的纯粹、非理性且粗鄙的丑化抹黑,实在是无与伦比。

在佩雷兹心目中,伊斯兰等同于阿拉伯,他可以交互攻击两者。以下是他在 1984 年 5 月 7 日发表的文章,描写他观赏的一出戏剧:

> ……在阿拉伯围攻耶路撒冷期间,一名来访的德国商人、一名移民美国的犹太人和一名阿拉伯巴勒斯坦人躲到一处防空洞避难。如果说戏中德国人

> 与犹太人之间逐渐浮现的同理心令人有点惊奇，那么我们的文化使我们对戏中阿拉伯人产生的广泛偏见就不足为奇。这是一个疯狂的阿拉伯人，而且是以他所属文化的特有方式表现疯狂。他陶醉在语言之中，无法分辨狂想与现实，痛恨妥协，总是怨天尤人，最后将他的痛苦挫折发泄为一种漫无目的、短暂满足的残暴行为。这是一出政治戏，其中的悲观与真实性令人动容。我们曾在的黎波里(Tripoli)①与大马士革看到过这出戏中的阿拉伯人，近几周来这种阿拉伯人也劫持了一部开往加沙走廊的巴士，并在耶路撒冷街头持枪扫射无辜民众。当然，在舞台上他是个虚构人物，然而在真实世界中，他那些所谓的“温和派”弟兄才是想像的虚构。

这类文章在佩雷兹的《新共和》周刊中层出不穷，要说明的是，这是一份夙负盛名的自由派刊物，在华盛顿与纽约有许多深具影响力的读者。佩雷兹在 1991 年 6 月 24 日的文章中告诉我们，以色列是“一个已成形之民族的政治表现，就如同波兰、日本或英国”。而且其政治身份确立无疑（不像印第安人或巴勒斯坦人），然后佩雷兹又在 1993 年 9 月 6 日的文章中进一步申述这个论点：“对阿拉伯人而言，犹太人永远是僭位者与闯入者。在我们这个时代，仇外心态并非阿拉伯人的专利，但是当国家将政治与身份认同合而为一时，面对西方与以色列时深感自卑的阿拉伯穆斯林会特别仇外，他们只想到

① 利比亚首都。——译者

自己的世界。”

佩雷兹编织出异常严重的丑化抹黑，目的是要抹杀历史真实：巴勒斯坦原本是由另一个民族定居并建立的国家，主要来自欧洲的犹太人到达巴勒斯坦之后，摧毁当地人民的社会、剥夺他们的财产，并赶走三分之二人口；此外，以色列数十年来一直军事占领巴勒斯坦(以及黎巴嫩、叙利亚)的领土，单方面并吞东耶路撒冷，全世界没有任何一个国家认可这些行为。以色列还赋予自身权利，可以对几个阿拉伯国家发动“先发制人”(pre-emptive)的战争。佩雷兹无法处理这些事实，只能辩称以色列地位至上，所以有权如此做；因此他转移目标，以理论解释穆斯林与阿拉伯人的滥施暴力以及文化自卑感。在 1996 年 8 月 13 日《新共和》杂志的文章中，佩雷兹首先为以色列总理本雅明 · 内塔尼亚胡(Benjamin Netanyahu)明目张胆的武力政策辩护，然后指出，以色列总是得与阿拉伯国家打交道，这些国家并没有“科学与工业快速发展所需的文化特质。唉，这些社会连一块砖头都做不出来，遑论电脑微晶片”。佩雷兹继续发挥这个观点(很类似他对非洲裔美国人的观感：他们在历史上注定要屈居劣势)，做出结论：“这种日益扩大的差距将会导致对以色列深沉而且恐怕是难以控制的憎恨。虽然未必会引发传统意义的战争，但却会让过去几年以色列的经历——恐怖与持续的暴动——更频繁地出现。”

佩雷兹惯于运用全面且非理性的概括，来攻击那些侵犯他最钟爱国家——以色列——的伊斯兰与阿拉伯人，表现较温和的类似习性在报道性或娱乐性的书籍、文章、电视和电影中也是屡见不鲜。这类文章在密尔顿 · 维奥斯特(Milton Viorst) 1994 年《沙堡：追寻现代世界的阿拉伯人》(*Sandcastles: The*

Arabs in Search of the Modern World)一书中搜罗了许多。维奥斯特对中东事务著述甚丰,作品多见于《纽约客》(*New Yorker*)杂志,他是一位敏锐的观察者,但面对伊斯兰仍不免受限于许多未经检验的预设前提,并且毫无自觉、毫不怀疑地表达出来。各界对维奥斯特这本书的评论也几乎不曾批评这些可疑的预设前提,一个例外是穆罕默德·阿里·哈里迪(Muhammad Ali Khalidi),他在《巴勒斯坦研究学报》(*Journal of Palestine Studies*)1996年冬季号的一篇文章中汇集了一些这类预设前提,读之令人触目惊心。哈里迪引述维奥斯特的话:"传统伊斯兰城市对外观的美感并不在意。直到现在,阿拉伯人似乎对自己的街道视而不见,到处丢垃圾。有些观察者认为,对公共空间的漠不关心是因为伊斯兰文化执著于个人隐私,社交生活只在家庭中进行。"不止如此,维奥斯特继续写道:"伊斯兰教……成功地粉碎了人的推理能力,这是基督教做不到的……阿拉伯人很注重他们文化中固有的保守或者宿命论倾向,他们无法安然面对知性的挑战。"哈里迪一针见血地提醒维奥斯特,穆斯林融汇了希腊哲学,后来传给欧洲;穆斯林是逻辑与天文学的先驱,将医学确立为一门科学,并且发明了代数。

维奥斯特并没有被这些事实阻挠(也许他根本一无所知),他信心满满地说道:"伊斯兰教对创造性思考的敌意日趋明显",并宣称:"包括阿拉伯人与土耳其人在内的穆斯林已经体认到,以各种知识判准来看,他们的文明赶不上西方世界。"因为,"阿拉伯文明几乎没有感染到西方对现代世界最大的贡献:知识的精确严密"。

我认为这些论点最病态的地方在于,它们都是发自——

以相当具防卫性甚至仇外心态的方式——那些自以为是的发言人,像维奥斯特、佩雷兹等人,不胜枚举;他们攻击伊斯兰教就是要发泄这种不可理喻的敌意。当今许多对伊斯兰教的再现都经过刻意设计,彰显其相较于西方的低劣之处,这样的伊斯兰教要拼命反对、争斗、憎恨并且被激怒。更有甚者,重要的评论性杂志如《纽约客》、《纽约书评》(*New York Review of Books*)、《大西洋月刊》(*Atlantic Monthly*)从来不刊载译自穆斯林与阿拉伯作家的评论(甚至文学性作品),一味倚赖维奥斯特之流的专家来诠释伊斯兰政治与文化现象,而他们所依据的并非事实,而是上述那些未经验证的预设前提。对于这些作品的评论也很少现身在文化主流中,挑战其霸权。

关于媒体、政论杂志与学术界谈论伊斯兰教时的陈腔滥调所造成的损害,查克瑞·卡拉贝尔(Zachary Karabell)在《世界政策期刊》(*World Policy Journal*)1995 年夏季号的文章是近来少见的重要评估。他首先阐明一个前提:冷战结束之后,所谓的伊斯兰"宗教激进主义"就被过度强调。他正确地指出,公众媒体充斥着伊斯兰教的负面形象。"问一问美国的大学生——无论是精英学府抑或其他学校——遇到穆斯林这个字眼时会有何联想,回答总是千篇一律:穆斯林是挥舞枪支、留胡须、狂热的恐怖分子,一心要摧毁其头号敌人——美国。"卡拉贝尔提到美国广播公司(ABC)电视网声誉卓著的新闻节目"20/20"曾经"播出几部讨论伊斯兰教的专辑,将其视为一个发动圣战并反复灌输暴力战士的宗教。而公共电视台(PBS)的'第一线'(*Frontline*)节目也赞助一项针对暴力恐怖分子全球活动情形的调查"。其实卡拉贝尔还可以提到艾默生 1994 年为公共电视台制作的纪录片《美国圣战录》

(*Jihad in America*),这部片子的风格冷嘲热讽,刻意要利用这股恐惧。卡拉贝尔也可以谈谈一窝蜂出版的《神圣之怒》(*Sacred Rage*)、《以神之名》(*In the Name of God*)之类标题十分煽情的著作,这些作品让伊斯兰教与危险的反理性主义(irrationalism)之间的关联更为牢不可破、天经地义。卡拉贝尔说:"同样的情形也发生在平面媒体上,关于中东的报道总是伴随着清真寺或者大批祈祷的群众。"

正如同我先前所言,这些现象比起 15 年前《报道伊斯兰》初版中描述的情况更为严重。举例而言,当今出现新一波大制作的电影〔卡拉贝尔提醒我们,其中一部《真实谎言》(*True Lies*)中,"恶棍是典型的阿拉伯恐怖分子,眼神闪烁不定,一心只想杀害美国佬"。〕主要目的首先是将穆斯林妖魔化且非人化,然后衬托出一个大无畏的西方——通常是美国——英雄将他们杀得一干二净。1985 年的《三角洲部队》(*Delta Force*)首开此风,但真正发扬光大是"夺宝奇兵"(Indiana Jones)系列电影以及无数电视剧集,其中的穆斯林一律再现为邪恶、残暴而且最重要的是——活该千刀万剐。过去好莱坞习惯以异国情调处理东方世界,现在不同的是,浪漫与魅力已完全被摒除在影片之外。所谓的"忍者"(ninja)电影也有同样的变化,片中的白种(有时甚至是黑人)美国人与无数头戴黑面罩的东方人对打,最后罪有应得的东方人全部被摆平。

除了表现出敌意与过度简化的结合之外,这些"误现"(misrepresentation)还严重夸大膨胀了伊斯兰世界之中宗教极端主义的力量。卡拉贝尔以轻描淡写反讽的手法带出一个重点,他说:"中东地区现代化与世俗化的动力,还远远未到山穷水尽的地步。"在发表于 1993 年、隔年收录于《流离失所的政治》(*The Politics of Dispossession*)的一篇文章中,我试图说明,尽管煽情作家与无知美国媒体胡乱夸大——其观点大多来自反伊斯兰教的野心评论家,这些人为自家的煽动伎俩找到新的发挥领域——凝聚阿拉伯穆斯林社会的力量并非宗教激进主义,而是世俗化。人们至少可以认定,在伊斯兰主义者(Islamists)与绝大多数穆斯林的拉锯战中,前者已经落居下风。法国政治学家奥利维·罗伊(Olivier Roy)在1994年一本卓越的著作中,称这种现象是"**伊斯兰政治力量的失败**"(The Failure of Political Islam),这句话也是那本书的标题。其他学者,像艾斯波西托在《伊斯兰威胁:迷思抑或真实?》一书中以另一种方式来阐述,他强调的是伊斯兰社会的多样性、复杂的表现、迥异的传统与历史经验,而不是一般认定的群众团结一致以及反西方心态。

然而像这样条理分明、研究扎实的另类观点一直是凤毛麟角。将伊斯兰教再现为冥顽不灵、怒气冲天、深具威胁及散播阴谋的市场远远更为庞大,用处更多,而且更能够刺激人心,无论其目的是娱乐还是煽动对抗新的外国恶魔的热情。每当一本与众不同的著作——例如理查德·布列特(Richard Bulliet)1994年的《伊斯兰教:边缘之见》(*Islam: The View from the Edge*)——出现,就有更多误现伊斯兰教的书籍与文章发表,像大卫·普莱斯-琼斯(David Pryce-Jones)1991年的《封闭回路》(*The Closed Circle*);查尔斯·克罗萨玛(Charles Krauthammer)1990年2月16日在《华盛顿邮报》上大放其所谓"全球起义抗暴"(the global intifada)之厥词;罗森陶(A. M. Rosenthal)在《纽约时报》发表的多篇文章〔例如他1996年9月27日发表的《西方的没落》("The Decline of the

West")〕中都将伊斯兰教、恐怖主义、巴勒斯坦人混为一谈。这些作品被当成资料翔实的分析与报道,刊登在美国声誉卓著的媒体上。主流媒体的日常读者几乎不可能看到像伊冯·Y·哈黛德(Yvonne Yazbeck Haddad)析理细密的《伊斯兰主义者眼中的美国近东政策》("Islamist Perceptions of US Policy in the Near East"),这篇文章刊登在一份默默无闻的学术刊物《中东与美国》(*The Middle East and the United States*),主编是大卫·雷许(David W. Lesch)。哈黛德女士与罗森陶、克罗萨玛不同,她仔细区分出五类伊斯兰主义者(她用这个词汇取代煽动性的"激进派"或"宗教激进主义")。更有裨益的是,她全面胪列出真正刺激穆斯林、恶化伊斯兰与西方关系的事物。其中包括以色列历任总理的言论,例如大卫·本-古里安(David Ben-Gurion)的"除了伊斯兰教,我们什么都不怕"。伊扎克·拉宾(Yitzhak Rabin)的"伊斯兰教是我们唯一的敌人"。佩雷斯的"除非伊斯兰教放下刀剑,否则我们不会安心"。此外还有一长串西方打压伊斯兰世界的行动,其中最重要的就是以色列与美国之间深厚甚至具侵略性的关系。

对于哈黛德论文这类作品,重点并不在于作者是否完全正确,也不在于读者应否全盘接纳或反对其观点,而是这些作者化身为真正的对话者,具有真正的论辩与兴趣,在现今媒体关于伊斯兰教不思改进、但却占尽优势的报道中,这些正是付诸阙如的特质。当然,没有人会期望记者或媒体名人花费许多时间做学术工作、博览群书、寻找另类观点,或者不要预先认定伊斯兰既冥顽不灵又满怀敌意,然后以此心态自我充实。但是为什么要用那些盲从、不加批判的观点来宣扬一成不变、简化事实的议论？为什么要迫不及待地接受由政府制造、恣意塑造伊斯兰教形象的官方说辞？我指的是随意将“伊斯兰教”贴上“恐怖主义”的标签，并且将以色列对伊斯兰教“威胁”的观点提升到构成美国政策的层次。

答案在于：将伊斯兰教当成基督教西方竞争对手的古老观念，至今依然盛行。例如抨击日本(Japan-bashing)行为之所以存在，正是由于日本被视为意图抗拒欧美的经济霸权。在最后一个超级强权——美国，现今有一股日渐高涨的趋势，将全世界看做是单一国家的“统治地区”(imperium)。其他庞大文化集团似乎都已经接受美国的角色，只剩下伊斯兰世界内部仍然有坚决反抗的强烈迹象。因此我们看到攻击伊斯兰文化与宗教的风潮方兴未艾，发动攻击的个人与团体，其利益与一种观念结合，认定西方(以美国马首是瞻)是启蒙现代化的典范。然而，这种对“西方”的描述绝不准确，将西方主宰合理化的观念事实上是对西方**强权**不加批判的偶像化。

在压制伊斯兰教的文化战争中，最凶悍的攻击者是英国老牌东方学专家伯纳德·刘易斯，他现在是美国公民，已从普林斯顿大学教授任上退休。刘易斯的文章定期发表于《纽约书评》、《评论》(*Commentary*)、《大西洋月刊》与《外交事务》。他的论点数十年如一日，甚至变得更加尖刻、简化，而且逐渐渗入其他野心记者与政治学家的“思考”(think)文章与专著的话语之中。刘易斯的观念完全传承自19世纪英国与法国东方学派，将伊斯兰教视为基督教与自由价值的威胁；为何这类观念至今仍盛行不衰，原因很容易解释。刘易斯所有作品的重点，都是要将整个伊斯兰教描绘成全然**外在于**这个“我们”居住的已知、熟悉及可接受的世界，而且当代伊斯兰教传承了欧洲的反犹主义(anti-Semitism),运用在他指称的反现代化战争中。我在《东方主义》(*Orientalism*)一书中指出,刘易斯使用的方法是心怀鬼胎的观察、词源学(etymology)的刻意误用,对一整群相关民族申述堂而皇之的文化论点;同样该指责的是,他完全不能承认伊斯兰民族有权行使自身的文化、政治与历史。刘易斯处心积虑想显示,由于这些民族不是西方人(他对这个观念的掌握极为牵强薄弱),因此注定不长进。

以刘易斯论"watan"这个阿拉伯词的一篇文章为例,"watan"意思是"家园"或"国家"。刘易斯以歪曲解释企图将这个词真实的领土、关系的意涵剥夺殆尽。他没有掌握任何上下文证据就指称,"watan"这个词并没有"祖国"(patria)或"故乡"(patrie)或"父亲"(patris)的意义,不能与这些词一视同仁,因为"watan"对伊斯兰教而言只是居住的地方,没有特殊意义。这篇文章收录在刘易斯 1993 年的论文集《伊斯兰教与西方》(*Islam and the West*)中,和文集中其他作品一样,其写作目的首先是要展现刘易斯的博学,然后以西方"优越的"(superior)权威身份来呈现穆斯林自身都不知如何表达的真实感受。然而,这篇文章恰恰显示出对于阿拉伯穆斯林生活实况的极度无知,对这些穆斯林而言,"watan"当然与"祖国"有实存的关联。刘易斯只不过在中世纪阿拉伯文学中找到两三个例子来支撑他似是而非的观点,完全忽略了 18 世纪迄今的文学作品以及普遍的日常用法,"watan"的确是被真实的〔real,与文本的(textual)相对〕阿拉伯人用来指涉家园、归属与忠诚。既然阿拉伯语对刘易斯而言只是一种文本的语言,与口语以及日常对话无关,因此他似乎完全没有注意到

“bilad”(国家)与“ard”(土地)等含有特定居住地区与眷恋之情的相关词汇。

刘易斯的特殊方法,乃立基于严重反人性的拘泥字面解释之上,他以此来裁定穆斯林的感受、存在与渴望。他说伊斯兰教“不止是一套信仰与崇拜、一种生活方式……它更是生活的**全体**”。这类说法不仅显示出偏见,还有对于人类生活实际运作方式的可笑误解。刘易斯的方法暗示,所有穆斯林——10亿之众——都读过、理解并完全接受他所说主宰“民法、刑法以及我们所谓的宪法”的一套“法规”,而穆斯林日常生活中所有重要活动都得盲目依循这些法规。如果“荒谬无稽”(preposterous)这个词只能用在一个地方,那就非此处莫属。刘易斯完全不能体认穆斯林——更别说是全体人类——生活的多样性,因为他无法进入这种异国的、迥然不同且别具一格的生活。

这种情形在《伊斯兰教的重返》(“The Return of Islam”)一文中最为明显,这篇文章首先刊登在极右派犹太杂志《评论》中,后来收入《伊斯兰教与西方》。刘易斯尽管摆出学术研究的姿态,其实是运用虚假的文献学(philology)来指称,他与其同路人所敌视的大部分当代阿拉伯世界主要政治现象,都是企图要回归于7世纪的伊斯兰教。别具卓见的学者阿萨德·阿布·哈里尔(As'ad Abu Khalil)在1995年冬季号的《巴勒斯坦研究学报》中指出:“虽然他(刘易斯)有权利相信‘现代西方心灵’与穆斯林心灵有根本的——甚至是先天的——差异,而刘易斯多年来也都没有改变观点(因此他会引述中世纪伊斯兰教法学家的说法来诠释当前的事态),他对当前事件的分析顶多只能形容为不了解状况。”这段评语切中要害，刘易斯展现在读者面前的东方学专家论述过程，正是意图要解释当今的“穆斯林心灵”到底在想什么。这种做法自然排除了历史变化、人性作用，以及并不是 7 世纪以后所有穆斯林都有同样想法的可能性；同时也使他无法具体讨论今日的情形。然而刘易斯一心只想说服读者：穆斯林一直对伊斯兰教的一切坚守不变，这种同义反复根本违反了人类的理解。

刘易斯最恶劣的一面，表现在一篇标题本身就来势汹汹的《穆斯林激愤的根源》（“The Roots of Muslim Rage”），刊登于 1990 年 9 月号的《大西洋》。当期杂志封面的设计者完全掌握了刘易斯的论点：一个眼冒怒火、戴着头巾，显然是伊斯兰教人士的头像，直瞪着读者，瞳孔映照出美国国旗，表情充满憎恨与激愤。对于刘易斯在这篇影响深远文章中的陈述，无论称之为学术研究抑或诠释，都不够格。“穆斯林激愤的根源”是一篇粗糙的辩论文章，缺乏历史真实、理性论证与人性智慧，企图将穆斯林塑造为可怕的集体化个人，其原始的平静与不受质疑的规则遭到外界扰乱。例如：

> ……最后的一根稻草就是对他（一般认定的穆斯林）在自己家中威权的挑战，挑战来自获得解放的女性、反抗的儿童。斯可忍、孰不可忍；对于这些颠覆他的权势、瓦解他的社会，并最后侵犯他家庭圣地的异国、异教及无法理解的力量，爆发激愤势所难免。这股激愤也自然会以千年来的大敌为目标，并从古老的信仰与忠诚寻求力量。

后来刘易斯又自我矛盾，说穆斯林一度曾欢迎接纳西方，

“以仰慕与模仿”来回应。但他又说，“当更深沉的热情被挑起”，这种回应就消失在纯粹的憎恨与激愤中，似乎所有不恰当的愤恨爆发都要归咎于这些内在情绪。刘易斯在文章的末尾更有惊人之笔，宣称“我们”正在讨论一种现象、一种对现代化本身最纯粹、最不可理喻的愤怒：

> 现在情势应该相当清楚，我们现今面临的情绪和风潮远远超越议题与政策的层次，也超越追求实现议题政策的各国政府。这不折不扣就是文明的冲突——一种可能是非理性，但确实有其历史根源的反应，针对的是我们的“犹太—基督”文明遗产、世俗化现况，以及两者在全世界的扩张。有一点至关紧要，在遭遇对手时，我们这一方绝不能被激起同样有历史根源、同样非理性的反应。

换言之，穆斯林今日的反应方式，在历史上甚或先天上即已注定，非如此不可；他们反应的对象并非政策或行动，或其他同样平淡无奇的事务。他们战斗时凭借的是一股对世俗化现况的非理性憎恨，刘易斯更宣称这世俗化现况是“我们的”，而且只属于我们。

这些说法的傲慢自大令人惊异，不仅指称穆斯林和“我们”各自闭关自守，刘易斯全然否定双方数世纪以来的相互仿效与交流；而且指称“他们”注定要陷入激愤与非理性之中，而“我们”则享受自家的理性与文化优越感。我们代表一个真实的同时也是世俗化的世界，他们则在一个幼稚狂想的世界中谩骂呐喊、高谈阔论。最后一点，“我们的”世界是以色列与西方的世界，他们的是伊斯兰教与其他地域。“我们”必须抵挡他们，靠的不是政策或议题辩论，而是绝对的敌意。无怪乎塞缪尔·亨廷顿论文明冲突的文章会从刘易斯的作品借用其标题与主题。

以敌意、非理性来形容这类观念，并不是夸大其词，尤其是这类观念在某些新闻记者的作品中已经被奉为典范，例如《纽约时报》记者米勒 1996 年出版的《上帝有九十九个名字：一位记者的战火中东记行》(*God Has Ninety-Nine Names: A Reporter's Journey Through a Militant Middle East*)，就可以当作一本教科书，综览媒体关于伊斯兰报道的各种缺失与扭曲。从她在众多谈话性节目与中东问题研讨会中的言论可知，米勒大力鼓吹“伊斯兰威胁”(The Islamic Threat)，1993 年她在一场由《外交事务》举办的研讨会发表论文时，就提出这个说法。米勒的独特使命是要凸显一个有千年历史的观念：好战的伊斯兰是西方的一大威胁；这也正是亨廷顿文明冲突论的核心观念。因此，在苏联解体导致的知识界真空之中，搜索新异国仇敌的工作就锁定了伊斯兰教，如同 8 世纪欧洲基督教徒展开的搜索；对今日的西方(刘易斯与亨廷顿用这个含糊的字眼来指称“我们的”文明，有别于“他们的”文明)而言，伊斯兰教在实质上的迫近与难以弭平的挑战，一如 8 世纪时那样阴险、强烈。米勒并没有提及，今日大部分伊斯兰国家都是一穷二白、苦于暴政、军事与科学上遥遥落后，除了对自家人民之外，很难对别人形成威胁。她也没有注意到，最强盛的伊斯兰国家——沙特阿拉伯、埃及、约旦、巴基斯坦——完全是在美国的势力范围之内。米勒、亨廷顿、马丁·克拉玛(Martin Kramer)、派普斯、巴瑞·鲁宾(Barry Rubin)，再加上一大群以色列学者,对于这些所谓的“专家”而言,最重要的是要确保“威胁”昭昭在人耳目,尽量谴责伊斯兰的恐怖、专制与暴戾,并且保住自身收入丰厚的顾问工作、经常上电视亮相的机会,还有出版著作的合约。对于基本上冷漠而且资讯不足的美国阅听者,伊斯兰的威胁被塑造成异常可怕,所撑持的观念(与反犹太狂热形成有趣的对比)认定每一件爆炸案背后都有一个影响全球的阴谋。

伊斯兰政治力量试图借由伊斯兰政党掌握政权时,一般而言表现欠佳。伊朗可能是例外,然而,实际上已是伊斯兰国家的苏丹、伊斯兰教团体与残暴军方争斗不休的阿尔及利亚,以及动荡不安且极度反动的阿富汗,这些国家的作为都只是让自身更加穷困,在世界舞台上更加边缘化而已。西方关于伊斯兰威胁的话语背后,潜藏着某种程度的真实,也就是说,穆斯林对伊斯兰教的崇信也增强了对整个中东地区“美利坚—以色列强权和平”(pax Americana-Israelica)的反抗〔以艾瑞克·霍布斯鲍姆(Eric Hobsbawm)所说的原始的、前工业化的反叛方式〕。但是,无论真主党抑或哈马斯,其实都不会对那股推动“只要和平”(nothing-but-peace)的强大力量造成重大障碍。我要指出,今日大部分阿拉伯穆斯林都是垂头丧气、受尽羞辱、被不确定感与无能粗暴的独裁政权麻痹,没有能力支持任何伊斯兰对抗西方的大规模行动。此外,他们的精英多半与政权站在同一阵线,支持像埃及自 1946 年以来实施戒严之类逾越法律的种种措施,来对付极端分子。因此为什么关于伊斯兰教的大部分讨论还要强调警戒与恐惧?当然,的确是有自杀炸弹攻击与严重的恐怖活动,不过这些事件的唯一成果,不正是让以色列、美国以及他们在伊斯兰世界扶植的政权，更加强化其掌控？

我认为答案是，像米勒著作之类的书籍最病态的地方在于，它们是一种新增添的武器，被运用来屈服、镇压、强迫并击退阿拉伯人或穆斯林对美国—以色列主宰的任何反抗。更有甚者，反伊斯兰教运动将一种做法暗中合法化：一厢情愿地坚持将伊斯兰主义(Islamism)——无论它有多可悲——与一个战略地位重要、石油产量丰富的地域挂钩；因此，反伊斯兰教运动实际上让伊斯兰教、阿拉伯人与西方或以色列之间平等对话的机会烟消云散。基于对现代化“愤愤不平”(enraged)为理由，将一个文化整体妖魔化、非人化，其实就是将穆斯林转变成有待矫治、惩罚的目标。在这里我不希望被误解：为反动的政治目的而操纵伊斯兰教，或者操纵基督教与犹太教，一概是罪大恶极，都必须反对抵制；不仅在沙特阿拉伯、约旦河西岸、加沙走廊、巴基斯坦、苏丹、阿尔及利亚与突尼斯是如此，在以色列、黎巴嫩右派基督徒(米勒对他们表现出不应有的同情)以及任何显露出神权政治迹象的地区也都是如此。而且我完全不认为所有阿拉伯伊斯兰国家的痛苦都要归咎于犹太复国主义(Zionism)与帝国主义。但这绝对不是为美国、以色列及其御用知识分子开脱，说他们并没有扮演战斗性甚至煽动性的角色，将抽象化的“伊斯兰教”污名化，还送上各种谩骂侮蔑，目的是要刻意激起美国人与欧洲人对伊斯兰教的愤怒与恐惧，同时对他们谆谆告诫：以色列是个世俗化的自由民主国家。米勒在她著作的结尾处表示，以色列的右翼犹太教派是“另一本书的主题”，其实那才应该是她这本书的重要部分，只不过她刻意忽略，以便全力声讨“伊斯兰教”。

如果米勒写的是别的宗教或世界其他地区,她会被认定为根本不够资格。米勒对我们耳提面命,说她以专业身份涉足中东事务已有 25 年历史,但是她却对阿拉伯语或波斯语一窍不通;她承认自己无论到哪里都需要带着翻译,而且无法掌握这名翻译的精确度与可信度。如果一名俄罗斯、法国、德国、拉丁美洲,甚至中国与日本的记者或专家无法通晓该国语言,那么他根本不会被当成一回事;然而"伊斯兰教"的研究者似乎完全不需要语言的知识,因为他面对的是一种心理变态,根本不是"真正的"文化或宗教。

米勒的无知影响了她在附注中引述的大部分资料,原因也许是她只能引用她知道会派上用场的英文资料,也许是她只引用与自身观点一致的权威。因此为数众多的穆斯林、阿拉伯裔与东方学专家之外的学者,米勒都无缘接触,而她的读者也有同样缺憾。每当她要向读者炫耀,故意卖弄一两句阿拉伯话时,十之八九会弄巧成拙。米勒说的都是一些相当普通、并不深奥的语句,而她的错误也绝不止是翻译的错误,这一点她在书的开端就已经为自己费力辩解一番。这些错误都相当明显,这名犯错的外国人对于她的主题既不关心也不尊重,尽管她靠着这个主题来糊口已经 25 年,但却一直懒得用心学习。在该书 211 页,米勒引述埃及前总统萨达特(Anwar Sadat)形容利比亚强人穆阿玛尔·卡扎菲(Muammar Qaddafi)的话:"al walid majnoon",并译成"那个疯狂的孩子",其实这句话原文是"el walad el magnoon",意思是以夸大戏谑的口气来说:"这孩子疯了。"埃及著名女演员"Shadia"在书中误植为"Sha'adia",显示米勒连阿拉伯文字母之间的差别都分不清楚。她习惯将英文的复数形式套用在阿拉伯词汇上,例如 thobe/thobes 或 hanif/hanifs①,还在书中第 315 页大言不惭地说:“一首美丽的阿拉伯文诗作……和大部分阿拉伯诗歌一样,一经翻译便大为失色。”

如果米勒根本无能了解阿拉伯伊斯兰生活的细节,那么她的政治与历史资讯又如何呢?她书中十章(分别处理埃及、沙特阿拉伯和苏丹等国家)的每一章都以一则小故事为开端,然后直接以简略、只具大学生水平的方式介绍当地历史。这些历史凑合了数家未必可靠的权威之言,原本是要展现作者掌握素材的能力,然而却暴露了可悲的偏见以及分析理解能力的欠缺。例如沙特阿拉伯这一章,她在附注中告诉我们,对于先知穆罕默德的资料,她“最偏爱”法国东方学专家马克西姆·罗丁森(Maxime Rodinson)的作品。罗丁森是坚定的马克思主义学者,他的先知传记结合了反神权政治的反讽与浩瀚博学,令人动容。但是从书中 4 至 5 页对穆罕默德生平与理念的简略介绍看来,对于这个被罗丁森形容为结合了查理曼(Charlemagne)大帝与耶稣基督的人物,米勒却认为他在本质上有一点可笑甚至可鄙;尽管罗丁森知道自己的形容是什么意思,但米勒告诉我们(毫不相干地)她并不相信。在她眼中,穆罕默德是一个反犹太教的催生者,而这种宗教充斥着暴力与偏执狂。她完全没有引用穆斯林关于穆罕默德的记载,反而一面倒地倚赖西方世界东方学专家孤陋的揭秘之作。试想一下,要是有一本关于耶稣或摩西的书籍在美国或欧洲出版,其中却没有引用任何犹太教或基督教的权威著作时,会得到何种反应。“征服麦加之后,据说穆罕默德只杀掉 10 个冒

① thobe 为阿拉伯人所穿的长袍,hanif 意为一神教信仰。——译者

犯他与伊斯兰教的人。”米勒以拙劣的讽刺语调说道。她说明自己关注穆罕默德的原因，提醒我们穆罕默德创立了一个宗教与一个国家(这不是什么创见)，但是她接着直接从第7世纪跳跃到约莫现今的时期，就好像那些时代久远的国家创建者是最能够解释当前历史的资料来源。这非常近似刘易斯的伎俩。

我们绝对不能忘记一点，米勒基本上是个立场鲜明、怀有政治意图的记者，既不是学者也并非专家，甚至连一个条理清晰的作家都算不上。她书中大部分的内容并非由论证与概念架构而成，而是一场又一场冗长的访谈，对象是许多可悲可怜、不值得信赖、只图私利的穆斯林以及临时应景的批评者。我们读过她的小故事之后，就会立刻飘浮进入最乏味、最凌乱的漫谈闲聊；其中凸显的并不是她对该地区有何独到见解，而是她泛滥的朋友同事名单(Rolodex)。底下是一个典型的极为空洞概括化的句子：“对于国家混乱的历史心怀戒惧(顺带一提，世界上哪个国家不是如此?)的叙利亚人，非常忧心地发现有可能回归到无政府状态或另一场漫长的血腥权力斗争(在后第二次世界大战、后殖民时期的国家中，只有叙利亚才是如此吗？还是亚洲、非洲及拉丁美洲其他100个类似叙利亚的国家也会如此?)，甚至看到伊斯兰好战派系在这个最世俗化国家(她凭什么标准如此断定?)的胜利。”更别提她笔下可憎的措词用语以及唠叨不休的术语。你读到的绝不是一个概念，而是一套陈腔滥调，混合着无法验证的断论，宣称是代表叙利亚人的“想法”，但其实都是米勒自己的心思。

米勒以“我的朋友”这个片语来粉饰她单薄的描述，好让读者相信她真的认识这些人，因此也知道自己在说些什么。

她似乎相信这些“朋友”会向她吐露私密的事情,而且也只有她才挖得出这样的心事。不过这种伎俩却造成严重扭曲,以冗长离题的形式,意图呈现某种伊斯兰心态,其实却忽略或模糊了更为——或者至少是同样——重要的题材,例如各国的政治、世俗机构的运作、伊斯兰主义者与民族主义者之间激烈的知识分子论战。米勒似乎从未听闻过穆罕默德·阿尔孔(Mohammed Arkoun)、穆罕默德·贾布里(Mohammed el-Jabri)、乔治·塔拉毕西(George Tarabishi)、阿多尼斯(Adonis)、哈珊·哈纳菲(Hasan Hanafi)或是希夏姆·杰特(Hisham Djait),而整个伊斯兰世界都在热烈争论这些人的观点。

这种知识和分析上的惊人缺陷,在论以色列的这一章时分外明显(其实连标题也下错了,这一章的重点是巴勒斯坦),她全然忽略了巴勒斯坦“起义抗暴”造成的变化,还有以色列30年长期占领的细微影响。米勒也没有传达出巴勒斯坦寻常百姓生活中,对于奥斯陆协定与阿拉法特独裁统治的深恶痛绝。米勒为美国政策摇旗呐喊,因此她自然比任何人更专注于哈马斯;她显然也无法将多年来以色列粗暴治理的领土上的恶劣情况与哈马斯联系起来。例如,她没有提到,唯一一所不是由巴勒斯坦人出资建立的巴勒斯坦大学,是加沙走廊的伊斯兰(哈马斯)大学,这所学校是在巴勒斯坦人“起义抗暴”期间,由以色列出资成立,目的是要削弱巴勒斯坦解放组织。米勒记载了穆罕默德对犹太人的迫害,但是却一字不提以色列对付“非犹太人”(non-Jews)的信念、声明与法律,通常是由犹太拉比①批准的驱逐、杀戮、摧毁住家、没收土地和直

---

① 拉比指犹太教中负责执行教规、律法并主持宗教仪式的神职人员。——译者

接并吞;以及最值得信赖的加沙走廊事务权威莎拉·洛伊(Sara Roy)指称的:全面抑制经济发展。米勒书中是装点了一些这类事实,然而对于这类事实作为伊斯兰主义者激情的源头,她完全未赋予应有的重要性与影响力。

米勒另外一个不自觉的习惯就是,对读者说明书中每个人的宗教信仰,说某某人是基督教徒、逊尼派穆斯林、什叶派穆斯林等等。她虽然这么关心人生的宗教层面,但还是会搞错,闹出大笑话。她称希夏姆·夏拉比(Hisham Sharabi)是"朋友",但误以为他是基督徒,其实他是逊尼派穆斯林;巴德·哈吉(Badr el Haj)被她描述成穆斯林,其实他是马龙派(Maronite)基督徒。如果不是因为她拼命想凸显自己交游广阔、与许多人交情匪浅,这些小错误还不会显得那么严重。不过最值得注意的是她极端恶劣的信念,她从来不说明自己的宗教背景与政治倾向。米勒自己也说这本书的主题充满了宗教与意识形态的热情,我觉得很奇怪,她居然会认定自己的宗教信仰(我想不会是伊斯兰教或印度教)与此书无关。人们会怀疑,那些让她挖掘资讯的人之中,有多少人知道自己到底是在与**谁**说话?又有多少人知道她在书中会如何描述他们?

但是米勒对于自己面对当权人士与特定事件的反应,倒是坦率得令人难堪。她说当她听到约旦国王侯塞因被诊断罹患癌症时"深感悲伤",她似乎毫不在意侯塞因治理的国家内,许多受害者受过酷刑、陷入冤狱或遭到杀害。她看到黎巴嫩一所基督教堂遭亵渎时,眼眶中"满溢着愤怒的泪水",然而她根本不提以色列境内所发生的穆斯林墓园遭亵渎的类似事件,或是叙利亚、黎巴嫩和巴勒斯坦数百个被摧毁的村落。米勒真正的轻蔑鄙视出现在底下引述的段落中,她设想一名叙利亚中产阶级妇女的心思与愿望，这名妇女的女儿不久之前变成伊斯兰主义者，并且误将米勒请到家中作客：

> 她永远无法拥有一切叙利亚中产阶级妇女渴望拥有的事物：没有为女儿准备的盛大婚宴、传统白色礼服与镶钻头饰；没有放在咖啡桌与壁炉上的银色相框照片，照片中的快乐佳偶分别穿着燕尾服与新娘礼服；没有肚皮舞娘在舞台上扭动，香槟觥筹交错直到黎明。也许娜汀(Nardine)朋友的儿女也会排斥他们，暗地里鄙视他们，因为他们为了讨好阿萨德(Assad)残酷而卑鄙的政权而不惜妥协。如果连大马士革社会中坚中产阶级家庭的女儿都必须向伊斯兰教的力量屈服，那么还有谁能够幸免？

关于米勒的书最有趣的问题在于她的写作动机。当然不会是出于情感因素，因为她在书中坦白表示她害怕并讨厌黎巴嫩、憎恨叙利亚、嘲笑利比亚、瞧不起苏丹、为埃及感到遗憾与略微的担心，并且厌恶沙特阿拉伯。她懒得去学阿拉伯语，死心塌地要担忧伊斯兰好战组织的威胁；而我大胆猜测，这些组织的人数在超过10亿人口的伊斯兰世界中，还占不到百分之五。她举双手赞成强硬镇压伊斯兰主义者（但是反对使用刑求及其他“非法手段”镇压：她似乎没有觉察到自己立场矛盾）；对于像埃及、约旦、叙利亚和沙特阿拉伯这些美国支持的国家民主与法治荡然，只要被打压者是伊斯兰主义者，她就完全不会觉得良心不安。书中描述了一个场景，米勒亲身参与以色列警察在监狱中审讯一名暴力恐怖分子嫌疑犯的过程，对于以色列警方大规模使用酷刑与其他不当手段(卧底暗杀、午夜逮捕和摧毁住家),米勒文雅地视而不见,照样向戴着手铐的男子讯问一些问题。

米勒身为记者最严重且一以贯之的缺陷,在于她对所有事物的联结、分析,都必须符合伊斯兰世界具有好战、仇恨本质的这个大前提。对于一般认为阿拉伯伊斯兰世界情势特别恶劣的观点,我没有多大的异议,而且过去 30 年来也为文说明过。但是米勒对于美国与以色列在这种情势中扮演的角色,完全没有做精确的呈现;而且也几乎不提美国反阿拉伯、反伊斯兰的坚定政策(只有她轻描淡写阿富汗的部分例外)。以黎巴嫩为例,米勒提到 1982 年黎巴嫩总统巴夏·贾梅耶(Bashir Gemayel)遇刺事件,让读者以为贾梅耶是在大选中大获全胜。她没有提到一个事实:贾梅耶上台时以色列正驻军西贝鲁特,当时是萨布拉(Sabra)与夏提拉(Shatila)难民营大屠杀的前夕。而且根据以色列方面如乌瑞·卢布兰尼(Uri Lubrani)等消息来源指出,贾梅耶多年来一直与以色列情报组织“摩萨德”(Mosad)合作。贾梅耶是一个杀手与自命不凡的恶棍,而且黎巴嫩现任政权充斥着被控涉及难民营大屠杀的艾利·霍贝卡(Elie Hobeika)这类人物,这些事实也被忽略。米勒在引述阿拉伯人反犹的事例时,也应该注意到以色列内部有一类种族话语是冲着阿拉伯人与穆斯林而来。至于以色列攻击平民的战争——经年累月、从不间断、规模庞大的军事行动,对付战俘与难民营居民;摧毁村庄;轰炸医院与学校;故意制造成千上万的难民——这些事实全都掩埋(恐怕根本不曾出现)在滔滔不绝的闲言闲语之下。追根究底,米勒的问题在于:她蔑视连最轻浮的解构主义者(deconstructionist)

都会注意到的事实。她偏爱絮絮叨叨的谈论,将穆斯林化为以色列恐怖行动与美国对其支持的罪有应得的受害者,这充分显示出她是当今主流媒体中东报道的最典型范例。

读者从米勒的书中无法得知,伊斯兰教内部对于如何诠释并再现中东与伊斯兰教,其实有着激烈的冲突;而且从她对材料的选择来看,米勒门户之见甚深;她敌视阿拉伯民族主义,在书中多次将之宣判死刑;她支持问题丛生的美国政策;她也是巴勒斯坦民族主义的死对头,这种民族主义并不符合奥斯陆协定中,建立类似南非班图族自治区(Bantustans)构想所预定并按部就班规划的、净化过并且无害的民族主义版本。总之,米勒是个肤浅且成见甚深的记者,她的大部头作品厚达五百余页,就其内容而言实在是大而无当;虽然对于媒体普遍采取的不假思索、未经验证的假设而言,这本书倒是一部完美的手册。

这些假设对于日常报道的影响,塞吉 · 舒梅曼(Serge Schmemann)与罗伯特 · 费斯克(Robert Fisk)的一场广播论战做了最鲜明的呈现。舒梅曼是《纽约时报》驻耶路撒冷办事处主任,费斯克则是伦敦《独立报》(*Independent*)驻黎巴嫩记者。两人隔着国界遥遥相对,都报道了 1996 年 4 月以色列入侵黎巴嫩的事件,但是他们的报道与广播辩论〔1996 年 5 月 5 日和平电台(Pacifica Radio),“民主趁现在”(Democracy Now)〕却是南辕北辙的两种新闻工作。美国的记者依循(也许是不自觉地)米勒那一派的准则。首先要说明,以色列从 1982 年开始占领黎巴嫩南部地带,称之为“安全区”,还在占领区组织并维持一支黎巴嫩佣兵部队;对于以色列占领以及“黎南军”(South Lebanese Army)的反抗来自真主党,其存在的理由一直就是以色列的占领①。这些游击队员在黎南盘据并作战,因此就大多数人的标准而言,他们基本上应视为在本国被非法军事占领地区作战的游击队组织。其次要说明的是,美国新闻界特别强调真主党的宗教取向;而且由于真主党对抗以色列,因此认定它是一个恐怖组织。

1996 年 4 月 1 日,《纽约时报》报道以色列炮击黎南,炸死两名平民。这篇不具名的报道说:"好战的真主党扬言报复",然后继续写道:"过去一个月来,游击队在黎南以色列占领区杀害了 6 名以色列士兵,边界双方紧张局势步步升级。"一般而言,游击队当然有权攻击占领军的官兵,但这篇报道却以提及"好战的"伊斯兰组织的字眼抹杀了这个原则,并在读者心中唤起宗教激进主义、伊斯兰威胁等等联想。到了 4 月 10 日〔《纽约时报》驻以色列特约记者乔尔·格林堡(Joel Greenberg)的报道〕,"由伊朗什叶派政府所支持"这样的句子出现在文章之中,并从此见诸《纽约时报》的每一篇报道,直到两个星期后入侵结束。似乎只要是关涉到以色列,《纽约时报》就要提醒自己:以色列的敌人是好战的穆斯林(很快就会变成"恐怖分子"),而不是抵抗占领军的游击队。在 4 月 12 日的报道中,舒梅曼形容真主党是"好战的什叶派穆斯林组织,得到伊朗支持",意思似乎是:大家小心,疯狂的穆斯林又来了,杀害犹太人就像家常便饭。谈及"克雅特席莫那(Qiryat Shemona)地区惊慌失措的以色列居民"之类的文句也出现在同一篇文章中;虽然当时以色列正在轰炸贝鲁特,城中也有许多惊慌失措的居民,但这篇报道却不闻不问。

① 以色列已于 2000 年撤出黎南。——译者

同一天《纽约时报》的社论显然是让意识形态压倒了事实,社论标题“以色列对恐怖事件的因应之道”(Israeli's Answer to Terror),并声称:“以色列对黎巴嫩恐怖分子目标的空袭是理直气壮、节制有度的……昨天对黎巴嫩的空袭以及一星期来边界双方毫无意义的伤亡,责任完全要归咎于真主党的恐怖分子,还有贝鲁特与大马士革当局。在这方面,佩雷斯总理只是在行使以色列自卫的权利。”与这些言论同时进行的是,以色列军方强迫黎南约 20 万名居民迁徙,从空中、陆地及海上轰炸这个地区,而且——必须再次提醒——继续军事占领,战争法允许居民在这种情形下反抗。局面之所以会逆转,原因首先是其中涉及以色列,其次则是因为“伊斯兰教”会构成“威胁”。4 月 18 日,以色列炮轰卡纳(Qana)一处联合国据点,死亡人数超过 100 人,当地是一个标示清楚的黎巴嫩平民难民收容所。《纽约时报》4 月 21 日报道虽然指出,美国与佩雷斯总理都对罹难者表达遗憾,不过仍然责备真主党要为“破坏 1993 年不得挑衅的协议”负责。更有甚者,在整个以色列入侵黎巴嫩期间,《纽约时报》没有刊出任何一篇社论或读者来信,传达异于以色列或美国政府的观点。最糟的是,叙利亚与伊朗的问题比不幸的黎巴嫩人或真主党更重要,就好像在黎南发生的事并不止是占领以及对占领的反抗,而是某种更为堂皇宏大的事件。这又是伊斯兰教对抗西方的历史重演。

费斯克指出相关报道的扭曲变形,他全神贯注于确实发生的事实,而不是以色列或美国官员期望世人相信的事实。费斯克尊重游击队有权反抗占领军的原则,没有屈服于诱惑,将黎南之战视为西方与伊朗支持的暴力恐怖分子之间的战役。因此他在卡纳事件的报道中令人信服地点出，以色列自1993年以来秉持一项刻意为之的政策，先后挑起20桩事件来引出真主党，然后以强大军力进行"报复"，从而对黎巴嫩与叙利亚施加压力。费斯克也是这样告诉舒梅曼，后者对于信守《纽约时报》社论立场的忠诚——甚至小心翼翼——与前者的独立精神形成强烈对比。广播节目访谈人对舒梅曼说："你写到以色列在黎巴嫩进行精确而且是选择性的军事活动，你报道'以色列军官坚称他们的炮兵并不知道卡纳有难民'时不加任何批判，你刻意要传达一种印象：以色列并没有锁定平民作为目标，这与费斯克的报道相去甚远。"

这时费斯克提出三份证据，反驳以色列方面无意伤害难民的说法。这些证据也是4月19日与22日《独立报》中他对屠杀事件报道的基础。先前的4月15日，费斯克从黎南发稿，他在这篇主新闻中举例说明以色列的企图："这不只是一场军事行动，而是企图毁灭一个国家。"费斯克摆出来的证据是：（一）卡纳攻击事件之前19个小时，联合国就通知以军指挥部，每一处联合国据点都有收容平民。（二）轰炸发生时，一架以军无人侦察机在当地上空盘旋。（三）以方号称拥有最精确先进的科技，为何在联合国驻黎南纳库拉(Naqura)办公室"恳求停止炮轰"之后，炮轰仍持续很长一段时间。舒梅曼回答说，他"无法理解以色列要刻意伤害平民"，他显然是真的相信自身的观点，同时也反映出美国媒体的普遍观点：暴力恐怖分子完全有能力刻意对无辜者施暴，但是和我们同一阵线的以色列可不会这么做。费斯克同意舒梅曼的说法，后者是在以色列而非黎南进行报道，对象是以色列当地的事态发展，而他也尽量避免在报道中表现个人主观意见；舒梅曼说:“记者和专栏作家的工作是有差别的。”看来的确是很公正,然而对于记者抱持的心态,以及联系事件与声明的方式,问题仍旧存在。对费斯克而言,他报道的重要依据是以色列外长埃胡德·巴拉克(Ehud Barak)1996 年 1 月 3 日的声明,当时他谈到,如果要进一步攻击真主党,那么“一旦以色列发动军事攻势,目标将指向黎巴嫩,遭殃的也将会是黎巴嫩人民”。

总之,只要先认定真主党主要是一个由恐怖分子组成的好战什叶派团体,受到伊朗支持,那么其他一整套对于伊斯兰教不必明言的观点,都会一一登场亮相,诸如伊斯兰教激烈反抗现代化、沉溺于无目的之暴力等等。这些观点坐实了以色列入侵黎巴嫩时期处心积虑营造的观点(米勒在 CNN 的报道以及《纽约时报》社论都一再强调:真主党是个恐怖组织),指称黎巴嫩的游击队是罪有应得。米勒甚至一度指称游击队并非来自黎南,而是来自贝卡(Bekaa)山谷(“我知道,因为我去过那里。”),并且冷血残酷地将妇孺推上火线,以便证明以军滥杀无辜。亚历山大·柯克本(Alexander Cockburn)1996 年 5 月 20 日发表于《国家》(*The Nation*)的专栏文章“以色列闪电战”(Israel's Blitzkrieg),对于黎巴嫩危机期间的媒体报道有更深入的分析。

这类观点剥夺掉任何存在的或历史的情境,将伊斯兰教视为驱策人民侵犯以色列的暴力且非理性的宗教,使得新闻无法报道真实事件,无法呈现更人性化、更能够理解的事件背景。既然游击队被指控为“伊朗支持的什叶派好战分子”,反抗行动遂同时被非人化与非法化。舒梅曼在 4 月 28 日的专栏中,说以色列入侵黎巴嫩行动的最后阶段是“中东地区令人困惑的残局”,他找不到合理解释,只能表示:“因为这是中东——有一长串事件报道都是以这句话当作警句，试图解释根本违反一般逻辑的情势。如果这种说法的高明之处还需要举例，上个星期的事件就说明了一切。”

现今对伊斯兰教形象的误现与扭曲，既不代表了解事实的真诚期望，也不代表有心聆听观察真实状况的意愿。媒体对西方新闻阅听者传达的伊斯兰教形象与传达的过程，绝对谈不上是天真或者务实的报道，而是使敌意与无知更为根深蒂固，诺姆·乔姆斯基(Noam Chomsky)的一系列著作〔特别是与爱德华·赫尔曼(Edward S. Herman)合著的《制造同意》(*Manufacturing Consent*)、《恐怖主义文化》(*The Culture of Terrorism*)、《吓阻民主》(*Deterring Democracy*)〕已经深入分析个中原因。我在这篇绪论开端就说过，如今的情形远比1980年《报道伊斯兰》出版时更为严重，但是无论我们认定这种情形的背后动机是什么，事实就是，在大众媒体掌控的公众领域中，对话与交流的进展极为有限，这些对话与交流发生于学术辩论、艺术创作，以及寻常百姓的来往，他们做生意、进行各种互动，而且经常相互交谈(talk to)而不是各说各话(talk at)。哗众取宠、粗糙的仇外心理以及麻木不仁的好战心态今日正风行一时，结果是双方各自画出一条想象的界线来区隔“我们”与“他们”，这丝毫不能启迪人心。我希望像本书这样有限的努力，能够正本清源，指出问题所在，以及如何在日后的自觉探索过程中，纾解如此庞大深重的负面效应。

对于本书新版的修订与资料更新工作，老友努巴·霍孚塞平(Noubar Hovsepian)对我助益甚多。玛利欧·奥提兹·

罗伯斯(Mario Ortiz Robles)与安德鲁·路宾(Andrew Rubin)对于参考书目尤其用心。柴尼布·伊斯特拉巴迪(Zaineb Istrabadi)的协助也相当重要。雪莉·温格(Shelley Wanger)则发挥优异的编辑技巧,我受益良多。

萨义德

1996年10月31日 纽约

绪　论

这本书是我一系列著作中的第三本，也是最后一本。在这一系列作品中，我试图处理两个阵营在现代的关系，一边是伊斯兰教、阿拉伯人与东方的世界，另一边则是西方世界：法国、英国，以及最重要的美国。《东方主义》是其中最全面性的一本，它探索这种关系的各个阶段，从拿破仑入侵埃及开始，历经殖民全盛时期，以及 19 世纪现代东方学在欧洲崛起，直到第二次世界大战之后，英法两国在东方的帝国霸权终结，美国强权代之而兴。《东方主义》的背后主题是知识与权力之间的从属关系（affiliation）[1]。第二本《巴勒斯坦问题》（*The Question of Palestine*）是一部个案史，呈现了阿拉伯裔、大部分为穆斯林的巴勒斯坦当地人民，与犹太复国主义（后来是以色列）之间的抗争；后者掌握巴勒斯坦“东方”实体的出发点与方法大致上都是西方式的。与《东方主义》相较，我的巴勒斯坦研究试图更明晰地描述潜藏于西方人看待东方观点之下的事物——在这个案例中，就是巴勒斯坦争取民族自决的全民抗争[2]。

在《报道伊斯兰》一书中，我的主题切合当前时事：西方世界——尤其是美国——对于伊斯兰世界的反应；这个世界从 20 世纪 70 年代早期开始就被视为关系重大，但麻烦不断，问题丛生，令人嫌恶。这种观感有众多成因，其中之一就是令人苦不堪言的能源短缺，而问题焦点落在阿拉伯与波斯湾的石油、石油输出国组织（OPEC），以及通货膨胀与油价飙涨造成西方社会的动荡不安。此外，伊朗革命与人质危机也形成所谓“伊斯兰教的重返”（the rerurn of Islam）的触目惊心例证。最后一点，极端民族主义在伊斯兰世界卷土重来，还不幸地带来了超级强权的紧张对峙。前者的事例是两伊战争；苏联入侵阿富汗以及美国计划在波斯湾地区派驻“快速部署部队”（Rapid Deployment Forces）则为后者做了充分说明。

只要读者一路读来，就会对“报道伊斯兰”（covering Islam）的一语双关了然于心③，尽管如此，还是有必要先做一番解释。我在本书以及《东方主义》要表达的重点之一是，今日的“伊斯兰教”一词虽然看似一件单纯事物，其实却是虚构加上意识形态标签（ideological label），再加上一丝半缕对一个名为“伊斯兰”的宗教的指涉。西方用法中的“伊斯兰教”与伊斯兰世界中千变万化的生活之间，缺乏有意义的直接对应；后者涵盖8亿以上人民，大部分盘据在亚、非两洲的数百万平方英里疆域，拥有数十个社会、国家、历史、地理与文化。另一方面，“伊斯兰教”在今日西方意谓格外令人苦恼的新闻讯息，我会在本书中讨论其原因。过去几年以来，尤其自从伊朗事件强烈吸引欧美人士关注之后，媒体开始大幅度地报道/遮蔽

① Edward W. Said, *Orientalism* (New York: Pantheon Books, 1978; reprint ed., New York: Vintage Books, 1979).

② Edward W. Said, *The Question of Palestine* (New York: Times Books, 1979; reprint ed., New York: Vintage Books, 1980).

③ “cover”兼具“报道”与“遮蔽”之意。——译者

伊斯兰：对它加以描绘、定性、分析并提供速成资讯，最后，媒体终于使得伊斯兰“为人所知”(known)。

然而正如我所暗示的，这类报道——以及学院伊斯兰教专家、谈论“危机新月”(crescent of crisis)①的地缘政治策士、哀叹“西方的没落”(the decline of the west)的文化思想家，这些人士的作品——汗牛充栋，误导人心，让新闻阅听者误以为自己了解伊斯兰，然而却没有同时暗示告知他们，其实这类充满活力的报道，有一大部分是根据非常不客观的素材。例子屡见不鲜，“伊斯兰教”不仅可以容许高度的暧昧含混，还能用来表达无限制的种族优越感、文化甚至种族仇恨、深沉吊诡且毫无缘由的敌意。这些情形都发生在原本应该是公正、平衡、负责的伊斯兰报道之中。基督教与犹太教——两者都经历过相当昌盛的复兴〔revivals，或者“重返”(returns)〕——都没有遭受如此情绪化的对待方式。此外还有一个未受质疑的假定：人们凭借着一小撮以偏概全、反复征引的陈词滥调，就可以毫无限制地描述伊斯兰教。而且总有一种心态认为，人们谈论的“伊斯兰教”是一个真实且稳定的实体，正好就坐落在“我们的”石油蕴藏地区。

随着这类报道而来的是大费周章的“遮蔽”(covering up)。当《纽约时报》想解释伊朗为何会如此强烈反抗伊拉克入侵时，它诉诸一个公式：“什叶派信徒期待成为烈士。”表面上看来，这类说法有一定的说服力，但我认为事实上它是用来掩饰记者不了解的众多事物。语言不通只是更为严重无知的一部分，记者经常会被派遣到一个陌生的国家，没有任何准备

① “新月”指从波斯湾延伸至土耳其的中东地区。——译者

或经验，只因为她或他灵活机敏，能快速进入状态，或者正好人在头条新闻发生地区邻近，才会被赶鸭子上架。因此记者不会试图深入了解这个陌生国家，他只想便宜行事，通常是拿陈词滥调或零零星星的新闻知识来充数，反正本国的读者也不太会去质疑他的报道。伊朗人质危机事发伊始，德黑兰聚集了将近 300 名记者，却没有一个能讲波斯语，无怪乎所有发自伊朗的报道内容都千篇一律、乏善可陈。在此同时，伊朗其他的事件与政治进展，只要是不能简单地定位成“伊斯兰心态”（the Islamicamentality）或“反美主义”（anti-Americanism）的例子，也就无人闻问。

报道与遮蔽伊斯兰的活动已形同病症，而且几乎完全不顾它们所代表的困境：了解并生活在一个世界中的一般性问题，已经变得过于复杂多变，无法再套用简单而速成的概括。伊斯兰教既是典型案例，而且——因为其历史在西方源远流长、定位明确——也是一个特殊案例。我这么说的意思是，就像许多后殖民时代的事物，伊斯兰教既不隶属于欧洲，也不像日本属于工业先进国家，它被认定是落居“开发展望”（development perspectives）的范围之内，换言之，伊斯兰社会至少还需要 30 年的“**现代化**”。现代化的意识形态衍生出一种观察方式，认为伊斯兰教的最高成就表现为伊朗国王（shah）的形象；他在被奉为“现代化”统治者的极盛时期以及政权崩溃时刻，都曾深受中世纪宗教狂热之害①。

① 伊朗在 1979 年爆发革命，巴列维国王（Mohammed Reza Shah Pahlevi）被迫下台并流亡国外。——译者

另一方面,“伊斯兰”向来也代表一股对西方的特殊威胁,原因我在《东方主义》中讨论过,本书会再加以检视。没有任何一种宗教或文化群体会像伊斯兰教一样,被斩钉截铁地认定将对西方文明造成威胁。对于大而化之的东方学专家谈论“宿命论的”(fatalistic)穆斯林的陈词滥调,当今伊斯兰世界的动荡不安(其社会、经济和历史因素更甚于一概而论的伊斯兰教因素)当然已揭露其局限性,但却没有衍生出任何事物来取而代之,只有一种对往日的乡愁,当时欧洲军队统治了几乎整个伊斯兰世界,从印度次大陆直到北非。最近一系列著作、新闻报道与公众人物的成功,正是这种现象的一部分,他们主张重新占领波斯湾地区,并以伊斯兰的野蛮落后作为其论点依据。同样值得注意的是,现在有一类“专家”正在美国声名鹊起,例如新西兰裔的凯利(J. B. Kelly),他原本是威斯康星大学的帝国史教授,一度担任阿布扎比邦(Abu Dhabi)扎耶德邦长(Sheikh Zayid)①的顾问②,如今则大力批评穆斯林与西方温和派人士,指称后者被阿拉伯石油国家收买,并与他们划清界线。关于凯利作品的评论虽偶见批判,但却从未触及其结论中明目张胆的复古心态(atavism),这段结论表现出帝国征服的纯粹欲望,以及毫不掩饰的种族倾向,值得在此引述:

> 我们无法预知,西欧还有多少时间去维持或恢复它在苏伊士运河以东地区的战略遗产。在“不列

---

① 亦为阿拉伯联合大公国总统。——译者

② 参见 Robert Graham, “The Middle East Muddle,” *New York Review of Books*, October 23, 1980, p. 26。

> 颠强权和平”(pax Britannica)时期,也就是从19世纪中叶直到本世纪中叶,东方海域与西印度洋沿岸风平浪静;当地至今仍时有昙花一现的平静,是旧日帝国秩序的遗风。如果过去四五百年的历史能鉴往知来,那就是脆弱的和平无法长治久安。亚洲大部分地区正快速退回到专制独裁,非洲大部分地区则是重返野蛮落后——简言之,就是回到瓦斯科·达·伽马(Vasco da Gama)首次绕过好望角,为葡萄牙东方霸权奠基之前的状况……阿曼(Oman)仍然是掌握波斯湾与其海道的锁钥,正如同亚丁(Aden)是控制红海通行的锁钥。西方强权已经丢失了一把锁钥,但另一把仍然唾手可得。但是他们有没有过去葡萄牙殖民地总督(captains-general)的胆识去攫取这把锁钥,仍然有待观察①。

凯利暗示15与16世纪的葡萄牙殖民主义是当代西方政客最合宜的指南,虽然这种想法可能会令部分读者觉得怪异,不过最能够代表当今思潮氛围的是凯利对历史的简化。他说殖民主义带来了平静,就好像数百万人民的被征服不过是一首田园牧歌,被殖民的时期是这些人民最美好的岁月;他们遭凌辱的情感、遭扭曲的历史与悲惨的命运都无关痛痒,只要“我们”能够继续获取对“我们”有用的事物——珍贵的资源、地理与政治的战略要地,以及取之不尽的廉价当地劳力。非洲与亚洲国家

① J. B. Kelly, *Arabia, The Gulf, and the West: A Critical View of the Arabs and Their Oil Policy* (London: Weidenfeld & Nicolson, 1980). p. 504.

在数世纪殖民统治后的独立，被蔑视为回归野蛮落后或专制独裁。根据凯利的看法，在他描述的旧帝国秩序解体之后，唯一的可行之道就是重新发动侵略。他怂恿西方名正言顺地去攫取“我们的东西”，背后潜藏着一股对亚洲——凯利期盼由“我们”来统治——当地伊斯兰文化的极度鄙夷。

凯利文章中的反动逻辑让他深获美国右翼知识界——从威廉·巴克里二世(William F. Buckley Jr.)①到《新共和》杂志——的赞誉，我们姑且大发慈悲，暂且放过这个问题。凯利勾勒的前景更有趣的一点是：在面对杂乱、细微问题时，一体通用的解决方案非常容易受青睐，凌驾其他所有选择，尤其是在建议对“伊斯兰教”采取强硬手段时。没有人会去讨论也门、土耳其、红海彼岸的苏丹、毛里塔尼亚、摩洛哥甚至埃及内部的状况。媒体沉默，他们正忙着报道人质危机；学院沉默，他们正忙着为石油业与政府献策，预言波斯湾的大势所趋；政府沉默，他们搜集资讯时是唯“我们的”朋友(例如伊朗国王与萨达特)马首是瞻。“伊斯兰教”掌握西方石油来源，如此而已，其他都无足轻重，无须在意。

就目前伊斯兰教学术研究的情形而言，并没有多少可以修正矫治之处。在某些方面，这个领域处于整体文化的边缘，但在别的方面，它又很容易被政府与企业界招纳。大体而言，这种情形使得学术界对伊斯兰的报道无法言人之所不能言，带我们深入伊斯兰社会表象。而且还有许多方法学与知识性的问题有待解决：所谓的“伊斯兰行为”(Islamic behavior)存在吗？在不同的伊斯兰社会中，生活层面的伊斯兰教与教义层面的伊斯兰教，两者之间有何关联？作为一个观念，“伊斯兰教”

---

① 美国保守派政论家。——译者

对于了解摩洛哥与沙特阿拉伯与叙利亚与印尼有何助益？如同近来许多学者指出的，资本主义与社会主义、好战精神与宿命论、普世教会主义（ecumenism）与排外主义（exclusivism），都可以同时在伊斯兰教义中找到根源；如果我们明白了这种情形，就会察觉到学院对伊斯兰教的描述（媒体又会再夸大嘲弄一番）与伊斯兰世界的特定真实之间，有着霄壤之别。

不过各界倒是有一种共识，要让“伊斯兰教”充当代罪羔羊，用来归罪我们对于世界新的政治、社会、经济模式的不满。对右派而言，伊斯兰教代表野蛮落后，对左派而言，代表中世纪的神权政治，对中间派而言，代表一种惹人嫌忌的异国事物。然而所有阵营一致同意，伊斯兰世界虽然讳莫如深，但其中必然没有多少可取之处。伊斯兰教的主要价值在于它反共产主义，但这一点颇具讽刺意味，因为在伊斯兰世界中，“反共”与压迫人民的亲美政权几乎是同义词；巴基斯坦的齐亚·哈克（Zia al-Haq）正是最典型的范例。

本书绝不是要为伊斯兰教辩护——这个计划并不可行，而且对我的目的也无助益——而是要描述“伊斯兰教”一词在西方世界与许多伊斯兰社会中的运用，虽然我对后者的着墨较少。因此，批判西方世界滥用伊斯兰教，绝对不需要以容许伊斯兰社会中的同样现象为先决条件。事实上，在许多——太多了——伊斯兰社会中，威权压迫、剥夺人民自由、不具代表性且通常由少数人把持的政府，都假借伊斯兰教之名来指鹿为马、混淆视听；就这方面而言，伊斯兰教教义本身是无辜的，正如同其他伟大的普世宗教。在许多例子中，对于伊斯兰教的滥用正好与中央集权国家的滥用权力相互呼应。

但是我仍然相信，就算我们避免将伊斯兰世界的一切弊病归咎于西方，对于西方对伊斯兰教的陈述与各个穆斯林社会的回应，我们还是必须体察两者之间的关联。在伊斯兰世界许多地方，西方——或为往日的殖民强权，或为今日的贸易伙伴——都是非常重要的对话者，有鉴于此，两者之间的辩证交锋创造出一种托马斯·法兰克(Thomas Franck)与爱德华·韦斯班德(Edward Weisband)所谓的"言辞政治"(word politics)①，这即是本书要分析、阐释的目的。西方与伊斯兰教的你来我往、挑战与回应、特定论述空间的开放与关闭：这些因素组成了"言辞政治"，双方并借之来设定情境、为行动找理由、排除选择方案、逼迫对方改弦易辙。因此，当伊朗人民占领了德黑兰的美国大使馆②，他们反弹的不止是逊王巴列维获准进入美国，还有超级强权美国长年来羞辱他们的历史：美国过去的行动对他们"说"(spoke)的是持续干预他们的生活，身为穆斯林的他们感觉自己是被囚禁在自己的国家中，因此他们要囚禁美国人作为人质，而且是在美国的领土——德黑兰大使馆——上进行。尽管行动本身彰显了重点，然而却是以言辞以及言辞预示的权力运作充当开路先锋，并且在很大的程度上，使得行动能够实现。

我认为这种模式非常重要，因为它凸显出语言与政治现实之间密切的从属关系，至少就伊斯兰教的相关讨论而言是如此。大部分学院派的伊斯兰教专家最难承认的一点就是：他们身为学者的言行，其实是植根于一种深沉而且在某些方

① Thomas N. Franck and Edward Weisband, *Word Politics: Verbal Strategy Among the Superpowers* (New York: Oxford University Press, 1971).

② 1979 年 11 月 4 日。——译者

面令人厌恶的政治环境。当代西方伊斯兰教研究的每一个面向,都充斥着政治重要性,但是承认这项事实的作家——专家或一般作家——少之又少。尽管所有社会——伊斯兰抑或西方——都会对异国、陌生、不同的社会产生源远流长的政治、道德与宗教忧虑,但是照理说,讨论其他社会的学术话语应该有本质上的客观性。例如,传统上欧洲的东方学专家总是与殖民官员有直接关联:我们近来才逐渐了解,学术研究与直接军事殖民征服之间紧密合作的程度〔例如,备受敬重的荷兰东方学专家斯努克·赫格隆杰(C. Snouck Hurgronje)就利用穆斯林对他的信任,在苏门答腊岛上策划并执行荷兰对亚齐族(Atjehnese)的残酷战争①〕,既发人深省,又令人气沮。然而相关书籍与文章仍旧源源不绝而来,宣扬西方学术研究的非政治性、东方学专家的研究成果,以及所谓"客观"专业的价值。在此同时,几乎每一个"伊斯兰教"专家都曾担任政府、企业、媒体的顾问甚至所属人员。我要强调的是,这种合作关系必须承认并被纳入考量,原因不仅关乎道德,更关乎知识。

我们认为,讨论伊斯兰教的话语必然会受到其周遭政治、经济与知识情境的感染,甚至完全变质,这在东方与西方都是如此。从许多显而易见的原因看来,指称**所有**讨论伊斯兰教的话语都与某种权威或权力有利益关联,并非夸大其词。另一方面,我并无意借此断定所有关于伊斯兰教的研究或作品

---

① 参见 Paul Marijnis, "De Dubbelrol van een Islam-Kennen," *NRC Handelsblad*, December 12, 1979。Marijnis 的文章是评论荷兰来登大学神学教授 van Koningveld 对 Snouck Hurgronje 的研究。十分感谢 Jonathan Beard 向我介绍这篇文章,并由 Jacob Smit 教授翻译。

都一文不值；正好相反，我认为这些研究作品通常颇有用处，可以当成指标来充分揭示它所效劳的利益。在与人类社会相关的事务中，我无法断言是否有所谓的“绝对真实”(absolute truth)或者“完全真实的知识”(perfectly true knowledge)，这类事物也许只存在于抽象世界中——这个命题倒是于我心有戚戚焉——但是在当今现实世界中，“伊斯兰教”这类事物的真实性，与呈现这些事物的人息息相关。必须声明的是，这种立场并不排除知识的等级之分(好、坏、中等)，也不会排除精确说明事物的可能性。这种立场只是要求，任何人在谈论“伊斯兰教”时，都必须谨记连初涉文学领域的学子都知道的原则：在写作或阅读关于人类实体的文本时，涉及的因素之多，绝非“客观”之类的标签所能涵盖(或保护)。

这也是为什么我要仔细辨明产生言论的情境，为什么标明社会中与“伊斯兰教”利益相关的团体似乎相当重要。就一般意义的西方世界以及特别就美国而言，“伊斯兰教”显然承受诸多力量的汇聚，力量一方面来自西方世界组成团体(学院、企业、媒体和政府)，一方面来自对于其创造的正统观念的顺从接纳。结果就是对“伊斯兰教”的大幅简化，以便实现各种操纵目标，诸如挑起一场新的冷战、煽动种族仇恨、为策划中的侵略动员民众、持续污蔑穆斯林与阿拉伯人等等①。一

---

① Noam Chomsky and Edward S. Herman, *The Washington Connection and Third World Fascism and after the Cataclysm: Postwar Indochina and the Reconstruction of Imperial Ideology*, Vols. 1 and 2 of *The Political Economy of Human Rights* (Boston: South End Press, 1979)对整体脉络做了非常全面的阐述。

Ronald T. Takaki, *Iron Cages: Race and Culture in 19th Century America* (New York: Alfred A. Knopf, 1979)则对19世纪的情形提供了珍贵的分析。

个有趣的现象是，当伊斯兰国家捐款赞助美国大学的阿拉伯或伊斯兰研究时，自由派人士就会大声疾呼，谴责外国势力干预美国大学；但如果捐款赞助者是日本或者德国，风平浪静、寂然无声。至于企业界压力对大学造成的影响，通常也会被认定是有益而无害①。

为了避免被视作奥斯卡·王尔德(Oscar Wilde)定义下愤世嫉俗者(cynic)的翻版——知道每件事物的价格，但完全不了解其价值——我应该表明我依然认同下列诸点：有凭有据的专家意见是不可或缺的；美国身为超级强权，对外在世界的立场与政策，都让其他较小的强权望尘莫及；现今阴霾密布的景况仍然很有希望拨云见日。尽管如此，我不像众多专家、决策者与一般知识分子，我对“伊斯兰教”这类观念没有那么坚定的信念；相反地，我常认为，对于了解人民与社会背后的动力，“伊斯兰教”观念带来的阻力反而多于助益。我真正相信的是一种批判意识确实存在，而且公民有能力也有意愿运用这种批判意识，凌驾超越专家与其“公认观念”(idées reçues)代表的特殊利益集团。只要能运用高明读者批判性的技巧来厘清合理与不合理、质问适切的问题并要求切题的答案，任何人都可以了解“伊斯兰教”或者伊斯兰世界，了解生活在其中的男男女女与文化，诉说其语言，呼吸其空气，创造其历史与社会。人文知识从此处开展，人们也从此处开始承担由人文

① 想了解大型企业如何介入大学运作，见 David F. Noble and Nancy E. Pfund, "Business Goes Back to College," *The Nation*, September 20, 1980, pp. 246－252。

知识衍生的群体责任。我写作此书正是要推动这个目标。

第一章与第二章的部分文章曾刊登在《国家周刊》与《哥伦比亚新闻评论》(*Columbia Journalism Review*)。我要特别感谢罗伯特·曼诺夫(Robert Manoff),他担任《哥伦比亚新闻评论》主编的时间虽然太过短暂,然而却使它成为一份兴味盎然的期刊。

在为本书各章节搜集素材时,道格拉斯·鲍德温(Douglas Baldwin)与菲利普·席海德(Philip Shehadé)对我助益良多。保罗·黎派瑞(Paul Lipari)以其平素的文字技巧与效率誊定文稿。此外还要感激亚伯特·萨义德(Albert Said)的慷慨协助。

我要特别感谢亲爱的战友伊克巴·阿合马(Eqbal Ahmad),他百科全书般的知识与持续不断的关切,在我们困惑探索的时刻是一大支柱。詹姆士·培克(James Peck)读过较早期的文稿,给我许多精湛细致的修订意见,当然本书仍不可免的错误绝对不必由他来负责,我很乐意在此肯定他不可或缺的协助。"万神殿图书公司"(Pantheon Books)的珍妮·莫顿(Jeanne Morton)以她的巧思与警觉为文稿进行文字编辑,我要致上最高谢意。此外我也要谢谢安德瑞·席孚林(André Schiffrin)。

这本书献给爱妻玛莉安·萨义德(Mariam Said),在写作此书期间,是她维系了作者的生命。对于她的爱、她的陪伴以及她蓬勃的生命,我衷心感激。

萨义德
1980 年 10 月　纽约

附　　笔

1981 年 1 月 20 日，52 位美国人在德黑兰美国大使馆被拘禁 444 天之后，终于离开了伊朗。几天之后，他们返抵国门，受到举国欢欣鼓舞的迎接。所谓的“人质归来”成为长达一周的媒体盛事。随着“归来者”被转送至阿尔及利亚、德国、美国的西点（West Point）、华盛顿，最后回到他们各自的故乡，电视花了许多时间做扰人而伤感的实况转播。大部分报纸与全国性周刊都为人质归来发行特刊，内容从深入分析伊朗与美国之最后协议的商定过程以及协议内容，到颂扬美国人的英勇与伊朗人的野蛮，不一而足。散见其间的是人质受难的个人故事，通常会被积极的记者和一群无所不在的心理医师加油添醋，他们急切地想诠释人质**真正**经历的过程。对于那种超乎象征伊朗俘虏黄丝带的层次，对过去与未来的严肃讨论，新政府①也为之订出基调、设定界线。对于过去的分析集中于美国是否应该与伊朗达成（或者是否要履行）协议。1981 年 1 月 31 日，《新共和》杂志一如预期地先对“赎金”（ransom）问题以及向恐怖分子让步的前任卡特政府展开攻击，然后谴责其处理伊朗方面要求的整个“法律上具争议性的方案”（legally controvertible proposition）以及使用阿尔及利亚作为中继站，因为阿尔及利亚“向来包庇恐怖分子，并为他们带来的赎金进行洗钱”。对于未来的讨论限定于里根政府

① 指 1981 年上任的里根政府。——译者

向恐怖主义宣战，这场战争取代了人权事务，成为美国政策新的当务之急，美国甚至可以支持“适度的压迫性政权”(moderately repressive regimes)，只要他们是美国的盟邦。

因此也难怪，彼得·斯图亚特(Peter C. Stuart)1981年1月29日在《基督教科学箴言报》(*Christian Science Monitor*)上报道，国会可能将举行听证会讨论：“释放人质的协议条款……人质遭受的待遇……大使馆安全问题……(作为一种后见之明)未来的美国与伊朗关系。”与危机时期媒体探讨的狭隘问题前后呼应(也有少数例外)的现象是，伊朗悲剧的真正意涵、对于未来的意义、得到的教训等问题都没有进行详尽探讨。伦敦的《星期日泰晤士报》(*Sunday Times*)在1月26日报道，卡特总统离职前据说曾建议国务院要“集聚公众所有的注意力，以塑造一股对伊朗人的憎恨”。这则报道无论是否属实，但至少看来合于情理，因为对于检讨美国长期干预伊朗与伊斯兰世界其他地区的工作，会感兴趣的官员是绝无仅有，专栏作家与记者则少之又少。许多人大谈要在中东地区维持常驻部队，相较之下，1月最后一周于沙特阿拉伯泰夫(Taif)举行的伊斯兰高峰会却被美国媒体全然忽略。

报复的念头以及对美国国力的宣扬，伴随着对人质苦难遭遇与凯旋回乡交响乐般的详细记述。受害人直接升格为英雄(可以想见的是惹恼了数个退伍军人与曾为战俘者的团体)与自由的象征，挟持他们的人则成了禽兽。《纽约时报》1月22日的社论就着眼于此说道：“在释放人质的最初时刻，且让怒火与憎恨涌现”，接着稍作省思之后，《纽约时报》又于1月28日提出下列问题：“什么是我们应该做而未做的？港口布雷、埋设地雷或丢下几枚炸弹，或许可以震慑理性的敌人，但是当时的伊朗——以及**现在**的伊朗——理性吗?”的确,就如佛瑞德·哈勒代(Fred Halliday)1 月 25 日在《洛杉矶时报》所云,伊朗有许多值得批评之处,宗教与无止境的革命混乱已经证明无法为现代化国家提供裨益大多数人民的日常决策,伊朗在国际上也是四面楚歌。而且占领大使馆的学生显然没有善待人质,但是这 52 位人质本身并没有夸大指称自己遭到拷打或是有计划的虐待:这一点在西点记者会的文字记录中曾经提及(见《纽约时报》1 月 28 日的报道),当时伊丽莎白·斯威夫特(Elizabeth Swift)清楚表明,《新闻周刊》(*Newsweek*)捏造她的谈话,虚构酷刑拷打的故事(媒体又大加渲染),其实全然与事实无干。

从特殊经验——不愉快的、痛苦的、悲惨漫长的——一跃而成为对伊朗与伊斯兰教全面的概括,人质归来使媒体与文化出现这种跳跃现象。换言之,为了替一种特异的失忆(amnesia)服务效劳,复杂历史经验背后的政治动力再一次被掩饰。我们又回归到旧日的基本原则,鲍布·英格尔(Bob Ingle)1 月 23 日在《亚特兰大宪政报》(*Atlanta Constitution*)将伊朗人贬为“宗教激进主义狂徒”,克莱尔·斯特林(Claire Sterling)同一天在《华盛顿邮报》上主张,伊朗事件是所谓“惊恐前十年”的一章(Fright Decade Ⅰ),也就是恐怖分子对抗文明的战争。与斯特林文章在同一版的比尔·格林(Bill Green)认为,“可憎的伊朗事件”提高了一种可能性,使得让伊朗新闻得以呈现的“新闻自由”可能会被“转化成一项武器,直接瞄准美国民族主义与自尊的核心”。这种自信与缺乏安全感的特异结合,后来却被格林自己戳破,他质问媒体是否曾协助“我们”了解“伊朗人的革命”。马丁·康德拉克(Martin Kondracke)轻松地回答了格林的问题,他在1月29日的《华尔街日报》写道:“美国电视台(例外极少)对于伊朗危机,若不是当成一场由自虐狂与暴力狂主演的怪物秀(freak show),就是当作肥皂剧来处理。”

不过还是有一些记者真正能够反躬自省,格林韦(H. D. S. Greenway)1月21日在《波士顿环球报》(*Boston Globe*)上承认:“美国执着于人质危机,忽略其他迫切问题,已经损害了美国的利益。”最后他做出明确结论:“世界是多元主义的,这一现实不会改变,新政府将会受限于20世纪末叶权力运作的实际限制。”同一天在《波士顿环球报》上,史蒂文·厄兰格(Steven Erlanger)赞扬卡特解除危机,也因此使得相关争议“少了一点激情,多了一点理性”。1月31日出刊的《新共和》杂志则谴责“越来越妥协姑息的《波士顿环球报》”,主张在重建美国强权与对抗共产主义的过程中,最好将伊朗视为一种变异(aberration)。事实上,这种好战立场已经被提升至近乎官方的美国意识形态层级,在《美国强权的目标》(“The Purposes of American Power”,《外交事务》1980至1981年冬季号)一文中,罗伯特·塔克(Robert W. Tucker)宣称他要在重振美国声威(resurgent America)与孤立主义(isolationism)两派支持者之间,走出一条新路。但是对于波斯湾与中美洲,塔克建议的政策是公然干预,因为美国不能“容许”这些地区出现内部秩序变化或者苏联影响力扩张。在这两种事态中,都要由美国决定何种变化可以容许,何种变化不能容许。与塔克立场一致的哈佛大学教授理查德·派普斯(Richard Pipes)则建议,新政府应该将世界重新简单地划分为两大阵营：亲共国家与反共国家。

如果说回归冷战年代在某个层面上需要一种新的武断自信，那么它也同时鼓励自欺欺人之风的再度盛行。敌人包括任何要求西方省视其历史的人，尽管他们出于自觉的成分还多过出于罪恶感：这类人士根本就受到忽略。一个具有强烈象征意义的例子出现在西点的记者会上，一位听众宣称"美国政府谈论酷刑是高度伪善"，因为美国在逊王巴列维统治时期助纣为虐，许多伊朗人民遭致截断肢体的酷刑。德黑兰大使馆代办、美国驻伊朗的资深外交官布鲁斯·兰根(Bruce Laingen)连说两次他没有听到这位听众的问题，然后快速进行到合乎记者会宗旨的主题：讨论伊朗人的残暴与美国人的无辜。

似乎没有任何专家、媒体人物或政府官员想过：用以隔离处理、渲染、报道非法占领使馆与人质归来事件的时间，如果能匀出一小部分来揭露伊朗逊王政权的压迫与残暴，不知道会有何效果。运用庞大的消息搜罗机构，来让有正当理由焦虑的民众知道伊朗发生的事情，这样的观念没有限制吗？除了激起爱国心或煽动大众对于疯狂伊朗的愤怒，难道就没有其他的选择？

虽然夸张到可悲地步的事件已经告一段落，但是这些问题仍然有其意义。对于一般的西方世界以及特别是美国，努力厘清世界政治不断变化的形态，这种做法不仅务实而且有益。"伊斯兰教"是否只能扮演与恐怖分子有关联的石油供应者？专注于"谁失去了伊斯兰教？"的杂志报道与调查、论辩与省思，是否能够更恰当地运用在更适合国际社会与和平发展的主题上？

媒体如何更负责地运用其强大功能来裨益公众资讯？1981年1月22日与28日美国广播公司(ABC)电视网3个小时的特别节目“秘密谈判”(The Secret Negotiations)提供了一些线索。为了呈现促成人质获释的各种途径，节目提出许多先前不为人所知的资料，节目中最动人的时刻，就是当不自觉与根深蒂固的心态突然被揭露之时。

其中一个例子就是克里斯汀·布尔杰(Christian Bourguet)描述1980年3月底他在白宫晋见卡特总统的经过。布尔杰是一位与伊朗方面素有来往的法国律师，并担任美国与伊朗的中间人。他来到华府的原因是，尽管先前已经与巴拿马达成协议，要逮捕伊朗逊王，但逊王又突然前往埃及，因此事情又回到原点。

> 布尔杰：(卡特)有一次谈到人质，他说，你知道他们是美国人，是无辜的。我回答他，是的，总统先生，我了解您说他们是无辜的，但是我认为您也必须了解，对伊朗人而言，他们并不无辜。就算他们个人并没有做出什么事，他们仍非无辜，因为他们是外交官，代表一个曾对伊朗做出某些事情的国家。
>
> 您必须了解，这场行动并不是针对他们个人。这一点您当然看得出来。他们并没有受到伤害，没有人想杀害他们。您必须了解这是一个象征，我们必须在象征的层面上来思考这桩事件。

事实上，卡特似乎的确曾以象征方式来看待人使馆占领事件，但是与布尔杰不一样，他有自己的思考架构。对他而言，被劫持的美国人根本就是无辜的，而且与历史无干：他后来在另一个场合表示，伊朗对美国的怨恨是古老的历史。现在重点在于伊朗人是恐怖分子，而且可能向来就是个潜在的恐怖分子国家。其实任何厌恶美国并拘留美国人士的人，都是既危险又病态，逾越理性、逾越人性、逾越共通的情理。

对于外国人对美国长期支持当地独裁者的感受，以及在德黑兰被非法拘留的美国人经历的遭遇，卡特无法体认两者之间的关联，这是极具病征意义的现象。就算一个人彻底反对挟持人质，就算他对人质归来的感受完全是正面的，然而对于官方带动的、淡忘某些特定真实的全国性趋势，还是有值得警惕、学习的教训。所有民族与国家的关系都涉及两边，没有任何事物能命令“我们”去喜爱或赞同“他们”，但是我们至少要认同：(a)“他们”存在于那个地方；(b)对“他们”而言，“我们”是指我们的实际状况，再加上他们对于我们的经验与认知。这并不是无辜或有罪、爱国或叛国的问题。没有任何一边能完全掌控真实而无视于另一边的存在。当然，除非身为美国人的我们相信另一边在本质上是罪恶的，而我们则是无辜的。

现在来看看媒体提供的另一项有用的资料，是 1979 年 8 月 13 日大使馆代办布鲁斯 · 兰根从德黑兰拍发给国务卿赛勒斯 · 万斯(Cyrus Vance)的一封机密电报，内容完全符合卡特与布尔杰会谈时的心态。这封电报刊登在 1981 年 1 月 27 日的《纽约时报》专栏版，用意也许是想让国人更注意伊朗人的真面目，也许只是要作为刚落幕危机的一个讽刺性注脚。但是兰根的电报并非针对他讨论主题“波斯人心态”(Persian

Psyche)所做的科学性报告，尽管作者伪装成平静客观，对于当地文化具备专业知识。我认为其内容毋宁是一篇意识形态声明，刻意要将“波斯”转化成不具时间性、令人极为不安的存在本质，从而在谈判中强化美国这一方的道德优越与国民的健全。因此每一句对于“波斯”的断言都令其形象雪上加霜，同时保护美国不被检视与分析。

这种自我蒙蔽是以两种言辞方式来达成，值得在此细究。首先，片面抹杀历史：“伊朗革命的影响”被保留下来用以解释“波斯人心态”背后“相当一致的……文化与心理素质”。因此现代的伊朗遂成为穿越时光，来到现下的波斯。这种手法的不科学呈现会让意大利人变成(dagoes)①、犹太人成了“yids”②、黑人成了“黑鬼”(niggers)。(与彬彬有礼的外交官相较，街头混混还真是诚实多了！)其次，所谓“波斯的”国民特质在描述时只参照了伊朗人想像出来的(也就是说偏执的)现实感，兰根既没有记录伊朗人背叛与痛苦的真实体验，也不容许伊朗人根据美国在伊朗的作为，来塑造他们对美国的观感。这并不是说美国在伊朗没有做任何事，而是意味着美国有权我行我素，不必理会伊朗人无足轻重的怨言或反应。兰根对伊朗只在乎一件事：凌驾其他所有真实之上的、**一成不变**的“波斯人心态”。

大部分看过兰根电报的读者都承认——连兰根自己无疑也是如此——一个人不应该将其他民族或社会化约成这么简单刻板的核心。今日的公众话语已经不容许大家如此谈论黑

① 对意大利人、西班牙人、葡萄牙人的蔑称。——译者

② 对犹太人的蔑称。——译者

人与犹太人，就像我们会对伊朗人把美国描述成“大撒旦”(the Great Satan)一笑置之。太简化、太意识形态化、太种族主义。但是对于“波斯”这个特定敌人，化约却很有用处，佩雷兹在《新共和》杂志上引述了一篇种族主义色彩明显的文章(1981 年 2 月 7 日)，作者是 17 世纪的英国人。佩雷兹称这篇论“突厥人”(The Turks)的文章是研究中东文化之学生的必读“经典”，能够让我们了解穆斯林的行为方式。如果今天有人刊行一篇 17 世纪论“犹太人”的文章，充当了解“犹太人”行为的指南，不知佩雷兹会有何感想。问题在于，如果说——正如我将要论证的，兰根与佩雷兹这类文件既不能让读者了解伊斯兰教或伊朗，在美国与革命后伊朗的紧张态势中，对于指导西方在伊朗的行动也毫无贡献。那么这类文件到底所为何来？

兰根主张，无论发生什么情况，总是有一种“波斯人习性”(Persian Proclivity)要抗拒“理性(以西方观点来看)谈判过程这个观念本身”。我们可以理性，波斯人做不到。为什么？兰根说，因为波斯人一切以自我为中心；现实在他们看来险恶诡谲；这种“怪异的心态”使他们倾向于只顾眼前近利，不顾长期收获；伊斯兰教全知全能的神使他们无法理解因果关系；对他们而言，话语和现实并没有关联。总之，根据兰根从分析中撷取的五项心得，他笔下的“波斯人”是个靠不住的谈判者，无法体认“另一方”的存在，无法信任别人，缺乏善意，也缺乏足以确保诺言履行的性格。

这种看似适切的提议，其妙处在于，那些无凭无据怪罪到波斯人或穆斯林身上的事物，几乎都可以回敬给“美国人”，也就是这封电报半虚构的、不具名的作者。除了“美国”之外，还有谁会否定历史与现实，武断地说这两者对“波斯人”毫无意义？现在让我们来玩一场猜谜游戏：为兰根赋予“波斯人”的每一项特质，在犹太—基督教文化与社会中寻找其对应。一切以自我为中心？卢梭(Jean Jacques Rousseau)；险恶诡谲的现实？卡夫卡(Franz Kafka)；神的全知全能？《圣经·旧约》与《圣经·新约》；无法理解因果关系？贝克特(Samuel Beckett)；“怪异的心态”？纽约证券交易所(New York Stock Exchange)；混淆话语和现实？奥斯汀(John Langshaw Austin)①与塞尔(John Searle)②。然而鲜少有人在建构西方本质的图像时，会只运用克里斯多弗·拉什(Christopher Lasch)③的论自恋癖(narcissism)、某个宗教激进主义宣扬者的话语、柏拉图(Plato)的对话集《克拉底鲁斯篇》(*Cratylus*)、一两句广告词，以及(用来说明西方无法相信现实的稳定或善意)奥维德(Ovid)的《变形记》(*Metamorphoses*)，再润饰以《圣经·旧约·利未记》的几段文字。

兰根的电报在功能上就对应于这样一幅图像，放在不同背景之中，它顶多是一张讽刺漫画，最糟也不过是一次手法粗糙、损害效果有限的攻击。它连充当心理战的材料都不够格，因为其中作者自曝其短的成分更甚于对敌人的批判。例如它呈现出作者面对他交涉的人物时会极度焦虑；看待别人时只能将对方当成自我形象的反映。作者理解“伊朗的”观点或这场伊斯兰革命——后者可以认定是源出于忍无可忍的波斯暴政以及推翻它的必要性——的能力到底在哪里？

---

① 英国语言哲学家。——译者

② 美国哲学家。——译者

③ 美国历史学家。——译者

至于谈判过程合理性中的善意与信赖，就算不提 1953 年的事件①，另一场企图反制伊朗革命的军事政变还是值得深究，那是由美国的哈伊泽（Robert Huyser）将军在 1979 年 1 月底直接策动。多家美国银行（它们过去对巴列维国王通常是尽量通融）也采取行动，它们在 1979 年间准备撤销与伊朗两年前签订的贷款，理由是伊朗没有按时缴息；然而法国《世界报》（*LeMonde*）记者艾瑞克·卢娄（Eric Rouleau）在 1979 年 11 月 25 日与 26 日报道，他看过证据，显示伊朗实际上是在到期日**之前**就缴付了利息。难怪“波斯人”要将交涉对象看成敌人。这个对象**的确是**个敌人，而且非常危险：兰根已经说得很清楚。

但是，且让我们承认最重要的问题是准确而非公平，美国派驻当地的人员是要对华府提出建议。兰根的凭借是什么？一小撮东方学专家的陈词滥调，可能是从阿弗雷德·李奥爵士（Sir Alfred Lyall）对东方心灵的描写，或者克罗莫勋爵（Lord Cromer）对付埃及原住民的报告中原文照搬。依照兰根的说法，当时的伊朗外长易卜拉欣·雅兹迪（Ibrahim Yazdi）拒绝接受“伊朗的行为会影响美国对伊朗的看法”的观念，但美国的决策者已经愿意接受“美国的行为会影响伊朗对美国的看法”的观念，如果真是这样，为什么美国还会容许伊朗逊王入境？难道我们就像波斯人一样“厌恶为自身的行为负责”？

兰根的电报是欠缺资讯、欠缺智谋的强权产物，而且对于

① 指 1953 年由美国中央情报局策动，推翻伊朗民选政府，扶植巴列维国王复辟成功的政变。——译者

了解其他社会也没有助益。作为一个说明我们要如何面对世界方式的例证，它无法激励信心。作为一幅漫不经心的美国人自画像，它简直就是侮辱。那么兰根的电报到底有何用处？它告诉我们，美国的代表以及东方学专家体系的一大部分，是如何创造出一种真实，但既不能对应我们的世界，也不能对应伊朗人的世界。但是如果兰根的电报仍然不足以证明这种误现最好永远扬弃，那么将来美国人势必会陷入更多的国际纷争，而且，美国人的无辜会再度受到徒劳无功的侵犯。

即使伊朗与美国曾经历痛苦的挣扎，即使占领大使馆事件代表整个伊朗已落入欠缺生产力、衰退恶化的混乱之中，仍然没有必要得意洋洋地从最近的历史中汲取一知半解的心得。事实上，就像“西方”内部一样，“伊斯兰教”内部正在发生变化，双方的模式与步调各有千秋，但是所遭遇的危险与疑虑仍有近似之处。作为支持者的战斗口号，“伊斯兰教”与“西方”（或“美国”）提供的煽动远多于洞察。作为混淆新近事实、针锋相对的反应，“伊斯兰教”与“西方”会将分析转化成简单的二元对立，将经验转化成狂想。与冲突和过度简化的敌意相较，对人类经验具体细微处的尊重、从同情看待“他者”而产生的理解、凭借道德与知性诚实获得并传播的知识，应该是较好甚至较容易达成的目标。而且在这样的过程中，如果我们能清除残余的敌意，清除“穆斯林”、“波斯人”、“突厥人”、“阿拉伯人”或“西方人”之类恶意概括的标签，那么事情将会变得更为美好。

萨义德

1981 年 2 月 9 日　纽约

第一章　新闻中的伊斯兰教

伊斯兰教与西方

➤ ➤ 伊斯兰教与西方 ➤

为了向美国人说明替代性能源来源的重要，纽约的联合爱迪生(Consolidated Edison)电力公司在 1980 年夏天推出一部引人注目的广告。影片片段带出几个一望即知的石油输出国家组织人物——阿哈迈德·亚马尼(Ahmed Z. Yamani)[①]、卡扎菲；还有一些较不知名、身着长袍的阿拉伯人，照片与影片交替呈现其他与石油及伊斯兰教有关联的人物：霍梅尼、阿拉法特、哈费兹·阿萨德(Hafez al-Assad)[②]。广告中虽然没有提到这些人物的名字，但是严肃警告我们："这些人"控制着美国的石油来源。阴沉的背景旁白并未说明"这些人"到底是谁、来自何方，只是让人觉得这批清一色男性的恶棍已经使美国人落入极度虐待狂的掌握之中。"这些人"只要像过去出现在报章电视上一样再度现身，就能够令美国观众感受到混合着愤怒、憎恨与恐惧的情绪。而联合爱迪生公司为了其商业理由，就是要激发并利用这些感受。曾任卡特总统内政顾问、后为克林顿政府高层官员的斯图亚特·艾森斯泰特(Stuart Eizenstat)，他在 1996 年曾敦促克林顿总统采取"强势步骤，动员全国来因应真正的危机与明确的敌人——石油输出国组织"。

联合爱迪生公司广告中有两项因素，构成这本书的主题。其中之一当然就是伊斯兰教，或者应该说是伊斯兰教在西方——尤其是美国　的形象。另一项则是这幅形象在西方——特别是在美国——的运用。我们即将看到,这两项因素之间的关联性,最终会使得它们揭露西方及美国与揭露伊斯兰教的程度不相上下,后者的具体性与趣味还略逊前者一筹。不过在我们检视现阶段情况之前,先来回顾一下伊斯兰教与基督教西方的历史关系。

从至晚18世纪末直到今日,现代西方对于伊斯兰教的反应一直被一种极端简化的思考模式所主宰,我们或许可以称之为“东方学专家”。东方学专家思考模式的共通基础是一道想象的但泾渭分明的地理界线,将世界划分成两个不对等的部分,比较大的、“不一样的”那部分叫做东方;另外一个也就是“我们的”世界,则称之为西方(the Occident 或 the West)③。当一个社会或文化认定另一个社会或文化不同于它自身时,必然会出现这种分别。不过有趣的是,尽管东方向来被看做是这世界上较弱势的一部分,它总是被认定为比西方更广大、更有潜力(通常是毁灭性的力量)。伊斯兰教一直被归类于东方,它在东方主义整体架构中的命运,首先是被当成一个庞大坚定的实体,然后饱受极不寻常敌意与恐惧的对待。这种现象背后当然有许多宗教、心理与政治的原因;不过所有的原因都出于一种意识:就西方而言,伊斯兰教不仅代表可怕的竞争者,更代表对基督教后来居上的挑战。

中世纪时代大部分时期以及文艺复兴早期,欧洲都视伊

---

① 沙特阿拉伯前任石油部长,石油输出国组织代表人物。——译者

② 叙利亚前总统。——译者

③ 见 Edward W. Said, *Orientalism*, pp. 49 - 73。

斯兰教为一种叛教、亵渎、晦涩的邪恶宗教①。穆罕默德在穆斯林心目中是先知而不是神，这点似乎并不重要；基督教徒在乎的是认定穆罕默德为一个假先知、混乱的播种者、好色之徒、伪君子与魔鬼代言人。这种对穆罕默德的观点并不完全属于教义层面。真实世界中的真实事件使伊斯兰教化身为一股可观的政治力量。数百年来，强大的伊斯兰陆、海军威胁着欧洲，摧毁其前哨站，在其领域中殖民。它犹如一种更年轻、更刚健、更有活力的基督教在东方崛起，具备了古希腊的学术知识，单纯、无畏与好战的信念使它朝气蓬勃，准备要一举摧毁基督教。尽管后来伊斯兰世界江河日下，欧洲则蒸蒸日上，但是对于"穆罕默德教"(Mohammedanism)②的恐惧一直阴魂不散。伊斯兰世界比全球其他非基督教宗教更接近欧洲，就是这种毗邻关系唤起了对于伊斯兰入侵欧洲以及其潜藏力量的记忆，一而再再而三，令西方困扰不已。东方其他伟大文明——诸如印度与中国——都被视为落居下风且距离遥远，因此不会让西方寝食难安。只有伊斯兰教似乎从来不曾全然降服于西方，而且原油价格在 20 世纪 70 年代前期一飞冲天之后，伊斯兰世界早年的征服大业似乎又将卷土重来，令整个

---

① 见 Norman Daniel, *The Arabs and Medieval Europe* (London: Longmans, Green & Co., 1975)以及他早期很有用的一本著作：*Islam and the West: The Making of an Image* (Edinburgh: University Press, 1960)。Erskine B. Childers 于 *The Road to Suez: A Study of Western-Arab Relations* (London: MacGibbon & Kee, 1962, pp. 25 - 61)中以 1956 年的苏伊士战争为政治背景，做了一流的综论。

② 西方近代对伊斯兰教的误称，穆斯林认为此名违背其一神论信仰。——译者

西方世界不寒而栗。20 世纪 80 与 90 年代“伊斯兰恐怖主义”(Islamic terrorism)的勃兴，更深化、强化了这种震惊感。

到了 1978 年，伊朗占据舞台中央，让美国人感受到与日俱增的焦虑与激情。很少有国家像伊朗一样，虽遥远荒僻，迥然不同，却与美国人产生如此密切的关联。美国人似乎也从来没有这么一筹莫展，这么无力无助，只能坐视戏剧化的事件纷至沓来。他们无法忘却伊朗的存在，因为在许许多多层面上，伊朗都以一副桀骜不驯的姿态侵犯他们的生活。在能源短缺期间，伊朗是主要的石油供应国；它所处地区向来被认为是动荡不安的兵家必争之地。伊朗身为美国的重要盟邦，在美国的全球擘画中，伊朗失去了君主政权、军队与价值，这些都发生在持续一年的激烈革命动乱中，其规模之大，是 1917 年 10 月俄罗斯革命以来所仅见。一种自称属于伊斯兰、似乎颇受欢迎而且反帝国主义的新秩序，在挣扎中诞生。霍梅尼阿亚图拉(Ayatollah)①的形象与现身占据了媒体，但媒体只是把他描述成强硬顽固、大权在握，而且对美国怀恨在心。到最后，由于逊王巴列维在 1979 年 10 月 22 日入境美国，一群伊朗学生遂于 11 月 4 日攻占美国驻德黑兰大使馆，许多美国人沦为人质，一年多之后才获释。

对于伊朗诸多事件的反应，并不是发生在一无依傍的真空之中。在公众的文化潜意识背后，有一种对于伊斯兰教、阿拉伯人与整体东方的长期存在心态，我称之为“东方主义”。无论是最近出版且颇获好评的小说如奈保尔(V. S. Naipaul)

---

① 什叶派宗教领袖。——译者

的《大河湾》(*A Bend in the River*)与约翰·厄普代克(John Updike)的《政变》(*The Coup*),或者是小学历史教科书、漫画、电视影集、电影与卡通,伊斯兰教的形象都如出一辙,无所不在,而且都取材自对于伊斯兰教长期以来的观点:也就是经常将穆斯林嘲弄贬抑为石油贩子、恐怖分子,以及新近出现的残酷暴民。相反地,无论是在一般文化或特别是在对于非西方人的讨论中,都很少看到以同情态度来谈论甚或思索——更不用说是描绘——伊斯兰教或任何伊斯兰事物。如果要他们举出一位**现代**伊斯兰作家,大部分人恐怕只能举出哈里尔·纪伯伦(Khalil Gibran),实则他并非伊斯兰作家①。专攻伊斯兰教的学院专家面对这个宗教与其中多种文化时,通常会局限于一种虚构的或是文化决定论的意识形态框架,其中充斥着激情与防御性偏见,甚至是强烈的反感;因为有这种框架,**理解**伊斯兰教遂成为一桩艰巨的工作。从1979年春天媒体对于伊朗革命的诸多深度探讨与采访来看,除了将这场革命认定为美国的挫败(当然就某种特殊意义而言,的确是如此)或者黑暗击退光明的胜利之外,其他观点乏人问津。

对伊朗的关注持续至20世纪90年代。冷战结束之后,伊朗与伊斯兰教都成为美国最主要的外国仇敌。伊朗被认定是恐怖主义国家,因为它支持黎巴嫩南部真主党之类的团体——真主党在以色列入侵黎巴嫩之后成立,目标是要反抗以色列对黎南的占领,并且被指控输出宗教激进主义,而且伊朗对于美国在中东地区——特别是波斯湾——霸权的顽强反

① 纪伯伦为黎巴嫩人,《先知》(*The Prophet*)一书作者,出身马龙派基督教徒家庭。——译者

抗,特别令人忌惮。《洛杉矶时报》伊斯兰教专家罗宾·莱特(Robin Wright)在1991年1月26日的专栏中写到,美国与西方政府官员仍然在找寻对付"伊斯兰挑战"(Islamic challenge)的策略,莱特引述一位不具名的布什政府"高层"官员的话,他承认:"我们对付伊斯兰教时,必须比三四十年前对付共产党更精明。"这一整篇五栏的文章虽然也提及将"众多国家"简化的危险,但是其中唯一的照片是霍梅尼。霍梅尼与伊朗具体呈现了所有伊斯兰教的可憎之处,从恐怖主义、反西方心态,到"主要的一神教国家中,唯一还会发布一套控驭社会法规以及精神信仰的国家"。文章中完全没有提到,就连在伊朗内部,对于这些法规甚至"伊斯兰教"的定位都有重大且持续不断的争议,对于霍梅尼贡献的质疑也是针锋相对。光是用"伊斯兰教"这个字眼就足以涵盖"我们"观照全世界时的忧虑。雪上加霜的是,克林顿政府已经提出法案,要惩罚其他与伊朗(以及利比亚、古巴)进行贸易的国家①。

在辅助说明这种对伊斯兰教的普遍敌意时,奈保尔的角色耐人寻味。他接受《国际新闻周刊》(*Newsweek International*)专访(1980年8月18日刊出)时谈到自己正在写一本关于"伊斯兰教"的书,然后主动说道:"穆斯林宗教激进主义缺乏知识性的实质内容,因此必将崩溃。"但是对于他所说的是哪一种穆斯林宗教激进主义,以及他所想的是哪一种知识性实质内容,奈保尔都没有明言:伊朗无疑是他意中所指,但此外还有——以同样暧昧的用语——整个战后第三世界的伊斯兰反帝国主义风潮,奈保尔对之发展出一种特别

① 这项名为"伊朗—利比亚制裁法"的法案已在1996年获国会通过。——译者

强烈的厌恶，这一点在《在信徒的国度：伊斯兰之旅》(*Among the Believers: An Islamic Journey*)一书中显露无遗。在奈保尔小说近作《游击队》(*Guerrillas*)与《大河湾》中，伊斯兰教是探讨的对象，也是奈保尔对于第三世界全面指控(并为此受到自由派西方读者欢迎)的一部分；这个第三世界是他杂凑了几个怪异统治者的贪污腐败、欧洲殖民主义的终结与后殖民时期重建本土社会的努力，来说明非洲与亚洲全面的知性败坏。“伊斯兰教”在奈保尔笔下独挑大梁，无论是表现在让可悲的西印度群岛游击队员取伊斯兰姓氏，还是表现在非洲奴隶买卖的遗风。对奈保尔与其他读者而言，“伊斯兰教”可以用来涵盖一个人基于文明、西方的理性观点所最无法认同的全部事物①。

小说家、记者、决策人士与“专家”在处理“伊斯兰教”或者现今运行于伊朗与伊斯兰世界其他地区伊斯兰教时，宗教热情、争取正义的奋斗、凡夫俗子的弱点、政治竞争，以及被如实面对的男性、女性与社会历史，这些因素似乎都浑然不分。“伊斯兰教”看来就像吞没了多样化伊斯兰世界的所有层面，将它们全部化约为一种特别恶毒而且欠缺思维能力的本质。出现的结果大部分都不是分析与理解，而是形态最粗糙的“我们对抗他们”(us-versus-them)。无论伊朗人或穆斯林如何说明他们的正义感、他们被压迫的历史、他们对自身社会的展望，似乎都无关紧要；美国重视的是这场“伊斯兰革命”的发展进程，有多少人被伊朗革命委员会(Komitehs)处决，霍梅尼又以伊斯兰教之名下令执行多少桩怪异的暴行。当然，没有人

---

① 我在“Bitter Dispatches from the Third World,” *The Nation*, May 3, 1980, pp. 522－525 讨论了奈保尔。

会将琼斯镇(Jonestown)①的大屠杀、俄克拉何马市爆炸案的毁灭性恐怖、对中南半岛的蹂躏这些事件,等同于基督教、西方或美国文明整体。这种等同方式只保留给"伊斯兰教"。

为何这一系列的政治、文化、社会,甚至经济事件,似乎都那么容易以条件反射的(Pavlovian)方式化约成"伊斯兰教"?"伊斯兰教"到底有什么因素会激发如此快速而过度的反应?对西方人而言,"伊斯兰教"与伊斯兰世界在哪些方面有别于第三世界其他部分与冷战时期的苏联?这些问题绝不简单明了,因此必须借由逐项讨论、设定许多条件与区别的方式来回答。

用来指称庞大复杂实体的标签,其暧昧含混已是恶名昭彰,但同时又是无可避免。如果"伊斯兰教"的确是个模糊且充满意识形态的标签,那么"西方"与"基督教"也同样是问题丛生。然而,要避开这些标签并非易事,因为穆斯林谈论伊斯兰教、基督教徒谈论基督教、西方人谈论西方、犹太人谈论犹太教,以及他们在谈论另一方时,似乎都是自信满满、斩钉截铁。我并不想建议如何回避这些标签,我认为更能够立竿见影的做法是:开宗明义就承认,作为文化史整体的一部分而非客观的分类法,"标签"确实存在而且行之有年:本章稍后我会将它们定位成诠释方式,是由我所谓的"诠释共同体"(communities of interpretation)为其自身之目的而创造的。因此我们要谨记,"伊斯兰教"、"西方"甚至"基督教"这类标签在使用时,至少有两种运作方式,并制造出至少两种意义。首

① 1978年,宗教领袖吉姆·琼斯(Jim Jones)创立的"人民圣殿教"(People's Temple)有914名信徒在南美洲圭亚那的丛林中集体自杀,琼斯本人也自杀身亡。——译者

先是单纯的指称功能，例如我们说霍梅尼是穆斯林或教宗保罗二世是天主教徒。这种声明告诉我们某件事物与其他事物相区隔的最基本资讯。在这个层面，我们区分橘子与苹果（就如同我们区分穆斯林与基督教徒）的地步只限于我们知道它们是不同的水果，生长在不同的果树上等等。

这些标签的第二种功能是要制造一种更为复杂的意义。今日在西方提到“伊斯兰教”这个字眼，会意指我先前论及的许多不愉快事物。更有甚者，“伊斯兰教”不可能意指一个人以直接或客观方式获致的知识。我们对“西方”的用法亦可做如是观。愤怒或武断地使用这些标签的人们中，有多少能够确实掌握西方传统的所有层面、伊斯兰律法，或伊斯兰世界的实际语言？显然少之又少，但是这种情形并无法阻止人们自信满满地描述“伊斯兰教”与“西方”的特质，或是自以为通晓自己正在谈论的事物。

因此我们要严肃面对标签，对于一个谈论“西方”的穆斯林，或者一个谈论“伊斯兰教”的美国人，这些广泛的概括化背后有一整套同时授予（enabling）又剥夺（disabling）的历史。这些标签带有意识形态，充满强烈情感，其生命力更甚于许多经验，而且能够适应新的事件、讯息与真实。现今“伊斯兰教”与“西方”在每个地方都再度呈现出强大的迫切性。我们必须立刻指出，与伊斯兰教彼此针锋相对的似乎永远是西方而非基督教，为什么？因为人们认定，虽然“西方”在概念上大于其主要宗教基督教，而且其发展也超越了基督教的阶段，但是伊斯兰世界——尽管包括不同的社会、历史与语言——仍然陷溺于宗教、原始与落后。因此西方是现代化的，整体大于其部分的总和，百花齐放，百家争鸣，但其文化认同永远是“西方的”；相较之下，伊斯兰教只不过是“伊斯兰教”，可以化约为一小撮陈陈相因的特质，尽管从表面上就可看出，其冲突的出现与多样性的经验和西方一样丰富。

有个例子可以说明我的意思，那是周日《纽约时报》“一周新闻评论”(News of the Week in Review)1980 年 9 月 14 日的一篇文章。作者约翰·齐夫纳(John Kifner)是《纽约时报》派驻贝鲁特干练的特派员。文章主题是苏联对伊斯兰世界的渗透。齐夫纳的观念从这篇文章的标题《马克思与清真寺渐行渐远》(“Marx and Mosque Are Less Compatible Than Ever”)便呼之欲出，不过最值得注意的是他运用伊斯兰教，将抽象观念与极为复杂的真实做直接而薄弱的联结，这种做法在其他情形下都无法被接受。就算我们承认伊斯兰教与其他宗教不同，说它是极权主义形态，而且政教不分、宗教与日常生活合一；但是在底下引述的文章中，还是有一种特别的——或许还是刻意为之——无凭无据、了无新意，虽也相当传统的成分：

> 莫斯科影响力消退的原因再简单不过：马克思与清真寺并不相容。(那么我们是否要假定马克思与教堂或是寺庙较能够相容？)
>
> 西方心灵(这是重点，显而易见)从宗教改革运动以来就在历史与知识的发展中逐步调适，宗教扮演的角色不断萎缩，因此很难理解伊斯兰教(想当然，是没有受到历史或知识的调适)的力量。然而几个世纪以来，伊斯兰教就是这个地区生活的中流砥柱，而且至少就目前而言，它的力量仍然持续高涨。
>
> 对伊斯兰而言，政教是不分离的。它是个完整

> 体系，不仅涵盖信仰，也涵盖行动，为日常生活订出清规戒律，还有一种以救世主自居的冲动要去打击或转化异教徒。对于信仰虔诚的人来说，特别是对学者与教士，同时也包括群众(换言之，无人能够幸免)，马克思主义及其本身对人类全然世俗化的观点，不仅来自异域，更属异端。

齐夫纳不但忽略历史以及马克思主义与伊斯兰教之间虽有限但有趣的连串对比(这是罗丁森的研究，他在一本著作中尝试解释为何长年下来，马克思主义在伊斯兰社会中似乎略有进展①)，而且他的论证也是奠基于"'伊斯兰教'与西方"这个隐而不显的比较。与单调、冥顽不灵、极权的伊斯兰教相比，西方变化多端，无法一概而论。有趣的是，齐夫纳大可以放言高论，不必担心被视为错误荒谬。主要问题就在于，像齐夫纳这样的评论者可以从伊斯兰教草率引申，将庞大复杂的真实予以抽象化，丝毫不曾犹疑。

伊斯兰教对抗西方：这是众声喧哗的变奏之下的基础低音，欧洲对抗伊斯兰教——美国对抗伊斯兰教也是一样——就是被它涵盖的命题②。不过整个西方差异甚大的具体经

---

① Maxime Rodinson, *Marxism and The Modem World*, trans. Michael Palis (London: Zed Press, 1979). 参见 Thomas Hodgkin, "The Revolutionary Tradition in Islam," *Race and Class* 21, No. 3 (Winter 1980): 221 - 237.

② 当代一位突尼斯知识分子对这个主题做了精细的注释。见 Hichem Djaït, *L'Europe et l'Islam* (Paris: Èditions du Seuil, 1979)。Alain Grosrichard, *Structure du sérail: La Fiction du despotisme asiatique dans l'Occident classique* (Paris: Èditions du Seuil, 1979)对于欧洲文学中一个"伊斯兰"主题——后宫(the seragllo)——有精湛的心理分析与结构主义导读。

验，也扮演重要角色。因为美国与欧洲对伊斯兰教的觉察，其间有极为重要的分别。例如法国与英国，一直到近代都还占有广大的伊斯兰帝国，也有与伊斯兰直接交往的长久传统；意大利与荷兰稍逊一筹，两国也都有伊斯兰殖民地①。此外，数百万来自非洲与亚洲的穆斯林如今住在法国与英国的都会中。这些现象都反映在欧洲著名的东方主义学派上，拥有伊斯兰殖民地的国家，以及想要占有伊斯兰殖民地、邻近伊斯兰疆域、本身曾为伊斯兰国度的国家（德国、西班牙、革命前的俄罗斯）都有东方主义学派。今日俄罗斯与其加盟共和国有五千多万穆斯林；在 1979 至 1988 年间，苏联曾军事占领伊斯兰国家阿富汗。但是美国从来没有发生过足堪比拟的类似事件，虽然美国的穆斯林人数与日俱增，而且写作、探索或者谈论伊斯兰教的人士之多，也是史无前例。

美国对于伊斯兰教缺乏殖民的历史，也没有长期的文化关注，这些因素使得当前美国对于伊斯兰教的着迷更加特异、抽象、间接。比较起来，很少美国人曾经与真正的穆斯林打交道；对照法国来看，法国人数次多的宗教正是伊斯兰教，虽然这未必能让伊斯兰教更受欢迎，但必定会让它更广为人知。现代欧洲对于伊斯兰教兴趣的勃发，是所谓“东方复兴”（the Oriental renaissance）的一部分，这是指 18 世纪末叶到 19 世纪前期的一段时期，当时法国与英国重新发现了“东方”——印度、中国、日

① 见 Maxime Rodinson, *La Fascination de l'Islam* (Paris: Maspéro, 1980)。

本、埃及、美索不达米亚、圣地(Holy Land)①。无论好歹,伊斯兰教总是被视为东方的一部分,分享其神秘、异国情调、腐化与潜力。的确,伊斯兰在数世纪前曾经带给西方直接的军事威胁;而且在中世纪与文艺复兴早期,伊斯兰教也对基督教思想家造成困扰,他们数百年来一直将伊斯兰教与其先知穆罕默德视为罪大恶极的叛教者。不过至少对许多欧洲人而言,伊斯兰教是一种长期的宗教文化挑战。它并没有阻止欧洲帝国主义在伊斯兰领域建立其机构。无论欧洲与伊斯兰教之间敌意有多深,双方还是会有直接来往,而且对歌德(Johann Wolfgang von Goethe)、格哈德·狄·纳瓦尔(Gérard de Nerval)②、理查德·波顿(Richard Burton)③、福楼拜(Gustave Flaubert)、路易斯·马西农(Louis Massignon)④等诗人、小说家与学者来说,更绽放出想象力与优雅精练。

但是尽管有这些与其他类似的人物,伊斯兰教在欧洲从未受到欢迎,从黑格尔到斯宾格勒(Oswald Spengler),大部分伟大的历史哲学家都对伊斯兰教兴趣缺失。在一篇冷静明晰的文章"伊斯兰教与历史哲学"(Islam and the Philosophy of History)之中,亚伯特·胡拉尼(Albert Hourani)讨论了这种极为固定的对于伊斯兰教信仰体系的贬抑⑤,除了偶尔对奇特的苏菲派(Sufi)作家或圣人之外,欧洲人追求"东方智慧"的

---

① 指耶路撒冷所在的巴勒斯坦。——译者

② 19世纪法国诗人。——译者

③ 19世纪英国探险家、作家,曾考察伊斯兰教圣地麦加与麦地那。——译者

④ 20世纪法国伊斯兰教专家。——译者

⑤ Albert Hourani, "Islam and the Philosophers of History," in *Europe and The Middle East* (London: Macmillan & Co., 1080), pp. 19 - 73.

风潮很少触及伊斯兰的哲人或诗人,欧玛尔·海亚姆(Omar Khayyám)①、哈伦·拉希德(Harun al-Rashid)②、辛巴达(Sindbad)、阿拉丁(Aladdin)、哈吉·巴巴(Hajji Baba)③、谢赫拉查德(Scheherazade)④、萨拉丁(Saladin)⑤,这些大致上就是现代受过教育的欧洲人所知道的全部伊斯兰人物。连托马斯·卡莱尔(Thomas Carlyle)⑥都无法让先知被广泛接纳,至于穆罕默德传播的信仰内涵,欧洲人基于基督教立场一直无法接受,尽管他们也正是为同样的原因而对这种信仰不感兴趣。时序迈入19世纪尾声时,随着伊斯兰民族主义在亚洲与非洲逐渐崛起,遂出现一种流传甚广的观点,认为伊斯兰殖民地就是应该受到欧洲的保护,原因既是它们有利可图,也是因为它们欠缺开发,需要欧洲人的管理经营⑦。尽管如此,而且对伊斯兰世界经常怀有种族主义并进行侵犯行为,但欧洲人确实对伊斯兰教的意义表现出生气勃勃的觉察;从18世纪

---

① 或译奥玛开俨、奥玛珈音,11至12世纪波斯诗人,著有《鲁拜集》(*Rubaiyat*)。——译者

② 8世纪至9世纪初,阿拉伯阿拔斯帝国哈里发,以骄奢淫逸闻名。——译者

③ 19世纪英国小说家莫里尔(James Justinian Morier)作品《伊斯法汉的哈吉巴巴冒险记》(*Adventures of Hajji Baba of Ispahan*)中的波斯主人翁。——译者

④ 《天方夜谭》中的女主角。——译者

⑤ 12世纪十字军东征时期埃及和叙利亚苏丹,阿尤布王朝创建者。——译者

⑥ 19世纪苏格兰历史学家,《英雄与英雄崇拜》(*On Heroes, Hero Worship and the Heroic in History*)一书作者。——译者

⑦ Syed Hussein Alatas, *The Myth of the Lazy Native: A Study of the Image of the Malays, Filipinos, and Javanese from the 16th to the 20th Century and in the ideology of Colonial Capitalism* (London: Frank Cass & Co., 1977)可作为见解透彻精辟的实例。

末到今日，散见整个欧洲文化的伊斯兰再现——在学术、艺术、文学、音乐与公众话语——也是如此。

此外，许多欧洲政府都施行政策，与穆斯林或阿拉伯人的世界进行文化与精神层面的对话。对话带来大量的研讨会、会议与书籍翻译，让美国望尘莫及。在美国，伊斯兰教主要只是“外交关系协会”探讨的政策问题，是一种“威胁”或军事与安全的挑战，其严重性在与美国有关系的众多文化与国家中罕见其匹。

因此，美国对伊斯兰教的经验缺乏那种欧洲的具体确实(concreteness)。19世纪美国与伊斯兰教的接触非常有限，人们只能想到偶一为之的旅行家如马克·吐温(Mark Twain)、赫曼·梅尔维尔(Herman Melville)，或者零星散布的传教士，或者昙花一现的北非军事远征。第二次世界大战之前，就文化而言，伊斯兰在美国并无一席之地。学院专家研究伊斯兰教的地方通常是神学院的僻静角落，而不是东方主义辉煌的聚光灯下或主要期刊的篇幅中。大约1世纪之久，伊斯兰国家的美国传教士家庭与外交人员以及石油公司员工之间，有一种奇妙但沉静的共生关系，不时会表现为对国务院与石油公司“阿拉伯专家”(Arabists)的尖锐评论，后者经常被指称怀着恶毒的、带有反犹太色彩的亲伊斯兰主义(philo-Islamism)。另一方面，一直到约莫20年前，美国所有知名的伊斯兰教专家、大学伊斯兰教学系与课程的创建者，都是来自外国：普林斯顿大学的菲力普·希提(Philip Hitti)来自黎巴嫩、芝加哥大学与加州大学洛杉矶分校(UCLA)的古斯塔夫·冯·格鲁内鲍姆(Gustave von Grunebaum)来自奥地利、哈佛大学的吉布(H. A. R. Gibb)来自英国、哥伦比亚大学的约瑟夫·沙赫特(Joseph Schacht)来自德国。但是这些人士在文化界的地位名声,都远不如法国的雅克·贝尔克(Jacques Berque)与英国的胡拉尼。

但是今日美国学界连希提、吉布、冯·格鲁内鲍姆、沙赫特这类人物都已消逝无踪;贝尔克与胡拉尼——两人都逝于1993年——在法国与英国也是后继无人。如今已没有人能企及他们广阔的文化素养或权威。当前西方伊斯兰教专家了如指掌的可能是10世纪巴格达的律法学校或19世纪的摩洛哥都市设计,但绝对不是(或者极少是)整个伊斯兰文明——文学、法律、政治、历史、社会学等等。但这种情况仍无法阻挡专家们不时做出"伊斯兰心态"或"什叶派信徒一心向往成为烈士"之类的概括;不过这些说法都局限于索求这类意见的大众化杂志或是媒体。更重要的是,公开讨论伊斯兰教——专家或非专家——的机会几乎都是来自政治危机。像《纽约书评》或者《哈泼》(*Harper's*)这类杂志上,关于伊斯兰文化且言之有物的文章犹如凤毛麟角。只有当沙特阿拉伯发生炸弹事件,或是美国在伊朗受到暴力威胁时,似乎才值得对伊斯兰做整体评论。其次,1993年纽约世界贸易中心大楼爆炸案之后,每隔一段时间,新闻、杂志,偶尔还有电影就会试图让民众了解"伊斯兰世界",运用仔细安排的调查报告、图表以及人情味的小故事(巴基斯坦的卖水小贩、埃及的农民家庭等等)。但是在好战精神与"圣战"(jihad)阴郁险恶、更令人印象深刻的背景下,这些努力徒劳无功。

因此可以认定,伊斯兰教之所以会进入大部分美国人——甚至是非常熟悉欧洲与拉丁美洲的学院和一般知识分子——的意识，最主要甚或唯一的原因就是：伊斯兰教被联结至有新闻价值的议题，诸如石油、伊朗、阿富汗或恐怖主义①。这一切在1979年中期之前都被称之为伊斯兰革命、“危机新月”、“不稳定的弧形地带”或者“伊斯兰教的重返”。一个特别鲜明的例子是大西洋会议(Atlantic Council)②设立的“中东特别工作小组”(Special Working Group on the Middle East)〔成员包括布伦特·史考克罗(Brent Scowcroft)、乔治·鲍尔(George Ball)、理查·赫姆斯(Richard Helms)、李曼·雷尼泽(Lyman Lemnitzer)、华特·列维(Walter Levy)、尤金·罗斯托(Eugene Rostow)、克米特·罗斯福(Kermit Roosevelt)与约瑟夫·希斯科(Joseph Sisco)等人〕：这个小组在1979年秋天提交报告，标题是：《石油与动乱：西方在中东的选择》(“Oil and Turmoil: Western Choices in the Middle East”)③。《时代》杂志1979年4月16日的主题是伊斯兰教，当期封面是一幅杰诺姆(Jean-Leon Gérôme)④的画，一个蓄须的穆安津(Muezzin)⑤站在清真寺光塔(minaret)上，

---

① 这种情形未必意谓会产生贫弱的作品与学术成果：Martin Kramer, *Political Islam* (Washington, D. C.: Sage Publications, 1980) 做了全面阐述，但主要回应对象是政治上的迫切需要，而不是对于伊斯兰教新知识的需求。这本书是为乔治城大学“战略与国际研究中心”而写，因此属于政策而非“客观”知识的范畴。另一个例子是 January 1980 (Vol. 78, No. , 453) special issue on “The Middle East, 1980” of *Current History*。

② 北大西洋公约组织决策机构。——译者

③ Atlantic Community Quarterly 17, No. 3, (Fall 1979): 291－305, 377－378.

④ 19世纪法国画家。——译者

⑤ 伊斯兰教呼唤信徒前来朝拜的宣礼员。——译者

平静地呼唤信徒前来祈祷；风格华丽夸张，完全就是一幅 19 世纪东方主义风格的画作。然而这幅祥和的景象却醒目地标上一行毫不相干的字眼："好战分子复活"(The Militant Revival)，令人有时代错置之感。没有其他方式比这种做法更能够象征欧洲与美国对伊斯兰教主题的歧异。一幅宁静祥和的装饰性画作，在欧洲是整体文化司空见惯的一部分，在美国却被几个字转化成民众共同的强迫观念。

我一定是夸大其词吧？《时代》杂志报道的伊斯兰的封面故事不就只是一篇通俗之作，只是要迎合耸人听闻的口味？难道它**真的**揭示了其他更重要的事？而且，对于重大问题、政治问题或文化问题，媒体从什么时候开始变得那么重要了？此外，难道不是伊斯兰教自己要挺身而出，引起全世界注意？那些伊斯兰教专家是怎么了？为何他们的贡献若不是被完全忽略，就是淹没在媒体讨论与散播的"伊斯兰教"之中？

首先要做一些简单的解释。如同我先前说过的，从来没有任何一位美国的伊斯兰世界专家受到广泛的注意，而且，除了已故的马绍尔·霍吉森(Marshall Hodgson)三卷的《伊斯兰开拓史》(*The Venture of Islam*)——1975 年在他过世后出版——之外，不曾有综论伊斯兰教的作品引起阅读大众的正视①。这些专家往往过于一门深入，只与其他专家对话；再不然就是其作品在知识性上不够卓越，无法像有关日本、西欧或

① Marshall Hodgson, *The Venture of Islam*, 3 Vols. (Chicago and London: University of Chicago Press, 1974). 本书的重要评论见 Albert Hourani, *Journal of Near Eastern Studies* 37, No. 1 (January 1978): 53 - 62。

印度的著作一样吸引读者。不过事情有两面。虽然人们举不出一个名声超越东方主义领域的美国“东方学专家”,例如法国的贝尔克与罗丁森;然而伊斯兰教研究既从未在美国大学中得到真正的鼓励,也没有在整体文化中得到相关人士的支持,这些人士的名声与其本身特长,使他们关于伊斯兰教的经验分外重要①。像利百加·韦丝特(Rebecca West)、佛瑞雅·史塔克(Freya Stark)、劳伦斯(T. E. Lawrence)②、威佛瑞德·塞希格(Wilfred Thesiger)、葛楚·贝尔(Gertrude Bell)、纽比(P. H. Newby)或最近的乔纳森·拉班(Jonathan Raban)这类人物,在美国找得到吗?美国有的顶多是麦尔斯·柯普兰(Miles Copeland)、克米特·罗斯福之类的前中情局人员,在文化界声誉卓著的作家或思想家少之又少。像彼得·瑟罗(Peter Theroux)这样有才华的年轻作家与翻译家,目前还没有引起瞩目。

缺乏关于伊斯兰教的专家意见,这个严重问题的第二个原因是专家自身远离了伊斯兰世界发生的事件,这个世界在20世纪70年代中期首度变成“新闻”。令人触目惊心的事件当然是:波斯湾产油国家突然间大权在握;黎巴嫩爆发极为惨烈而且似乎永无休止的内战;埃塞俄比亚与索马里展开长期作战;库尔德人(Kurd)问题出人意料地变成关键,过了

---

① 其中一项指标是美国卫生部1967年委托普林斯顿大学教授Morroe Berger所作的报告“中东与非洲研究:发展与需要”,他同时也是中东研究协会的主席。Berger在文章中断言,中东“并非伟大文化成就的中心……因此并不值得现代文化费心……对于美国,中东的政治重要性一直在下降”。对这篇奇文以及其产生脉络的讨论,参见Said, *Orientalism*, pp. 287–293。

② 即“阿拉伯的劳伦斯”。——译者

1975 年之后，又出人意料地销声匿迹；在一场大规模、完全猝不及防的“伊斯兰”革命之后，伊朗推翻了君主政治；阿富汗在 1978 年发生马克思主义者政变，然后在 1979 年底遭到苏联军队入侵；阿尔及利亚与摩洛哥为了南撒哈拉（Southern Sahara）问题而兵戎相见①〔摩洛哥于 1975 年占领前西班牙殖民地西撒哈拉，阿尔及利亚则支持当地的“人民阵线”（Polisario Front）反抗摩洛哥的占领〕；巴基斯坦总统遭处决，军事政权取而代之②。此外还有许多事件，最近的伊朗与伊拉克战争；哈马斯与真主党的崛起；以色列与其他地区一连串炸弹攻击事件；阿尔及利亚伊斯兰主义者与背信政府之间的血腥内战，不过我们就到此为止。整体而言，我想可以公允地说，对于这些事件，西方论述伊斯兰的专家只阐明了其中一小部分；专家们不仅没有预料到事件发生，也没有让读者做好准备；与实际发生的事件相较之下，他们发表的那一大堆文献似乎都是关于一个极为遥远的世界，与人们在媒体上看到的激烈、骇人的混乱毫无瓜葛。

这是个核心问题，甚至到现在都还没有受到理性的探讨，因此我们要仔细地处理。专攻 17 世纪以前伊斯兰教的学院专家，是在一个犹如古董店的领域做研究；而且就像其他领域的专家一样，他们的工作划分得相当精细。他们既不想也不会以负责任的方式去尝试关怀伊斯兰历史演变至现代的结果。就某种程度而言，他们的工作是与一些观念相结合，像是

① 应为“西”撒哈拉（Western Sahara）。——译者

② 指齐亚·哈克将军 1977 年政变夺权，并于 1979 年处死前总统布托（Zulfikar Ali Bhutto）。——译者

“古典的”伊斯兰教、一成不变的伊斯兰生活方式、古老的文献学问题。在任何情况下，他们的工作都无法运用来了解现代伊斯兰世界，这个世界从各方面看来，其发展过程与最早期(7世纪至9世纪)伊斯兰教预示的路线迥然不同。

研究现代伊斯兰世界的学者——或者更精确地说，研究18世纪以来伊斯兰世界的社会、人民与机构——是在一个共同认可的架构中做研究；而且这个架构凭借的观念绝对不是在伊斯兰世界中建立的。这项事实虽然极为复杂多变，但非常重要。不可否认，一位牛津或波士顿的学者在写作和研究时，所依循的标准、传统与期望主要——虽然并不全然——是由他或她的同僚决定，而不是受到研究的穆斯林。虽说这是老生常谈，但是仍然要加以强调。学院中的伊斯兰研究在现代是广泛的“区域研究”(area programs)——西欧、苏联、东南亚等等——的一部分，因此也隶属于订定国家政策的机制。这不是个别学者选择的问题。如果普林斯顿大学的某位学者正好在研究当代阿富汗的宗教学校，那么很显然的(特别是像现在这段时期)这种研究可能具有“政策意涵”(policy implications)，无论学者本人是否愿意，他或她都会被卷进政府、企业与外交政策机构的网络之中；研究经费会受影响，接触哪些人士会受影响，而且整体而言，一定的报酬与多种互动关系也会被提供出来。无论如何，这位学者会被转化成一名“区域专家”，或者就像平庸不够格的记者与政论家——如报道以色列的朱蒂丝·米勒与马丁·佩雷兹——一样，会让别人洗耳恭听其高见。

对于那些兴趣直接关涉政策议题的学者(主要是政治学者，不过也包含现代的历史学者、经济学者、社会学者与人类学者)，他们要面对敏感——甚至是危险——的问题。例如，如何让学者地位与政府要求并行不悖？伊朗是最能够说明这一点的范例。在巴列维时代，研究伊朗的学者可以从"巴列维基金会"(Pahlevi Foundation)得到经费，美国自身的机构当然也会提供。由这些经费资助的研究，出发点清一色都是伊朗的现况（也就是在军事与经济上与美国密切合作的巴列维政权），并在某种意义上成为伊朗研究者的研究典范。在危机的后期，国会众议院情报常设特别委员会(Permanent Select Committee on Intelligence)提出的一份幕僚报告指出，美国对巴列维政权的评估受到既有政策的影响，这种影响"并不是借由刻意压制不利新闻来直接施加，而是间接地……决策阶层并没有质疑巴列维的独裁政权是否能屹立不摇，政策本身就是奠基于这项假设"①。这样一来反而导致只有屈指可数的研究曾严肃评估巴列维政权，并且认清反抗巴列维的人民力量从何而来。就我所知，只有一位学者——加州大学伯克利分校的哈米德·奥嘉(Hamid Algar)——对当时伊朗人民宗教情感的政治力量做了正确的评估，也只有奥嘉大胆预言霍梅尼将可能摧毁巴列维政权。其他学者如理查德·克塔姆(Richard Cottam)与厄凡德·亚伯拉罕米安(Ervand Abrahamian)等人也在著作中摆脱了伊朗的现状，不过他们

---

① 引述自 Michael A. Ledeen and William H. Lewis, "Carter and the Fall of the Shah: The Inside Story," *Washington Quarterly* 3, No. 2 (Spring 1980): 11 - 12。William H. Sullivan, "Dateline Iran: The Road Not Taken," *Foreign Policy* 40 (Fall 1980): 175 - 186 补充（就某种程度而言也佐证了）Ledeen 与 Lewis 的说法。Sullivan 在革命前后担任美国驻伊朗大使。参见 Scott Armstrong, "The Fall of the Shah," *Washington Post*, October 25, 26, 27, 28, 29, 30, 1980。

只是少数 ①。(为了公平起见,我们必须指出,欧洲左派学者虽然对巴列维的前景并不那么乐观,但是也没有充分认清伊朗反抗运动的宗教根源。②)

就算我们先不论伊朗,同样严重的知识界败笔也屡见不鲜,而且全都是导因于对政府政策与陈词滥调不加批判的倚赖。黎巴嫩与巴勒斯坦的例子发人深省。多年以来,黎巴嫩都被视为多元化或马赛克文化(mosaic culture)的典范,然而研究黎巴嫩所用的模式是如此具体、静态,完全无法预示后来内战的激烈残暴(从 1975 年延烧到至少 1980 年)。过去专家的观点似乎完全专注于黎巴嫩的"稳定"形象:传统领袖、精英分子、政党、国民性与成功的现代化,这些才是研究的对象。

就算黎巴嫩的政治体制被描述为岌岌可危,或是其"公民性"(civility)的不足受到分析,还是有一种不变的假定认为:

---

① Hamid Algar, "The Oppositional Role of the Ulama in Twentieth Century Iran," in Nikki R. Keddie, ed., *Scholars, Saints, and Sufis: Muslim Religious Institutions Since 1500* (Berkeley, Los Angeles, and London: University of California Press, 1972), pp. 231 - 255. 参见 Ervand Abrahamian, "The Crowd in Iranian Politics, 1905 - 1953," *Past and Present* 41 (December 1968): 184 - 210; 及其"Factionalism in Iran: Political Groups in the 14th Parliament (1944 - 1946)," *Middle Eastern Studies* 14, No. 1 (January 1978): 22 - 25;及"The Causes of the Constitutional Revolution in Iran," *International Journal of Middle East Studies* 10, No. 3 (August 1979): 381 - 414 和"Structural Causes of the Iranian Revolution," *MERIP Reports* No. 87 (May 1980), pp. 21 - 26。参见 Richard W. Cottam, Nationalism in Iran (Pittsburgh, Pa.: University of Pittsburgh Press, 1979)。

② Fred Halliday 的 *Iran: Dictatorship and Development* (New York: Penguin Books, 1979)尤其如此,但这本书仍是第二次世界大战之后伊朗研究中的佼佼者。Maxime Rodinson 在 *Marxism and the Muslim World* 一书中完全未提及穆斯林的宗教反对力量。只有 Algar 掌握到这一点,成就斐然。

黎巴嫩的问题整体而言仍可控制，而且绝不会激烈爆发①。20世纪60年代一名专家告诉我们，黎巴嫩被描述为“稳定”是因为“阿拉伯内部”(inter-Arab)的情势稳定，他声称只要这种均势维持下去，黎巴嫩就安稳无虞②。从来没有人设想过可能会出现“阿拉伯内部”稳定但是黎巴嫩**不稳定**的情况，主要是因为——如同这个充斥着共识的领域中大多数的主题——传统看法认定黎巴嫩尽管有内部分裂，并与阿拉伯邻国关系疏离，但它会一直保持“多元主义”(pluralism)与和谐的连续发展。因此黎巴嫩如果有麻烦，那麻烦一定是来自周遭的**阿拉伯**世界，不会是来自以色列或美国，这两国对于黎巴嫩都怀有从未受到分析的特别用心③。此外，黎巴嫩也是现代化迷思的具体象征。如果今天有人读到一篇这类鸵鸟哲学的代表作，一定会印象深刻，这种无稽之谈一直到1973年都还风行一时，事实上当时内战已经爆发。有人告诉我们，黎巴嫩也许会经历革命性变化，但可能性非常“渺茫”，比较可能发生的还是“在居于优势的政治架构之中，涵盖公众(对一场近代阿拉伯历史上最血腥的内战而言，真

---

① 提出这项论证的是 Edward Shils, “The Prospect for Lebanese Civility,”见 Leonard Binder, ed., *Politics in Lebanon* (New York: John Wiley & Sons, 1966), pp. 1 – 11。

② Malcolm Kerr, “Political Decision Making in a Confessional Democracy,” in Binder, ed., *Politics in Lebanon*, p. 209.

③ 下列二书有极为丰富的资料：Moshe Sharett *Personal Diary* (Tel Aviv: Ma'ariv, 1979)；Livia Rokach, *Israel's Sacred Terrorism: A Study Based on Moshe Sharett's Personal Diary and Other Documents*, intro. by Noam Chomsky (Belmont, Mass.: Association of Arab-American University Graduates [AAZG], 1980)。参见前中情局顾问 Wilbur Crane Eveland 对于中情局在黎巴嫩扮演角色的揭露：*Ropes of Sand: America's Failure in the Middle East* (New York: W. W. Norton & Co., 1980)。

是一个可悲讽刺的委婉说法)的进一步现代化"。① 或者像一位著名的人类学家所说:"黎巴嫩人'美好的马赛克'(nice piece of mosaic)依然完整无损。事实上……对于维系内部深层根本分裂不至于恶化,黎巴嫩一直都表现优异。"②

结果是专家无法理解:在黎巴嫩与其他地区,许多对后殖民时期国家真正重要的事,都无法以"稳定"的标题一言以蔽之。在黎巴嫩,正是那些专家从未论述或一直低估的、四处流窜的力量——社会混乱、什叶派信徒增加等人口变化、对教派的忠诚、意识形态潮流——将黎巴嫩撕扯得四分五裂③。同样地,多年来的传统观点也认为巴勒斯坦人只是一群可以重新安置的难民,并不是一股政治力量,而且可以让任何对近东地区合理精确的评估预测其行为结果。到了 20 世纪 70 年代中期,巴勒斯坦人成为美国政策中公认的问题,但是他们尽管重要,仍无法得到学术界与知识界应有的重视④,当时的一贯立场反而是将巴勒斯坦问题视为美国对埃及与以色列政策

---

① Élie Adib Salem, *Modernization Without Revolution: Lebanon's Experience* (Bloomington and London: Indiana University Press, 1972), p. 144. Salem 同时著有 "Form and Substance: A Critical Examination of the Arabic Language," *Middle East Forum* 33 (July 1958): 17 - 19。其标题就显示了文章的处理方式。

② Clifford Geertz, "The Integrative Revolution: Primordial Sentiments and Civil Politics in the New States," in *The Interpretation of Cultures* (New York: Basic Books, 1973), p. 296.

③ Paul and Susan Starr, "Blindness in Lebanon," *Human Behavior* 6 (January 1977): 56 - 61 对于"专家"在黎巴嫩内战前夕抱持的幻想,有颇富兴味的描述。

④ 我在 *The Question of Palestine*, pp. 3 - 53 以及书中各处讨论了这个问题。

的附庸，而且实际上也忽略了他们在黎巴嫩动乱中的角色。当巴勒斯坦“起义抗暴”在1987年后期爆发，官员与评论者都措手不及。对于这项政策的盲目，并没有学者或专家提出够分量的制衡之道；这对美国长期的国家利益会造成不堪设想的后果，特别是两伊战争又再度让美国情报界猝不及防，对两伊的军力也严重错估。此外还有一个重点，美国与它那批一厢情愿的“专家”不能再期待穆斯林会全心接纳“西方”，因为他们看到教友在波斯尼亚、车臣与巴勒斯坦遭杀害，看到不得人心的统治者被赞誉为美国的朋友，并且忍受无数将他们的宗教与文化描述为“愤怒”、“暴力”的说法。

温顺而孜孜不倦的学术工作与不具特定目标的政府利益合作无间；此外还有一个令人遗憾的事实，有太多论述伊斯兰世界的专业作家，并不通晓相关的语言，因此必须倚赖新闻媒体或其他西方作家来获取资讯。对官方或传统的事件描述更为深切的倚赖，犹如陷阱，从媒体在革命前伊朗的整体表现来看，他们已经落入这个陷阱。而且在巴勒斯坦人起义抗暴之前，以及伊斯兰“宗教激进主义”与“恐怖主义”的狂热之中，媒体又重蹈覆辙。有一种倾向是要进行研究与再研究，专心致志于同样的事物：社会精英、现代化计划、军队的角色、广为人知的领袖人物、耸人听闻的危机、圣战网络、地缘政治战略（从美国的观点来看）、“伊斯兰的”入侵①。这些事物当时或

① Ali Jandaghi (pseud.), "The Present Situation in Iran," *Monthly Review*, November 1973, pp. 34 - 47 对这种集体的错觉有精湛的阐述。并参见 Stuart Schaar, "Orientalism at the Service of Imperialism," *Race and Class* 21, No. 1 (Summer 1979): 67 - 80。

许会让作为一个民族的“美国”感兴趣，但事实上，短短几天，伊朗就以革命将这些事物一扫而空。整个君主政权崩溃；曾接受数十亿美元的军队解体；所谓的精英分子若不是消失，就是在新局面中巧取立足之地，而且如同先前一样，两种情形都无法借以断言这些精英分子决定了伊朗的政治行为。得州大学(Texas University)的詹姆斯・比尔(James Bill)预测到“七八年危机”可能后果，应予肯定，但他一直到 1978 年 12 月都还建议，美国决策阶层应该鼓励“伊朗国王……开放体制”①。换言之，连独持异议的专家意见，都仍着眼于维系巴列维政权，而就在专家发言的时刻，数百万人民正在现代史上最大规模一场起义中起身反抗这个政权。

不过比尔仍然切实说明了美国对于伊朗普遍的无知，他正确地指出媒体报道十分肤浅，官方的资讯是照巴列维的意愿量身打造，美国既没有努力深入了解这个国家，也没有与反对势力接触。尽管比尔并没有进一步阐述：长久以来，这些败笔犹如病症，代表美国——欧洲程度较轻——对于伊斯兰的普遍心态，我们稍后还会说明，美国与欧洲对第三世界大部分地区也是如此。事实上，比尔没有将他对伊朗的正确论断与伊斯兰世界其他地区联系，也正是这种心态的一部分。首先，核心的方法学问题并没有得到负责任的解决，这问题就是：谈论“伊斯兰教”与伊斯兰复兴有何价值(如果真有价值)？其次，政府政策与学术研究之间具有或者应有什么样的关系？专家应该超越政治

---

① James A. Bill, “Iran and the Crisis of '78,” *Foreign Affairs* 57, No. 2 (Winter 1978 - 1979): 341.

还是要当政府的政治助理？比尔与布朗大学（Brown University）的威廉·毕曼（William Beeman）曾分别阐述，1979年美国—伊朗危机的主要原因，就是没有去咨询那些学院专家，而他们接受昂贵教育的目的正是要学习了解伊斯兰世界①。不过比尔与毕曼都没有检讨一种可能性：**就因为**学者寻求这样的角色，同时仍坚持其学者身份，使他们在政府与知识界眼中，成了身份暧昧且无法信赖的人物②。

此外，有没有任何方式可以让一个独立的知识分子（这毕竟是学院学者的本分）维持他或她的独立性，同时又直接为国家工作？坦诚的政治合伙关系与卓越的见解有何关联？两者定然相互排斥，还是只有在某些情况中相斥？为何美国那一整批（其实人数也不多）伊斯兰学者得不到更多注意？为什么上述情形会发生在现今美国最需要指导的时期？当然，所有这些问题都只能在一个实际的、大体上是政治性的框架中回答，这个框架主宰了历史上西方与伊斯兰世界的关联。让我们来检视这个框架，看看专家在其中扮演的角色。

我发现，中世纪以来欧洲或美国历史上的任何时期，对伊斯兰教的讨论与思考都**局限**在一个由热情、偏见、政治利益构

① William O. Beeman, "Devaluing Experts on Iran," *New York Times*, April 11, 1980; James A. Bill, "Iran Experts: Proven Right But Not Consulted," *Christian Science Monitor*, May 6, 1980.

② 与越战时期更强调自身是"科学家"、全力为国家效劳的学者对照之下，很值得探讨为何越南专家受到政府请益（结果同等悲惨）但伊朗专家却乏人问津。见 Noam Chomsky, "Objectivity and Liberal Scholarship," in *American Power and the New Mandarins: Historical and Political Essays* (New York: Pantheon Books, 1969), pp. 23-158。

成的框架中。这或许算不上什么石破天惊的发现,却涵盖了一整批学术与科学的学派,从 19 世纪前期以来,它们若不是集体自称为东方主义学派,就是企图全面研究东方。大家都同意一种说法,早期评论伊斯兰教的人士如可敬者彼得(Peter the Venerable)①与巴瑟勒米·海伯洛(Barthélemy d'Herbelot)②,从其言论来看,都是热情的基督教辩论家。不过有一个未经验证的假设是:既然欧洲与西方已经进军现代化科技,并且摆脱迷信与无知的桎梏,东方主义当然也是与时俱进,有同样的成就。像西尔维斯特·德·萨西(Silvestre de Sacy)、爱德华·连恩(Edward Lane)、厄尼斯特·雷南(Ernest Renan)、吉布、马西农等人难道不是精博客观的学者吗?而且随着 20 世纪社会学、人类学、语言学与史学的进展,在普林斯顿、哈佛与芝加哥大学这些学府教授中东与伊斯兰教的美国学者,不是都能够公正无私、对特殊要求不为所动?答案是否定的。这并不是说东方主义比其他社会、人文学科更容易有偏见,它只是和其他学科一样深具意识形态色彩,并且被世界沾染。主要的差异在于,东方学专家习惯于利用他们专家的身份来否认——有时甚至是掩饰——他们对伊斯兰教根深蒂固的感受,并运用一种权威的话语来昭示他们的"客观性"与"科学公正性"。

这是一个重点。另一个重点则从东方主义原本并不明显的特性中,区分出一种历史模式。在现代,每当西方与它的东方

① 12 世纪天主教修道院院长,推出第一本《古兰经》拉丁文译本。——译者
② 17 世纪法国东方学专家。——译者

(或是西方与伊斯兰)之间政治情势紧张,西方的倾向不会是直接诉诸暴力,而是先诉诸冷静且相当超然的工具,来做科学性而且看似客观的再现。这种方式让"伊斯兰教"呼之欲出,其威胁的"真正本质"被彻底揭露,以不必明言的行动对付它的方式也被提出。在这种情况下,对许多处于各种不同环境的穆斯林而言,科学与直接暴力同样都是侵犯伊斯兰教的方法。

有两个极为相近的例子可以说明我的论点。我们回顾历史时可以看到,19 世纪法国与英国在占领伊斯兰东方之前,都会出现一段时期,让描述与了解东方的各种学术方法历经大幅度的技术现代化与发展①。法国于 1830 年占领阿尔及利亚,之前的 20 年中,法国学者实际上是将东方研究从古文物收藏考证转化为一门理性的学科。当然还有 1798 年的拿破仑占领埃及,人们不能忽略他为了远征而召集一群经验丰富的科学家,让他的事业更有效率。但我的重点在于,拿破仑对埃及的短暂占领结束了一个阶段,新阶段开展出一段漫长时期,在萨西对法国东方研究机构的领导下,法国成为全世界东方主义的领导;此一阶段在法国于 1830 年占领阿尔及利亚之后不久达到最高峰。

我绝对不是要随意建立两个事件之间的关联,也无意采取反智的观点,认定所有科学学习都必然会导致暴力与痛苦。我只想说明,帝国并不是突如其来地诞生,它们在现代的运作方式也不是毫无章法。如果学术的发展涉及不受研究资料局限的科学家,来重新定义并重组人类的经验领域,那么可以依

① 见萨义德 *Orientalism*, pp. 123 - 166。

此认定，政治界也会出现同样的发展，其主权领域会重新定义以纳入世界上的“低等”地区，在其中可以发现新的“国家”利益，然后利益需要密切的监管①。我相当怀疑，英国如果没有先针对由连恩与威廉·琼斯（William Jones）等人开启的东方学研究做持之以恒的投资，恐怕就不会以大规模体制化的方式长期占领埃及。熟悉感、容易进入、能够再现：这些就是东方学专家对于东方的呈现。东方可以被观看、可以被研究、可以被管理。它不必永远是一个遥远、奇异、不可思议但非常富庶的地方。东方可以被带回家中——或者更简单地，欧洲不妨以东方为家，后来欧洲也正是如此。

我的第二个例子是发生在当代。今日的伊斯兰东方世界因为其资源或地缘政治位置而益形重要。然而无论是资源抑或地缘政治位置，都无法用以交换当地东方人的利益、需要与渴望。从第二次世界大战结束之后，美国就取代了往昔英国与法国在伊斯兰世界的主宰与霸权。美国在 1991 年开战，保卫它在波斯湾地区的经济利益；它武装阿富汗民兵来对抗苏联；它与以色列协调研究及情报，镇压约旦河西岸占领地与加沙走廊的好战组织。在帝国体系递嬗的同时，两种现象也随之出现：首先是学院与专家以危机为导向，对于伊斯兰教的兴趣开始兴盛；其次是大多为民营的新闻媒体与电子新闻业，发生惊人的技术革命。以往从来没有一个国际

---

① 关于学术与政治的关联对殖民世界的影响，见 *Le Mal de voir: Ethnologie et orientalisme: politique et épistémologie, critique et autocritique*, Cahiers Jussieu no. 2 (Paris: Collections 10/18, 1976)。关于研究“领域”对应国家利益的方式，见“Special Supplement: Modern China Studies,” *Bulletin of Concerned Asia Scholars* 3, nos. 3-4 (Summer-Fall, 1971): 91-168。

事件发生地会像伊朗或波斯尼亚一样，受到媒体如此立即、正规的报道：因此伊朗似乎进入了美国人的生活，程度之强烈史无前例，但是它又令美国人深感陌生：20 世纪 90 年代的波斯尼亚事件也是如此。一个涵括大学、政府与企业界专家的庞大机制凭借这两种现象——后者的程度更甚于前者——对伊斯兰教与中东进行研究，伊斯兰教也成了西方每个新闻阅听者耳熟能详的主题。两种现象几乎已完全驯服了伊斯兰世界，或者至少是驯服了那些被认定有新闻价值的层面。伊斯兰世界成为西方经济与文化渗透的对象，深刻的程度在历史上无与伦比——因为非西方领域从来没有像今日的阿拉伯—伊斯兰世界一样，被美国如此掌控；不仅如此，伊斯兰教与西方——在此指美国——的交流也是非常片面单向的，而且伊斯兰世界较不具新闻价值的部分，更是遭到严重扭曲。

穆斯林与阿拉伯人被报道、讨论、理解的基本形象，不是石油贩子就是潜在的恐怖分子，这种说法只能算略微夸张。阿拉伯—穆斯林生活的细节、人性面、热情极少受到人们的觉察，就连那些以报道伊斯兰世界为职业的人士也不例外。我们有的只是对伊斯兰世界一系列粗糙、简明的嘲弄丑化，表现方式则和其他做法有同样目的，就是让伊斯兰世界更容易遭受军事侵犯①。不论是 20 世纪 70 年代美国军事干预波斯湾

① 见 Edmund Ghareeb, ed., *Split Vision: Arab Portrayal in the American Media* (Washington, D. C.: Institute of Middle Eastern and North African Affairs, 1977)。英国的情形见 Sari Nasir, *The Arabs and the English* (London: Longmans, Green & Co., 1979), pp. 140 - 172。

期间的议论、卡特主义(Carter Doctrine)①、建立快速部署部队的讨论,还是对"伊斯兰政治力量"的军事与经济围堵,透过冷静的电视媒介与"客观的"东方学专家的研究(后者相当吊诡地,无论是其与当今现实的"不相干"或是其自吹自擂的"客观性",都具有一种一致的异化效果),通常都会先来一段"伊斯兰教的"理性呈现,我认为这种情形绝非偶然:今日我们的实际情境与前述19世纪英国与法国的历史先例有令人寒心的相似性。

这种情形还有别的政治与文化原因。第二次世界大战之后,当美国开始扮演过去英国及法国的帝国角色,并制订出一套因应世局的政策,顾及每个影响美国利益(或是被影响)之地区的特殊性与问题。欧洲需要战后复兴,于是马歇尔计划(Marshall Plan)与其他类似的美国政策就派上用场;苏联当然成了美国最可怕的竞争者;不必赘言的是,冷战衍生出的政策、研究甚至心态,至今仍主导超级强权与其他地区的关系。冷战结束之后,以往所称的第三世界成为竞技场,美国与其他新近从欧洲殖民者获得独立的国家在此交锋。

几乎毫无例外,第三世界首先是被美国决策阶层视为"低度发展"(underdeveloped),被并无必要的古老静态"传统"生活方式所把持,而且很容易出现被颠覆与陷入内部停滞。"现代化"成了第三世界的当务之急,至少美国认为如此。而且正如詹姆斯·派克(James Peck)所说:"对于一个革命动乱甚嚣尘上、传统政治精英持续变化的世界,现代化

① 1980年1月23日,卡特在伊朗革命后发表谈话指出:"任何外力意图掌控波斯湾地区,即视同攻击美国重大利益,美国得采取包括军事行动在内的一切必要措施予以驱逐。"——译者

理论是意识形态的解答。①”大笔资金投入非洲与亚洲，目的在于遏阻共产主义、促进美国贸易，还有最重要的是培养当地盟友，这些美国盟友的存在目的似乎是要将落后的国家转化成具体而袖珍的美国。不久之后，初步的投资就需要追加经费与强化军事支援，才能够继续维持下去，然后导致遍及亚洲与拉丁美洲的干预行动，迫使美国对抗各式各样的本土民族主义。

要完全理解美国致力于第三世界现代化与发展的历程，就必须注意，其政策本身创造出一种思考方式，以及一种看待第三世界的习惯，以现代化的观念来增加政治、情感与战略的投资。越南是最好的例子。美国一旦决定要拯救越南摆脱共产主义——实际上也是要摆脱越南自身——一整套协助越南现代化〔最后也最昂贵的阶段称之为“越战越南化”(Vietnamization)〕的学问于焉诞生。涉入的专家不仅来自政府，还来自大学院校。没有多久，西贡亲美反共政权存续的重要性就凌驾一切，尽管后来情势很明显，大部分越南人民都视西贡政权为外来的压迫性政权。为西贡政权而进行的失败战事，摧毁了整个地区，并让约翰逊总统的连任之梦破灭。但是，宣扬传统社会现代化益处的汗牛充栋作品，仍在美国获得

① James Peck, “Revolution Versus Modernization and Revisionism: A Two-Front Struggle,” in Victor G. Nee and James Peck, eds., *China's Uninterrupted Revolution: From 1840 to the Present* (New York: Pantheon Books, 1975), p. 71. See also Irene L. Gendzier, “Notes Toward a Reading of *The Passing of Traditional Society*,” *Review of Middle East Studies* 3 (London: Ithaca Press, 1978), pp. 32-47.

几乎无可置疑的社会与文化权威。然而在此同时,第三世界有许多地方的人民,对于“现代化”的联想却是愚蠢的花费、不必要的科技与军备、贪污的统治者,以及美国对弱小国家事务的粗暴干预。

现代化理论坚持的诸多幻想中,有一项与伊斯兰世界特别相关:也就是说,美国势力降临之前,伊斯兰停滞在一种永恒的童稚时期;被古老迷信蒙蔽,无法进行真正的发展;同时也被奇特的教士与经典阻碍,无法脱离中世纪而进入现代世界。在这方面,东方主义与现代化理论若合符节。东方学专家传统上认为,穆斯林只是困于宿命论的儿童,被他们的心态、乌里玛('ulama)①、狂热的政治领袖压制,被迫反抗西方与进步;果真如此,岂不是任何一位值得信赖的政治学者、人类学者、社会学者都可以阐明:只要给予合理的机会,类似美国的生活方式就可以借由消费性商品以及“优秀的”领导人而传给伊斯兰教?但是,面对伊斯兰教的主要困难就在于,伊斯兰不像印度与中国一样,它从来不曾被完全安抚或是击败。为了一些似乎总与学者理解格格不入的原因,伊斯兰教(或某种形态的伊斯兰教)继续对其信徒呼风唤雨;经常有议论指称伊斯兰信徒不愿意接受现实,或者至少是不愿意接受彰显西方优势的现实。

现代化的努力从第二次世界大战结束以来,坚持推动了20年。伊朗事实上变为现代化的成功典范,其统治者则是**出类拔萃**(par excellence)的“现代化”领导者。至于在伊斯兰世界的其他地区,无论是阿拉伯民族主义者如埃及的加麦尔·

---

① 伊斯兰教法学家。——译者

阿卜杜勒·纳赛尔(Gamal Abdel Nasser)、印尼的苏加诺(Sukarno)、巴勒斯坦的民族主义者、伊朗的反对团体,或者数以千计不知名的伊斯兰教师、兄弟会、教派组织等等,醉心于现代化理论与美国在伊斯兰世界战略经济利益的西方学者,对他们是一概批判或根本视而不见。

在20世纪70年代爆炸性的10年期间,伊斯兰更进一步证明了它根深蒂固的顽强不屈。例如伊朗革命:既不亲共产主义也不支持现代化,现代化理论预设的行为准则根本无法解释这些推翻国王的伊朗人民。他们似乎并不感谢现代化带来的生活福祉(汽车、庞大的军事与安全机制、稳定的政权),对于"西方"理念的诱惑也无动于衷①。他们的心态——尤其是霍梅尼的心态——最令人困扰之处在于,他们强烈排斥任何不是源出于他们自身的政治形态(或者说是理性)。最重要的是,他们对于伊朗特有、强烈争议性、高度防卫性的伊斯兰教的忠诚依附,特别给西方桀骜不驯的印象。相当讽刺地,西方评论伊斯兰教复古心态与中世纪思维模式的评论家,很少会去注意伊朗西边不远处,贝京(Menachem Begin)政府治下

---

① 对于巴列维政权"现代化"的阐释见 Robert Graham, *Iran: The Illusion of Power* (New York: St. Martin's Press, 1979)。参见 Thierry-A. Brun, "The Failures of Western-Style Development Add to the Regime's Problems,"与 Eric Rouleau, "Oil Riches Underwrite Ominous Militarization in a Repressive Society," in Ali-Reza Nobari, ed., Iran Erupts (Stanford, Calif.: Iran-American Documentation Group, 1978),以及 Claire Briére and Pierre Blanchet, *Iran: La Révolution au nom de Dieu* (Paris: Éditions du Seuil, 1979);本书并附录一篇对 Michel Foucault 的专访。

的以色列,这个政权完全愿意让自身的行动受到宗教权威的指挥,并依循非常倒退的神学教条①。更只有极少数批判伊斯兰宗教狂热的评论家,会联想到美国的电视传教布道也吸引了数百万信徒,或者 1980 年总统大选,三名候选人中有两名是虔诚的重生基督教徒(born-again Christians)②。

运用一两个东方学专家的概括(其中许多是由刘易斯之流的老迈东方学专家所散布)来抨击整个伊斯兰世界,已经是司空见惯;这种做法根本不会去质疑:如此以偏概全的陈词滥调是否真的能解释每一个穆斯林的行为。在意图说明伊斯兰与恐怖主义之间必然关联的讨论中,这种情形最为明显。以康纳·克鲁斯·欧布莱恩(Conor Cruise O'Brien)为例,他原本是左派知识分子,后来在 20 世纪 80 年代慢慢转变为反动的右派人士,然而还是设法维系进步知识分子的形象,虽然他拒绝对种族隔离(apartheid)的南非进行文化抵制,同时不断为以色列右翼犹太复国主义辩护。以下是一段典型的疏懒历史判断、以偏概全,以及难以置信的刻板印象化,任何严肃对待伊斯兰教的人士都会视之为满纸荒唐言。

> 某些文化与次文化怀着受挫的理念主张,注定会成为恐怖主义的温床。伊斯兰文化(欧布莱恩并

---

① 新闻媒体一直非常不愿意谈论以色列内部显而易见的宗教形态、立场与政策,特别是关涉到非犹太人的时候。像“坚信派”(Gush Emunim)文学或各家拉比权威的宣示等等,一定能找到很有趣的材料。

② 指卡特与里根。——译者

未告诉我们他是如何从宗教跳跃至文化,也没有说明两者的界限何在)是最显著的例子。这种文化对于自身在世界上应有地位的观感(欧布莱恩没有说明他是如何、从何处得到这项特别珍贵的讯息)与当代世界的实际秩序格格不入(这种说法几乎可适用于任何一种文化"对自身的观感")。真主的意旨会使伊斯兰王朝(House of Islam)击败战争王朝(House of War)(非穆斯林),而且凭借的不止是精神力量。"伊斯兰教代表胜利"(Islam Means Victory)是伊朗宗教激进主义在波斯湾(指 1980 年至 1988 年的两伊战争)的口号。打击战争王朝被视为功业,因此被西方谴责为恐怖分子的活动会受到广泛支持。(注意,欧布莱恩没有给读者任何事实、资料来源、引述语或背景说明,而且他似乎对这种特异的论证过程或方式毫不在意。)以色列是恐怖活动的主要目标(以色列过去或是持续进行的作为从来不需讨论:完全只有伊斯兰恐怖活动),不过就算以色列消失,这些活动也不太可能销声匿迹。("思索恐怖主义"(Thinking about Terrorism),《大西洋月刊》,1986 年 6 月号,第 65 页)

格外激烈的宗教狂热就这样成为伊斯兰教独具的特质,尽管宗教情感在世界每个地方都方兴未艾:人们只要记得自由派媒体是如何热情拥戴索尔仁尼琴(Alexander Solzhenitsyn)与教宗保罗二世这类明显反自由的宗教人物,以及波斯尼亚穆斯林遭到的屠杀并未归因于基督教,就可以看出对伊斯兰教的态度是如何满怀敌意①。回归宗教成为解释大部分伊斯兰国家的方式,从沙特阿拉伯——它依据一种被视为怪异的伊斯兰思维,拒绝支持戴维营协定(Camp David Accords)——到巴基斯坦、阿富汗与阿尔及利亚。从这种方式我们可以了解,在西方人的心灵中,特别是在美国,伊斯兰世界是如何从世界上各地区中分化出来,适用于冷战的分析方式——尽管冷战以及某些伊斯兰国家的腐败与暴政的确也扮演某种角色。例如,人们提到沙特阿拉伯与科威特时,不太可能会认定它们是“自由世界”的一部分;连巴列维统治时期的伊朗也是如此,当时伊朗虽然反共不遗余力,但是从来不曾像法国与英国一样被纳入“我们的”阵营。尽管如此,美国的决策阶层还是大谈“失去”伊朗,犹如过去 30 年来大谈“失去”中国、越南与安哥拉。此外,波斯湾的伊斯兰国家命运格外多舛,被美国的危机处理专家认定为随时可以进行军事占领。乔治·鲍尔在 1970 年 6 月 28 日《纽约时报杂志》(*New York Times Magazine*)上警告说:“越南的悲剧”可能会导致国内的“反战主义与孤立主义”,然而美国在中东的利益非同小可,因此总统应该“教育”美国人民对该地区用兵的可能性②。1991 年波斯湾战争的主题之一,就是要让越南的阴魂永远安息。

---

① 见 Carry Wills, “The Greatest Story Ever Told,” subtitled “Blissed out by the pope’s U. S. visit | ‘unique,’ historic, ‘transcendent’ | the breathless press produced a load of papal bull,” *Columbia Journalism Review* 17, No. 5 (January-February 1980): 25 – 33。

② 精彩而详尽的研究见 Marwan R. Buheiry, *U. S. Threats Against Arab Oil: 1973 – 1979*, IPS Papers No. 4 (Beirut: Institute for Palestine Studies, 1980)。

还有一件事需在此处论及：第二次世界大战以来，以色列在传播西方尤其是美国对伊斯兰世界观点所扮演的角色。首先，西方媒体极少报道以色列彰明昭著的宗教特质：一直到最近才明显提及以色列的宗教狂热，其中许多是关于"坚信派"(Gush Emunim)的狂热信徒，这个团体的主要活动是在约旦河西岸以暴力手段建立屯垦区。然而西方媒体对好战的以色列屯垦区居民的报道，大部分都省略了一桩不便提及的事实：率先在占领的阿拉伯领土上建立非法屯垦区的不止是今日煽风点火的宗教狂热团体，还有以色列"俗世的"劳工党政府。我认为，这种片面偏颇的报道指出了以色列——中东地区"唯一的民主国家"以及"我们坚定的友邦"——是如何被用来当作伊斯兰教的对照①。如此一来，以色列就成了一座从伊斯兰荒原中开辟(带有浓厚的赞许与沾沾自喜意味)出来的西方文明堡垒。其次，在美国人眼中，以色列的安全问题大可以对应于抵挡伊斯兰教、巩固西方霸权、彰显现代化的优点。借由这些对应方式，有三套幻想很有效率地相互支撑与衍生，致力于提升西方自身形象与增进西方控制东方的权力，那就是：对伊斯兰教的观点、现代化意识形态、肯定以色列对西方的整体价值。

此外，为了让"我们"对伊斯兰教的态度一清二楚，美国有一整个体系的资讯与决策机制要仰赖这些幻想并广泛散播它们。一大群知识分子与地缘政治战略家合作，对伊斯兰教、石

① 这是一种特殊的美国症候群。欧洲的情形要好得多，至少就新闻界整体而言是如此。

油、西方文明的前途、民主对抗混乱与恐怖主义之战放言高论。基于我先前讨论过的原因,伊斯兰专家也推波助澜;尽管不可否认,学院进行中的伊斯兰研究,只有一部分受到地缘政治与冷战意识形态的文化与政治视野影响。再往下一层是大众传播媒体,它从机制中的另外两个单位取得最容易压缩成影像的材料:因此而有嘲讽丑化、可怕的暴民、对"伊斯兰"刑罚的焦点报道等等。媒体的偏见与无知最明显的表现就是在俄克拉何马市联邦大楼爆炸案事发当时(1995 年 4 月),它们集体快速断定——由史蒂芬·艾默生这类临时充数的"专家"领军——暴力恐怖分子是元凶,后来 1996 年 7 月环球航空公司编号八〇〇号班机事件中①,媒体又提出类似指控,只不过这回声浪较低、规模较小。主宰这些现象的是强有力的集团体制:石油公司、大型公司与跨国企业、国防与情治部门、政府行政部门。1978 年,当卡特总统与巴列维国王在白宫度过第一个新年,并说伊朗是"一座安定之岛"(an island of stability),他也是在为这个可怕机制的动员力量代言,代表美国的利益同时并蒙蔽伊斯兰教。18 年后,美国国防部长②在霍巴塔(Khobar Towers)爆炸案③之后造访沙特阿拉伯,在 8 月 2 日指称伊朗是"头号嫌疑犯",并以采取"强烈行动"来威胁伊朗;尽管几天后他改变说词,但这事件代表同样的力量仍然在运作。

---

① 这架班机从纽约肯尼迪国际机场起飞不久之后就坠毁于长岛外海,机上 230 人全部罹难。——译者

② 指佩里(William J. Perry)。——译者

③ 1996 年 6 月 25 日,沙特阿拉伯达兰(Dhahran)美军住宅区霍巴塔发生卡车炸弹爆炸事件,造成 19 名美国空军官兵死亡。——译者

诠释的共同体

美国的地缘政治策士与自由派知识分子如何利用伊斯兰教,这是值得探讨的问题。这样的描述并不夸张:在1974年初石油输出国组织突然提高油价之前,"伊斯兰教"很少出现在美国文化或媒体中。人们会看见并听闻阿拉伯人与伊朗人、巴基斯坦人与土耳其人,但却很少接触到穆斯林。然而,进口石油成本的飙涨,很快就在民众心中与一连串不愉快事物产生关联:美国对进口石油的倚赖(通常是描述为"受制于外国石油业者")、忧心那种顽抗精神正从中东与波斯湾地区散播感染到个别的美国人,还有最重要的是一种讯号——来自一个新出现且形态不明的力量——显示能源已经不再任凭"我们"予取予求。像"垄断"(monopoly)、"封锁"(block)、"卡特尔"[①]这类字眼突然间大行其道,虽然很少人会指称一小撮美国跨国企业是卡特尔,这个字眼专门保留给石油输出国组织的会员国。如今看来,似乎主要是由于新产生的经济压力,同样新生的文化与政治情势也随之降临。美国不再是主宰世界的强权,从此陷入苦战。佛立兹·斯特恩(Fritz Stern)在《评论》杂志上指出,这代表第二次世界大战战后时期的结束[②]。

关于变化趋势,早期最重要的讨论来自《评论》杂志1975年初刊出的一系列文章。首先是1月份罗伯特·塔克的《石油:美国干预的问题》("Oil: The Issue of American

Intervention"),接着是 3 月份丹尼尔·帕特里克·莫乃汉(Daniel Patrick Moynihan)的《美国的反对》("The United States in Opposition")。两篇文章从标题就斩钉截铁地表明立场。莫乃汉当时担任美国驻联合国大使,曾在联合国发表多场演说,提醒全世界注意:"西方民主国家"不可能坐视自己遭受一群稳居多数的前殖民地胁迫。不过他与塔克先前在《评论》上的文章就已经将观点定出基调。

两个人都没有提到伊斯兰教:但是就如同一年后的情形,"伊斯兰教"已经扮演某种角色,角色的提供者是塔克与莫乃汉所描述的突如其来、无法接受的变化。两人为许多美国人当时的实际经历赋予了形态、说词与戏剧化结构。塔克指出,这是美国有史以来头一遭,平等主义(egalitarianism)由外而来运用到美国自身。莫乃汉则表示,有一群基本上是由英国帝国主义所衍生的国家,其观念与认同都是沿袭英国社会主义。它们的理念基础是财产征收,或者退而求其次的财产重新分配;它们感兴趣的只是平等而不是生产,似乎也并非自由。莫乃汉说:"我们是自由的一方",然后他以耀武扬威的口吻继续说:"当我们展开旗帜时所释放的能量,恐怕连我们自身都会惊讶③。"这些包括产油国在内的新国家,对于扯平"我们"与"他们"之间的差距兴致勃勃,塔克认为这样会造成险恶

① cartel,企业联合。

② Fritz Stern, "The End of the Postwar Era," *Commentary*, April 1974, pp. 27 - 35.

③ Daniel P. Moynihan, "The United States in Opposition,"*Commentary*, March 1975, p. 44.

的“相互倚赖”(interdependence),我们最好准备抗拒——必要时不排除军事入侵①。

两篇文章谈及的数项策略特别值得一提。无论是塔克的产油国抑或莫乃汉的第三世界新国家,它们都没有身份、历史或自身的国家运行轨道。它们只是被提及,简略地描述为一个集体,然后就到此为止。前殖民地就是前殖民地,产油国就是产油国。除此以外,它们都是称号不明,而且冥顽不灵到奇特甚至于可怕的地步。对“我们”而言,他们的“在那里”(thereness)本身就意谓着威胁。其次,这些国家是抗衡昔日世界强权今日形势的抽象存在。塔克后来在一篇论石油与强权的文章中写道:“突然间,我们遭逢一种国际社会的可能景象:对于以往所称的‘世界性产品’(the world product),无法保证继续进行井然有序的分配。这是因为发达的资本主义国家强权,可能已不再是主要的秩序缔造者与发动者②。”新国家如果不是秩序的缔造者与发动者,就只能沦为秩序的破坏者。第三点,新国家之所以要破坏秩序,是因为它们作为一个集团的本质与潜能,完全与“我们”针锋相对、分庭抗礼。

塔克与莫乃汉的言论,部分是依循一种正典颂歌(canonical hymn)的逻辑,表现出西方遇到困境时的精神特质,并在现代西方历史上屡见不鲜。我们在亨利·麦西斯(Henri Massis)的《保卫西方》(*La Défense de l'Occident*,

① Robert W. Tucker, "Oil: The Issue of American Intervention," *Commentary*, January 1975, pp. 21 - 31.

② Tucker, "Further Reflections on Oil and Force," *Commentary*, January 1975, p. 55.

1927年)与较近期安东尼·哈特利(Anthony Hartley)的一篇文章《野蛮的关联：论文明化历史中的'毁灭性元素'》("The Barbarian Connection: On the 'Destructive Element' in Civilized History")①都可以看到例子。但是对于塔克与莫乃汉,近来抗衡西方的并不是"我们"知道的事物,就像欧洲帝国主义者谈论东方人时会说"我们知道的人们",因为"我们"事实上统治他们。照莫乃汉的说法,第三世界的新国家顶多只是东施效颦,想了解它们必须透过其模仿对象,而不是其自身特质。除了违反旧日秩序之外,塔克所说的新"国际社会"似乎并没有参照依据。这些人是谁、真正的渴望是什么、他们来自何处、为什么会有现在的行为？这些问题无人闻问,因此也无人能解。

几乎完全同时,美国从印度支那撤退。关于美国政坛的"越战后症候群"(post-Vietnam syndrome)近来有许多论述,然而很少有人指出：声称遐荒之地的美国机构与人民需要军事防卫,来抵抗不稳定情势与叛乱活动,这种说法似乎已经从越南整个移植到更接近美国的地区：伊斯兰世界。随之而来的是进步自由派人士对于第三世界整体理念的幻灭,尤其是那些承诺看似遭到背叛的人士。例如热拉尔·夏利昂(Gerard Chaliand)的《第三世界的革命》(*Revolution in the Third World*),这是一本**衷心的呼喊**(cri de coeur),写于1977年,作者是著名的越南、古巴、安哥拉、阿尔及利亚与巴勒斯坦解放运动支持者,他书中的结论指出,大部分的反殖民

---

① 刊于 *Encounter*, 54, no. 5 (May 1980): 20-27。

运动都导致产生表现平庸、压迫人民的国家，令西方人付出的热忱很不值得①。另一个例子是《异议》(*Dissent*)杂志，其1978年秋季号赞助了一场研讨会，主题是："柬埔寨最近的事件〔指红色高棉(Khmer Rouge)的胜利与后来传出的恐怖暴行〕是否应促使我们重新思考对越战的反对？"这个问题——甚至其答案——显示出从20世纪60年代热情退缩的心境，取而代之的是对于新国际现实的困扰不安，这些国际现实都暗示着大难即将临头，国际经济体系的全面衰败正是这种论点的充分例证。

简而言之，新闻与石油消费者察觉到一种史无前例的失落与崩溃的可能性，而且它既没有面貌，也没有可资辨认的身份。我们只知道，过去让我们予取予求的事物就快要被夺走了。我们再也不能用以前的方式开车，石油贵得多了，我们的舒适生活与习惯似乎正经历激烈而痛苦的变化。与失去石油——也就是问题核心的事物——的威胁感比较起来，就连石油本身也变得模糊：好像没有人知道是否真的有短缺，加油站前的大排长龙是否因为惊慌而引发，石油公司无情地提高利润是否与危机有关②。其他事情似乎更重要，穿长袍的

---

① Gerard Chaliand, *Revolution in the Third World: Myths and Prospects* (New York: Viking Press, 1977).

② 见 Christopher T. Rand, "The Arabian Fantasy: A Dissenting View of the Oil Crisis," *Harper's Magazine*, January 1974, pp. 42-54, and his *Making Democracy Safe for Oil: Oilmen and the Islamic East* (Boston: Little, Brown &Co., 1975)。有两部权威性著作讨论石油业的真实情况：John M. Blair, *The Control of Oil* (New York: Pantheon Books, 1976), and Robert Engler, *The Brotherhood of Oil: Energy Policy and the Public Interest* (Chicago and London: University of Chicago Press, 1977)。

阿拉伯人,富可敌国,军容壮盛,突兀地在西方四处出现,随处可见。新生的伊斯兰自信很容易追溯其来源,那是 1973 年 10 月的"斋戒月战争"(Ramadan War),当时埃及军队越过固若金汤的巴列夫防线(Bar-Lev line),这些阿拉伯官兵并没有像 1967 年那样溃不成军,他们的战斗相当杰出。然后是巴勒斯坦解放组织于 1974 年出现在联合国。亚马尼的形象变成大权在握,除了因为他是穆斯林并来自石油致富的沙特阿拉伯之外,实在没有理由可言。伊朗国王也成为世界领袖。印尼、菲律宾、尼日利亚、巴基斯坦、土耳其、几个波斯湾区国家、阿尔及利亚、摩洛哥:它们在 20 世纪 70 年代中期突然变得有能力造成美国困扰;这种副作用令人们困扰,并惊觉自身对这些国家的历史与特色居然所知无几。一大群伊斯兰国家、人物、现象就这样不知不觉地通过一般人的意识,从几近无人闻问的存在转移到"新闻"的层面。

转移过程其实并未真正发生,美国民众之中也没有多少人准备好要解释或是辨识这种看似新出现的现象,除了莫乃汉与塔克这类人之外,他们要在一个勉强容纳伊斯兰教的框架中,做出具世界史意义的结论。结果,今日人们在任何地方遇到的伊斯兰教形象都是肆无忌惮且直接呈现的。首先是一个不言自明的假定,认为"伊斯兰教"这个专有名词代表一件人们可以直接指称的单纯事物,就好像指称"民主",或是某个人,或是天主教会这样的机构。前述《时代》杂志的封面故事就是这种直接呈现运作的例子。更令人困扰的是,直接呈现会定期出现在一般性文化论证中层次更高的形式中,最常见的就是当做一个主题,让重要的自由派杂志进行严肃认真的思考。在这方面,由于我前述的知识分子——地缘政治思维转变,重要自由派杂志与大众传播媒体之间的差距十分有限。

一个值得注意的例子是迈克尔·沃尔泽(Michael Walzer)1979年12月8日在《新共和》杂志上的一篇文章。沃尔泽的标题是《伊斯兰爆炸》("The Islam Explosion"),他以自己也承认的外行人身份,处理大量重要但(根据他的看法)大多为暴力不幸的20世纪事件——在伊朗、菲律宾、巴勒斯坦等地——他认为这些事件可以被诠释为同一桩事物的例证:伊斯兰教。沃尔泽指出这些事件的共通点,首先它们显示出一种持续不断以政治力量侵犯西方的模式;其次,它们都源出于一股可怕的道德狂热(例如,对于巴勒斯坦人民反抗以色列殖民,沃尔泽强调这是**宗教**的反抗而非政治、公民或人权的反抗);第三点,这些事件粉碎了"自由主义、世俗主义、社会主义或民主政治的薄弱殖民主义者假象"。从这三项共通点中都可以辨识出"伊斯兰教",这种"伊斯兰教"更凌驾了原本区隔这些事件的时空距离。人们也可以注意到——又是根据沃尔泽的说法,人们谈论伊斯兰教时多少会泯灭时空界线,泯灭民主政治、社会主义与世俗主义的复杂政治意涵,泯灭道德限制。在文章的末尾,沃尔泽说服自己(至少),**他**用"伊斯兰教"这个字眼时是在谈论一个名称为伊斯兰教的真实事物,这个事物是如此直接,以至于对它做任何思索或条件限定似乎都是庸人自扰。有了这种直接性之后,无可避免会连带产生一种趋势,将伊斯兰教视为不具有自身的历史;或者就算有,其历史若非无关紧要,就是数百年来不断重复——暴力、狂热、专制。莫乃汉与塔克这类保守派分子的论点,因此也受到左倾自由派人士的肯定与扩充。

在地缘政治—知识分子的新背景中，伊斯兰教公众形象的另一个层面就是，它总是出现在冲突关系中，冲突对象是任何正常的、西方的、平日的、“我们的”事物。读者看过沃尔泽或沃尔泽所借重学者的作品，定然会得到这样的印象。伊斯兰世界这个观念本身——这是弗洛拉·刘易斯(Flora Lewis) 1979 年 12 月 28 日至 31 日在《纽约时报》上四篇连载文章的主题(我在第二章会再讨论这四篇文章)——蕴含着对于“我们的”世界的敌意。事实上，刘易斯四篇文章的主要目的就是要说明伊斯兰教(指的是挟持美国人质的伊朗人)正在“对抗”我们。当刘易斯胪列出伊斯兰教的脱离常轨：阿拉伯语言的特殊、信仰的怪异、主宰信徒的反自由极权主义体制等等，这种感受会进一步强化。如果说伊斯兰教的直接性使它看似唾手可得，那么它悖离我们熟悉的现实以及规范，就会导致它与我们产生正面的、威胁性的、剧烈的对抗。最后的结果是，伊斯兰教达到形态繁多的层次，成为有形的、可认知的实体，使得许多论述与逻辑策略——其中大部分是拟人的——得以肆无忌惮地发挥。

这股潮流的高峰是亨廷顿 1993 年夏天发表在《外交事务》上的名文：《文明的冲突?》(“The Clash of Civilizations”)，这位前冷战战士说明了他对于新生的、后冷战时期冲突形式的观点。他语出惊人地表示，这场冲突全然是一场文明的冲突，全球 9 或 10 个文明中，对西方而言最危险的就是伊斯兰教(或者应该说是未来伊斯兰教与儒家文化的结盟，但亨廷顿并未提出证据)。有趣的是，亨廷顿这篇外行人对历史与文化的探索,其标题却是取材自伯纳德·刘易斯的一篇文章:《穆斯林激愤的根源》,刘易斯在文中主张一个大胆甚至是全面概括的观点:“伊斯兰教”——他并没有详细说明——对现代化本身满怀愤怒。从这个立场鲜明的谬论出发,亨廷顿——无疑地还包括那些受他影响的读者——得到触目惊心的结论,诸如:“新月形状的伊斯兰地区,从非洲的突出部一直延伸到中亚,都有染血的边界。”(p. 34)由此引发对伊斯兰教的恐惧更多于知识。亨廷顿试图宣扬的是某个特定文明与西方的水火不容,尽管双方有千年来的和平交流历史与未来继续对话的可能性。伊斯兰教是任何一个西方人的头号大敌,就好像每个穆斯林与西方人都是密不透风的文化认同容器,且注定要永无休止地进行自我复制。

如此一来,你就可以将伊斯兰教对应到几乎任何一个穆斯林身上:霍梅尼是最方便的人选,此外还有每当需要宗教激进主义例证时,出现在电视上的卡拉奇、开罗或的黎波里的大批暴民。然后你可以将伊斯兰教比拟为任何你厌憎的事物,不必在意你的论点是否有凭有据。有个例子就是一本“庄园图书”(Manor Books)公司出版、霍梅尼编著《伊斯兰政府》(*Islamic Government*)的平装本,标题却改成《霍梅尼阿亚图拉的“我的奋斗”》(*Ayatollah Kohmeini's Mein Kampf*)。书中并附上一篇《纽约邮报》(*New York Post*)资深记者乔治·卡波吉二世(George Carpozi, Jr.)的分析,他师心自用地指称霍梅尼是阿拉伯人,而伊斯兰教是在公元前 5 世纪创立。卡波吉的分析是如此悦耳动听地展开:

> 就像先前的希特勒,霍梅尼是个暴君、憎恨者、引

> 诱者、对世界秩序与和平的威胁。《我的奋斗》作者与这册乏味的《伊斯兰政府》编者之间主要差异在于，希特勒是无神论者，霍梅尼却伪装成真主的代言人①。

这种对伊斯兰教的再现总是一再地显示：将世界截然划分为亲美与反美（或是亲共与反共）的强烈倾向；不愿意报道政治发展；种族优越感或冷漠不关心或两者兼具的模式与价值；全然错误的讯息、重复与回避细节；缺乏真诚独到的见解。这些现象都可以追溯到——不是伊斯兰教——西方社会的几个层面，以及“伊斯兰教”概念反映并服务的媒体。结果就是我们将世界再度划分为东方与西方——旧日东方学专家的论点几乎原封未动，我们不仅对世界视而不见，对自身以及我们与所谓第三世界之间的关系也是如此，而且情形日趋严重。

一连串相当重要的后续效应随之而来。首先是提供了伊斯兰教的明确形象。其次，伊斯兰教的意义与讯息被限定与刻板化。第三，创造出一种冲突的政治情势，让“我们”与“伊斯兰教”势不两立。第四，这种简化的伊斯兰教形象对于伊斯兰世界也有明确的影响。第五，媒体呈现的伊斯兰教与文化界对伊斯兰教的态度，彰显的不仅是“伊斯兰教”，还有文化中

---

① *Ayatollah Khomeini's Mein Kampf: Islamic Government by Ayatollah Ruhollah Khomeini* (New York: Manor Books, 1979), p. 123. 对于霍梅尼治理伊朗的措施，见 Fred Halliday, “The Revolution Turns to Repression,” New Statesman, August 24, 1979, pp. 260 - 264，及其在 *The Iranian*, August 22, 1979 的注解，有谨慎的、立场同情革命的批判。参见 Nikki R. Keddie, *Iran, Religion, Politics, and Society: Collected Essays* (London: Frank Cass & Co., 1980)。

的机制，以及资讯、知识与国家政策的政治运作。

虽然我列举了这些与现行伊斯兰形象相关的事物，但我并不意谓着有一个“真实的”伊斯兰教存在于某个地方，并且被媒体基于卑鄙的动机加以歪曲，我的用意完全不是如此。对穆斯林与非穆斯林而言，伊斯兰教是个既客观又主观的事实，因为人们是在自身的信仰、社会、历史与传统之中创造事实；或者就非穆斯林的局外人而言，是因为在某种意义上，他们对于集体或个别冲撞他们的事物，必须确定、人格化、铭刻其特质。也就是说，媒体的伊斯兰教、西方学者的伊斯兰教、西方记者的伊斯兰教以及穆斯林的伊斯兰教，全都是意志与诠释的行动，发生在历史之中，而且只能够被当做意志与诠释的行动，放在历史中处理。我本人既没有宗教信仰，也不具伊斯兰教背景，但我自认可以了解那些宣称自己具有某种信仰的人。不过就我觉得能够讨论信仰的范围之内，讨论对象应该是对信仰的*诠释*，这些诠释借由发生在人类历史与社会中的人类行为显现出来。例如，当我们讨论推翻巴列维政权的“伊斯兰”革命，或是阿尔及利亚伊斯兰解放阵线(Islamic Salvation Front，FIS)在1990年地方选举中击败政府时，我们不应该谈论这些革命分子在信仰上是否为*真正*的穆斯林，但是可以谈论他们对于伊斯兰教的观念，因为他们自觉地——也可以说是以伊斯兰教为名——反抗他们眼中一个反伊斯兰、压迫、暴虐的政权。然后我们可以比较他们对伊斯兰教的诠释以及《时代》杂志与《世界报》对伊斯兰教、伊朗革命与阿尔及利亚伊斯兰主义者的报道。

换言之，我们在此处理的是最广义的诠释之共同体，其中许多共同体是针锋相对，随时准备与对手大动干戈，这些共同体都创造并显现自身与其诠释，作为其存在的核心特质。没有人在生活中能直接触及真理或真实，我们每个人都处在事实上由人类组成的世界，其中“国家”或“基督教”或“伊斯兰教”这类事物是源起于传统共识、历史进程，以及最重要的：人类赋予这些事物特质以资辨别的刻意努力。并不是说真理与真实并不存在；它们的确存在，当我们看到住家附近的树木与房屋，或者摔断了骨头，或者感受到爱人死去的痛苦，自会了然于心。但整体而言，对于一种现象，我们经常会全然不顾或将注意降到最低限度：我们对真实的感知，不仅倚赖我们为自身塑造的诠释与意义，还倚赖我们**接收**的诠释与意义。因为接收的诠释是社会生活整体的一部分。赖特·米尔斯(C. Wright Mills)说得很清楚：

> 了解人类处境开宗明义的规则就是，人生活在第二手的世界。他们觉察到的经验远多于亲身体验，他们自己的经验又总是间接的。他们生活的品质决定于他们从别人那里接收的意义。每个人都活在这种意义的世界中。没有人会单独正面遭遇千真万确的世界。这样的世界根本无法获致，人们最接近它的时候是婴儿时期或疯狂之后：人们处身于无意义事件与无感觉混乱的可怕情境中，经常会被近乎完全缺乏安全感的恐慌笼罩。但是在他们的日常生活中，他们无法经验到千真万确的世界；他们的经验本身是由刻板化的意义来选择，并由现成的诠释来塑造。他们关于世界以及自身的形象，来自众多他们从未见过也不应该见到的证人。但是对每个人

而言，这些形象——由陌生人与已死之人提供——正是他身为人类的生活基础。

人们的意识无法决定他们的实质存在，而他们的实质存在也无法决定他们的意识。在意识与存在之间，矗立着其他人传递过来的意义、设计与沟通——首先是借由人类的语言，然后是对符号的处理。这些接收的与受到操纵的诠释，会深刻影响人类关于自身存在等各种意识。对于人们看到的事物如何回应、有何感受，以及如何回应这些感受，诠释也提供了线索。符号聚焦经验、意义组织知识，而且对于表面片刻知觉的引导，不下于对终身的渴望向往。

的确，每个人都会观察自然、社会事件以及自身：但是他并没有也从来没有去观察他对自然、社会事件以及自身信以为真的事实。每个人都会诠释自己的观察——就如同他诠释并非自己观察的事物：但他的诠释方式并不是自己的，他并没有亲自拟订甚至测试这些诠释方式。每个人都与别人谈论观察与诠释：但是他报道的方式恐怕大多是别人的话语和图象，只是被他占为已有。每个人所说的确切事实、合理诠释、恰当再现，有一大部分越来越倚赖观察哨站、诠释中心与再现供应站，这些都是借由我所谓的文化机构(cultural apparatus)在现代社会中建立①。

① C. Wright Mills, "The Cultural Apparatus," in *Power, Politics and People: The Collected Essays of C. Wright Mills*, ed. Irving Louis Horowitz (London, Oxford, New York: Oxford University Press, 1967), pp. 405 - 406.

对于大部分美国人(欧洲人通常也是如此)而言,传递伊斯兰教的文化机构主要包括电视网与广播网、日报、大量发行的新闻杂志;电影当然也扮演一个角色,不过那只是因为我们对历史与遥远国度的视觉感受通常是来自电影院。合而观之,大众媒体强大的集中力,可以说形成了诠释的共同核心,提供关于伊斯兰教的某种图象,而且也反映了媒体所服务社会的深厚利益。伴随着这幅图象——其实不止是图象,还包括一套可以用以相互沟通的图象感受——而来的,我们可以称之为图象的全面脉络(over-all context),我用脉络的意思是指图象的背景、它在现实中的地位、它蕴含的价值,以及相当重要的,它要促使观者产生的心态。因此,如果呈现伊朗危机的是电视画面中高呼口号的暴民,伴随着对"反美心态"的评论;那么这幅景象的距离感、陌生感、威胁感就会将"伊斯兰教"局限于这些性质。然后引发一种感受,让我们觉得自己遭遇到某种根本不具吸引力而且是负面的事物。既然伊斯兰教是"反对"我们而且是"在那里",那么我们也无可置疑地必须对它采取冲突性的回应方式。如果我们看到并听到某个华特·克朗凯(Walter Cronkite)在夜间新闻报道最后说道:"就是这么回事"("that's the way it is"),我们也会跟着下结论,眼前的景象并非电视公司刻意制造并呈现出来,事情的确就是这么一回事:自然的、不变的、"外国的"、反对"我们"的。难怪 1979 年 11 月 26 日法国《新观察家报》(*Le Nouvel Observateur*)的让·丹尼尔(Jean Daniel)写道:"美国已被伊斯兰教包围。"〔les États-Unis(sont) assiégés par l'Islam. 〕到了 1996 年,情形仍是如此。

尽管人们对之倚赖深重,但电视、报纸、广播与杂志并非我们接触“伊斯兰教”的唯一来源。此外还有书籍、专业期刊与讲座课程，其观点之复杂更甚于大众媒体传递的片段与立即呈现的事物①。还有一点很重要，就算是报纸、广播与电视，也可以看到百家争鸣的现象存在于各篇社论之间、不同的“专栏版”观点之间、另类或反文化形象与传统形象之间。简言之，我们并不至于任凭中央操控的宣传机构摆布，虽然媒体甚至知名学者的确制造出大量的宣传。媒体制造的事物尽管具有多样性与差异性，也不论我们如何为其辩驳，这些事物既非自发的也不是全然“自由的”：“新闻”并不止是发生，画面与概念不是直接从现实跃入我们的心目中，真相也不是随手可得，我们并没有无限的多样性可随意选择。因为就像所有的沟通方式一样，电视、广播与报纸都遵守某些规则与传统，将事物以可理解的方式传达。通常是这些规则与传统——而不是媒体要描述的真实——塑造出媒体传达的材料。这些大家默认的规则，能够很有效率地将难以掌握的真实简化为“新闻”或“故事”；媒体也认定，他们努力接触的观众群对于真实是受制于千篇一律的假定；因此伊斯兰教（在这方面，任何事物都是如此）的图象很可能会相当一致，在某些方面简化而且色调单一。不必赘言的是，媒体是追求利润的企业，因此理所当然，其兴趣会偏重于凸显真实的某些形象。媒体这种做法的**政治**脉络，是由一种不自觉的意识形态发动并实现，而媒体散布这种意识形态时也不曾认真地持保留或反对态度。

首先要做一些条件限定。我们不能说西方工业国家是压

---

① 见 Herbert I. Schiller, *The Mind Managers* (Boston: Beacon Press, 1973), pp. 24 - 27。

迫性的、以宣传来统治的政治实体。他们当然不是。例如美国，几乎任何一种意见都找得到地方发表，而且美国公民与媒体对于新颖、反传统、不受欢迎的观点具有举世无双的接纳性。此外，各式各样的报纸、杂志、电视、广播节目，还有那些书籍手册，数量之多几乎无法言喻，内容也不能一言以蔽之。那么一个人怎么能公允而准确地说：所有媒体都表达出一种共同的观点？

当然不能这么说，我也不打算如此尝试。然而我还是认为，尽管媒体多样纷呈，还是有一种质和量的趋势，使得某些对于真实的观点与再现，比其他观点与再现更受青睐。让我很快地扼要重述前面说过的一些论点。我们并不是生活在一个自然的世界：像报纸、新闻和意见这些事物并不是自然发生，它们是被**制造**的，是人类意志、历史、社会情况、机构的结果，也是个人职业的传统。媒体的目标诸如客观性、真实性、写实报道与精确性，都是具高度相对性的术语，它们表达的恐怕是意愿而非可以达成的目标。它们也绝对不应被视为天经地义，这种观点只是源于我们惯于认定自家的报纸可靠而消息确凿，其他国家的报纸则是宣传工具且充斥意识形态。事实上，如同赫伯特·甘斯(Herbert Gans)在其重要著作《决定新闻》(*Deciding What's News*)中显示的，新闻记者、通讯社与广播电视网会有意识地决定要报道什么、如何报道，以及其他相关事务①。换言之，新闻与其说是被动的已知事实，不如

① Herbert Gans, *Deciding What's News: A Study of "CBS Evening News," "NBC Nightly News," "Newsweek," and "Time"* (New York: Pantheon Books, 1979).

说是源自一套复杂的过程，经过通常是深思熟虑的选择与表达。

对于西方各大新闻采集与新闻传播机构运作的方式，我们最近见到丰富的例证。专著如盖·特立斯(Gay Talese)与哈里森·索尔兹伯里(Harrison Salisbury)论《纽约时报》的书、大卫·哈伯斯坦姆(David Halberstam)的《当家大权》(*The Powers That Be*)、盖伊·塔奇曼(Gaye Tuchman)的《制造新闻》(*Making News*)、赫伯特·席勒(Herbert Schiller)对传播业的多项研究、迈克尔·夏德森(Michael Schudson)的《发现新闻》(*Discovering the News*)、阿芒·马特拉(Armand Mattelart)的《跨国企业与文化控制》(*Multinational Corporations and the Control of Culture*)①。这里只列举了众多相关研究中的少数作品。这些研究从不同观点证实了，社会中新闻与意见的形成大体上都是依据规则、局限于框架、运用传统做法，使得整个过程具备非常明确的整

---

① Gay Talese, *The Kingdom and the Power* (New York: New American Library, 1969); Harrison Salisbury, *Without Fear or Favor. The New York Times and Its Times* (New York: Times Books, 1979). David Halberstam, *The Powers That Be* (New York: Alfred A. Knopf, 1979). Gaye Tuchman, *Making News: A Study in the Construction of Reality* (New York: Free Press, 1978), Herbert I. Schiller, *Mass Communications and American Empire* (Boston: Beacon Press, 1969), *Communication and Cultural Domination* (White Plains, N. Y.: International Arts and Sciences, 1976), *The Mind Managers*; Michael Schudson, *Discovering the News: A Social History of American Newspapers* (New York: Basic Books, 1978); Armand Mattelart, *Multinational Corporations and the Control of Culture: The Ideological Apparatus of Imperialism*, trans. Michael Chanan (Brighton, Sussex: Harvester Press, 1979).

体特质。就像每一个人一样,记者会假定某些事物是正常的;价值观被内化而且不需时时检验,例如个人所处社会的习惯会被视为理所当然;在报道外国社会文化时,一个人的教育、国籍与宗教不能被忽略;对于职业行为准则以及行事风格的自觉,会涉及一个人说的话、如何说,以及为谁而说。罗伯特·达恩顿(Robert Darnton)在《写新闻与说故事》("Writing News and Telling Stories")一文中对这些问题做了兴味盎然的描述,让我们除了充分感受到记者工作情形之外,还有"记者与消息来源之间培养出来的共生与敌对关系"、"标准化与刻板化"的压力,以及记者"对于他们报道的事件,添加的比取材的还要多"的工作方式①。

美国媒体与法国和英国媒体不同,因为其社会、观众、组织与利益都有极大差异。每一个美国记者都应该觉察到,他或她的国家不仅是超级强权,而且其拥有的利益与追求利益的方式,都使其他国家望尘莫及。无论是在理论上抑或实际上,媒体独立固然是仰之弥高的目标,但几乎每一个美国记者在报道世界时都怀着一种崇高的意识,认为他或她的公司是美国强权的参与者;这股强权受到外国威胁时,会要求媒体放弃其独立性,而屈服于经常以暗示表达的忠诚、爱国以及单纯的国家认同。这当然不足为奇。奇特的是,人们通常不会认定独立媒体会参与外交政策,尽管在许多方面媒体不但参与而且绩效斐然。先不论中情局利用在国外工作的新闻记者,美国媒体在搜集外在世界讯息时,无可避免地会落入由政府

① Robert Darnton, "Writing News and Telling Stories", Daedalus 104, no. 2 (Spring 1975): 183, 188, 192.

政策主宰的框架中。当讯息与政策互相冲突,例如越南,媒体才会形成自家的独立观点,但目的仍然是要影响甚至改变相关政策,唯有政策才关系到包括媒体成员在内的全体美国人。

美国记者到了国外会使出浑身解数,这是可以理解的。记者被派驻到异国的文化圈时总会如此;尤其是当记者感受到自己人在国外,必须将发生的事件转化为本国同胞(包括决策者)能够理解的语言。他会寻求其他记者并肩作战,但是也会与大使馆、美国侨民,以及与美国关系良好的人士保持联络。有一件事不应该低估,国外工作的记者其判断力所倚赖的不仅是他知道与学到的事物,同时也是他身为美国媒体驻国外代表应该知道、学到与表达的事物。一位《纽约时报》的特派员非常清楚《纽约时报》的本质,以及这家报社如何以企业方式看待自身:当然,《纽约时报》驻开罗或德黑兰特派员的报道,与一位人在开罗或德黑兰、极欲登上《国家》或《在这些时期》(*In These Times*)①杂志的自由投稿作家的作品,两者之间有着关键性甚至决定性的差异。传播媒介本身也会施加强大压力。为国家广播公司(NBC)电视网的"夜间新闻"(*Nightly News*)做现场报道的开罗特派员,对于事件的诠释可能会异于《时代》杂志开罗办事处主任经过长期酝酿才发表的文章。此外,国外特派员的报道也会被本国的主编以某种方式改头换面:另一套不自觉的政治与意识形态限制在此处运行。

美国媒体对于外国的报道不仅创造出自身,同时也强化了"我们"在外国的既得利益。媒体的观点对一个美国人会凸显出某些事物,对意大利人或俄罗斯人则另当别论。这些事

① 美国一份全国性的双周刊。——译者

物都汇聚到一个共同的中心或是共识，而所有媒体机构都会不由自主地要澄清、具体化并形成这个共识。这是重点所在。媒体可以无所不为，代表各式各样的观点，呈现许多怪异、极具原创性甚至偏离常轨的事物。但是到最后，由于媒体本身是公司，而且要服务并促进一个企业体——“美国”甚至“西方”——因此它们都怀有同样的中心共识。这种共识——正如稍后我们在伊朗案例中看到的——塑造出新闻，决定**什么**是新闻以及它**如何**让它成为新闻。然而共识并不会被迫去规定或决定新闻内容。它不是源出于严格的法律，不是阴谋，也不是独裁。它是源出于文化，或者更适切地说：它**就是**文化本身；而且就美国的媒体而言，它是当代历史上相当可观的构成要素。如果不先肯定媒体确实会回应我们的本质与期望，那么分析并批评这种现象将毫无意义①。

对于这个共识的内容，最好是描述为实际上正在发生，而不是规范性或抽象地描述。就媒体对于伊斯兰教与伊朗的报道而言，我应该让这个共识在下一章的分析过程中自行现身。然而，我在这里还是要对这个主题做两个总结。

首先，我们必须牢记，美国是个复杂的社会，由许多经常是互不相容的亚文化组成，因此藉由媒体传布一种略具标准化的共同文化，这样的需求在美国特别强劲。这特质不止是与我们这个年代的大众传播媒体相关，同时还有一脉可追溯

① 相当令人信服的论证见 Todd Gitlin, *The Whole World Is Watching: Mass Media in the Making and Unmaking of the New Lett* (Berkeley, Los Angeles, and London: University of California Press, 1980)。

至美国建国时期的特殊传统。从清教徒时期的“荒野任务”(errand in the wilderness)开始,美国就存在着一种体制化的意识形态修辞,来表达美国特有的意识、认同、命运与角色,其功能一直是要尽可能融入美国的(与世界的)多样性,并以美国独有的方式改头换面。对于这种修辞与其在美国生活中的体制表现,几位学者已经做了令人信服的分析,包括佩里·米勒(Perry Miller)与最近的萨克万·伯克维奇(Sacvan Bercovitch)①。其结果是一种对于共识的幻觉甚至真实,而媒体作为其服务社会的代言人,认定自身就是要发挥这种国家主义色彩十分浓厚的共识。

第二点是关于共识实际上如何运作。描述运作过程最简单也最精确的方式,我想就是说明其设定限制条件并持续施加压力②。共识的运作不会强制规范内容,也不会机械化反应某个特定阶层或经济集团的利益。我们必须将它看成画出无形的界线,让记者与评论者认为没有必要逾越。因此,美国军力可用于执行邪恶目标的观念就无法见容于这个共识;正如同认定美国永远身为世界强权是司空见惯的寻常观念。同样地,美国人倾向于认同那些表现出初生之犊开拓精神的外国社会或文化(例如以色列),这些社会或文化攫取被滥用或

---

① 特别是参见 Sacvan Bercovitch, “The Rites of Assent: Rhetoric, Ritual, and the Ideology of American Consensus,” 在 Sam Girgus, ed., *Myth, Popular Culture, and the American Ideology* (Albuquerque: University of New Mexico Press, 1980), pp. 3–40。

② Raymond Williams, “Base and Super-structure in Marxist Cultural Theory,” *New Left Review* 82 (November-December 1973): pp. 3–16. 做了很好的描述。

被野蛮民族所占用的土地①。然而美国人对于传统类型的文化通常是不甚信任而且兴趣缺失,就算那些经历革命更新阵痛的传统文化也一样。美国人认定共产党的宣传是由类似的文化与政治纲领指导;但就美国自身而言,媒体在设定限制与持续施压时,很少会坦然承认或是觉察到自身的作为②。这个现象也是一种设定限制。我再举一个简单的例子。当美国人在德黑兰被劫持为人质,共识立刻开始运作,认为伊朗内部只有与人质相关的事件才重要;这个国家的其余事物如政治发展、日常生活、重要人物、地理与历史,都受到严重忽略:伊朗与伊朗人民都要根据他们支持抑或反对美国来加以界定。

关于报道与传播在质方面重点的普遍性探讨,就谈到这里。对于作为诠释的新闻在量方面的问题,可以开门见山地谈。传播最广因此冲击也最大的是少数几家机构:两到三家新闻通讯社、三大电视网、CNN、六家日报、两(或三)家新闻性周刊③。只要提几个名字就足以说明重点:哥伦比亚广播公司(CBS)电视网、《时代》、《纽约时报》、美联社(AP)。比起其

---

① 近来有一系列研究探讨美国处理印第安人、不同的外国团体以及“无人居住”(empty)领土的经验,充分呈现了这个重点。见 Michael Paul Rogin, *Andrew Jackson and the Subjugation of the American Indian* (New York: Alfred A. Knopf, 1975); Ronald T. Takaki, Iron Cages; Richard Drinnon, *Facing West: The Metaphysics of Indian-Hating and Empire-Building* (Minneapolis: University of Minnesota Press, 1980); Frederick Turner, *Beyond Geography: The Western Spirit Against the Wilderness* (New York: Viking Press, 1980)。

② 对于这种掩饰的探讨,近来有 Chomsky and Herman, *After the Cataclysm*。

③ 见 Herbert Schiller 与 Armand Mattelart 的作品。

他规模较小、财力稍逊的新闻机构，它们接触的人更多、予人的印象更深、处理更多特定类型的新闻。在外国新闻方面，这种情形的意义显而易见：大公司有更多实地采访记者，因此其记者也为与公司合作的报纸、地方性电视台与广播电台供应素材，让它们向自家的第一线客户做报道。这种外国新闻的质量与密度通常意谓更大的权威，于是也更频繁地被新闻使用者引述；因此，一则《纽约时报》或 CBS 的报道会因为自身的来源、公司在体制中的名望、出现频率（每天、每小时等等）、专业与经验的氛围等因素而具备可信度。少数几家主要新闻供应者，以及数量庞大、规模较小、虽独立经营但许多方面仍仰赖大机构的新闻供应者，两者合作塑造了一个**美国**的现实景象，并具备明显的一致连贯性。

一个非常严重的后果是，**除了**简化、强制、反对之外，美国人几乎没有什么机会用别的方式来看待伊斯兰世界。因此造成悲剧，在美国与伊斯兰世界自身孳生出一连串的反简化（counterreductions）。现在"伊斯兰教"只可能有两种普遍性意义，而且两者都是无法接受、不具建设性的。对于西方人与美国人，"伊斯兰教"代表一种再度兴盛的复古精神，所暗示的不仅是退回中世纪的威胁，还暗示会摧毁西方世界通称之为民主秩序的事物。另一方面，对于许许多多的穆斯林，"伊斯兰教"代表对于前述强调伊斯兰教威胁形象的反弹性反驳（reactive counterresponse）。任何对"伊斯兰教"的谈论多少都得以抱歉的口吻提及伊斯兰教的人道精神、它对文明的贡献、它的发展与道德正确性。这种反驳不时会招惹愚蠢的反反驳（counter-counterresponse）：试图将"伊斯兰教"等同于某一个伊斯兰国家的状况，或是某一个伊斯兰权威。因此你看到萨达特指称霍梅尼为疯子与伊斯兰教之耻，而霍梅尼也回敬了这番恭维，美国则有许多人士辩论两方说法的高下。当伊斯兰教的辩护者看到每天遭伊朗伊斯兰革命委员会处决的人数，或者——路透社(Reuter)1979年9月19日的报道——霍梅尼宣布要彻底摧毁伊斯兰革命的敌人，还有什么话好说？我在这里的重点是，所有这些互相关联的、过度简化的“伊斯兰教”意义其实是相互倚赖，而且同样应予拒斥，因为它们更恶化了双重约束(double bind)的情形。

双重约束后果的严重性，我们由下述情形可见一斑：美国对巴列维国王现代化的支持，被伊朗人视为反对国王的战斗口号；反对运动则转化为政治诠释，认定伊朗君权违背伊斯兰教；伊斯兰革命目标的一部分是反抗美帝国主义，而巴列维在纽约的象征性复辟又表现为美国帝国主义反抗伊斯兰革命。从此剧情的发展似乎一如东方学专家的安排：所谓的东方人扮演所谓的西方专家指定他们要扮演的角色；西方人则坐实了他们在东方人心目中魔鬼般的形象①。

不仅如此：伊斯兰世界许多地区如今正充斥着美国制作的电视节目。就像其他第三世界人民一样，穆斯林倾向于仰赖少数几家新闻通讯社，将新闻传回第三世界，虽然这些新闻中有一大部分就是**关于**这个世界。一般而言，第三世界——尤其是伊斯兰国家——已经从新闻的来源转变成新闻的消费者，有史以来第一次(第一次以这般规模)，伊斯兰世界要藉由西方制造的形象、历史与资讯来**了解自身**。最显著的例证就是在波斯湾战争期间，大部分阿拉伯人〔谣传连萨达姆·侯赛

---

① 同样的言词行动—反应范例，见 Franck and Wiesband, *Word Politics*。

因(Saddam Hussein)也不例外〕都观看 CNN 来得知战况。伊斯兰世界的学生与学者目前仍倚赖美国与欧洲的图书馆与学术机构,才能够获知今日所谓的中东研究(整个伊斯兰世界没有一座真正完整且核心的阿拉伯资料图书馆);英语是一种世界性语言,而阿拉伯语、波斯语、土耳其语不是;许多经济奠基于石油的伊斯兰地区将本地经营阶层转化为精英分子,这些人的经济、国防以及政治机会都仰赖西方主宰的全球消费者市场;考量上述这些事实,人们就会得到一幅明确但令人极为沮丧的景象,显示出这场媒体革命——只为产生它的社会中的一小撮人而服务——对于“伊斯兰教”的影响①。

独立于我前述反弹过程之外的伊斯兰复兴运动,并不是不存在,但这种复兴如果以较为整体性的方式来谈论会比较准确。我个人觉得,除非能有相当大的自制以及众多条件限定,摆脱“伊斯兰教”与“伊斯兰的”这类词语会令我更为自在,这是因为在许多伊斯兰社会与国家中(当然西方也是一样),“伊斯兰教”已经成为许多与宗教全然无关事物的政治掩饰,我们如何才能以负责的态度来讨论穆斯林对伊斯兰教的诠释,以及伊斯兰教内部的发展?

首先,依据罗丁森之见,我们应该将穆斯林宗教的基本教诲,局限于被认定为真主之言的《古兰经》②。这是伊斯兰信

---

① 对于穆斯林/阿拉伯社会西化精英分子扮演的角色,见 John Waterbury and Ragaci El Mallakh, *The Middle East in the Coming Decade: From Wellhead to Well-Being?* (New York: McGraw-Hill Book Co., 1978)。

② Rodinson, “Islam and the Modern Economic Revolution,” 刊于 *Marxism and the Muslim World*, p. 151。

仰特质的基石,也就是拉什迪《魔鬼诗篇》(*Satanic Verses*)一书扭曲的部分,诠释经文与生活实践的方式会立刻让我们离开这块基石。第二个层面包括对《古兰经》各种相互扞格的诠释,这些诠释构成众多的伊斯兰教派、教法学派、诠释风格、语言理论等等。在《古兰经》衍生出的这张庞大网络(大部分都形成完整的体制,有的还形成社会),主要趋势是罗丁森所说的"回归本源"(return to the source)。这意谓着一股根本的冲动,要追求伊斯兰事物原始素朴的精神,罗丁森将这股冲动比拟为伊斯兰教内部一场"永远的革命"(permanent revolution)。然而他没有点明的是,所有一神教与大部分意识形态运动都带有这股冲动,至于伊斯兰教是否比其他宗教与运动更坚持革命则很难断定。无论如何,"回归本源"发起运动〔例如瓦哈比教派(Wahhabis)①或伊朗革命显而易见的宗教成分〕对于社会的冲击,会随着时空变化而改变。19世纪苏丹的马赫迪思想(Mahdism)②与今日的马赫迪思想不同。与埃及今日的穆斯林兄弟会相较,20世纪40年代早期到50年代中期的兄弟会是个更为强大的意识形态运动;两者的组织、目标又与叙利亚的穆斯林兄弟会不同,阿萨德1982年曾在哈马(Hama)企图残酷地剿灭后者:他的士兵屠杀了数千名疑似兄弟会的人士。

到目前为止,我们谈论伊斯兰教主要——但并不全然——是在教义与意识形态等层面,同时我们也已进入一个

① 18世纪末兴起于阿拉伯半岛的伊斯兰教派。——译者

② 什叶派信奉的救世主再现人世的思想。——译者

相当歧异而矛盾的领域。最后,在运用“伊斯兰教”与“伊斯兰的”标签时,必须点明所说的是**哪一个**(或者是**谁的**)伊斯兰教。当我们在分析中加入第三个层面,事情就变得更复杂,分析仍是依据罗丁森,不过这回最好详细引用他的原文:

> 伊斯兰教内部还有必须与另外两个层面仔细区分的第三个层面,其中包括将各种意识形态生活化的方式、联系意识形态的做法、影响甚至激发意识形态的做法。中世纪伊斯兰教演变成的各种体系,都以不同的方式在生活中实践,从内部发生转型,尽管它们从外部的指涉与文本看来并无差异。这里要讨论的问题不能简化为单纯的对照,说一方是有“异端”(heretical)倾向的教条与文本,另一方则是大多数穆斯林认同的“正统”(orthodoxy)。在墨守成规的背景下,这方面与其他方面一样,对一句神圣经文的再诠释经常就足以导致存在的变化,以及采取一种批判性或革命性的心态,可能只是个人心态,但也可能散播开来影响他人。对照之下,随着时间过去,一场革命性或创新的突破会受到保守、墨守成规与清静无为(quietist)的诠释。这类过程有许多例子,其实可以称之为意识形态的普遍法则。伊斯玛仪(Ishmaeli)①“教派”(sect)的演进是特别显著的例子。中世纪时期的伊斯玛仪派鼓吹以革命颠覆现行

① 什叶派的主要支派之一。——译者

> 体制，但是今日它的领导者却是像阿迦汗（Aga Khan）①之类的百万富豪，他们最关心的是享受与电影明星、社会名流为伴，以及丑闻小报不厌其烦报道的奢华生活。
>
> 总之，神圣经文并没有做出明确的宣示。而整体的文化传统，无论是就其较明确的组成架构、宣言声明、教条文本，或是由教条文本激发的心态而言，都呈现出众多的层面，让人们为相互冲突最烈的论点辩护②。

这个层面是第三种诠释，但是它的发生完全有赖于前两种诠释。没有《古兰经》就没有伊斯兰教；相对地，没有穆斯林的诵读、诠释、试图转化为体制与社会现实，也就没有《古兰经》。就算有势力强大的正统诠释，如同逊尼派伊斯兰教——逊奈（Sunna）③本身即意谓着基于共识的正统——还是很容易酿成革命性动乱。埃及萨达特政府与多个所谓宗教激进主义穆斯林政党之间的冲突，就是发生在争议性的正统基础上，萨达特与**他的**政权自称为依循“逊奈”的一方，但萨达特的反对者却振振有词，强调**他们**才是真正的“逊奈”奉行者。

对于这三个伊斯兰教的层面，如果再考量穆斯林过去、现在与未来可观的人数；“伊斯兰教开拓”（the venture of Islam）

---

① 印度孟买地区的商业领袖，1885年被拥立为伊斯玛仪派伊玛目，以财富惊人著称。——译者

② 出处同上，pp. 154－155。

③ 即“圣行”，穆罕默德创教过程中的种种行为，后成为伊斯兰教对这种行为的专称。逊尼派原意即为“遵守逊奈者”。——译者

(7 世纪迄今)的漫长历史;伊斯兰社会惊人的地理环境多样性(从中国到尼日利亚,从西班牙到印尼,从俄罗斯到阿富汗再到突尼斯);那么我想我们就能够开始了解西方这一做法,即:将这一切一言以蔽之为“伊斯兰教”的媒体与文化尝试,其背后的**政治**意涵。同时我也认为,我们会开始察觉到那些回应伊斯兰以及西方情境、类型繁多且相互矛盾的**伊斯兰**尝试,是同样地政治化,同样须以过程、抗争、诠释策略的角度分析①。现在且让我相当概略地描述其中所涉及的极为复杂的事物。然而我还是要事先说明,最大的问题在于,有许多必须衡量的事物根本就无法记录。

我们的能力还远不足以判断所谓“伊斯兰历史”是否真的存在,顶多只能将它当成区隔伊斯兰世界与欧洲、日本等地区的基本方式。超出这一点,伊斯兰与西方学者就意见不一:伊斯兰教在特定地理位置生根的原因,是生态环境,还是社会经济结构,还是定居生活与游牧生活方式之间某种特殊关系。伊斯兰历史分期问题也过于复杂,无法运用简单明了的“伊斯兰”描述。阿拉维派(Alawi)②、萨非王朝(Safavid)③、乌兹别

① 一个特别值得注意的范例就是 Mohammed Arkoun: *Contribution á létude de l'humanisme arabe au* IV_e/X_e*siécle: Miskawayh, philosophe et historien* (Paris: J. Vrin, 1970),及 *Essais sur la pensee islamique* (Paris: Maisonneuve & Larose, 1973); and “La Pensée” and “La vie,” in Mohammed Arkoun and Louis Gardet, *L'Islam: Hier. Demain* (Paris: Buchet/Chastel, 1978), pp. 120 - 247。

② 什叶派支派之一,盛行于叙利亚。——译者

③ 16 世纪至 18 世纪中叶的波斯王朝。——译者

克(Uzbek)、莫卧儿王朝(Mogul)(莫卧儿王朝是伊斯兰历史一直到20世纪的伟大国家体制,横跨印度、土耳其、近东与中东)以及现代伊斯兰民族国家之间的相似性,有何意义?我们如何解释伊斯兰区域中,所谓的土耳其—伊朗(Turco-Iranian)与土耳其—阿拉伯(Turco-Arabian)部分间的差异?最后,正如胡拉尼的阐述,伊斯兰教本身内部关于定义、诠释与描述的问题是如此巨大,应该让西方学者三思(更何况非学者出身的西方人):

> 很明显的是,像伊斯兰历史这类词汇在不同脉络下会出现不同的意义;而且无论是在何种脉络,这些词汇本身都不足以解释所有存在的事物。换言之,"伊斯兰教"与其衍生的术语都是"理想型"(ideal types),运用精微,带有无数的意义限制与调适变化,如果是要充作历史诠释的原则,还得与其他理想型结合。它们的运用范围须视我们正在撰写的历史形态而定。它们与经济史的关系最为疏远,罗丁森在其《伊斯兰教与资本主义》(*Islam et capitalisme*)一书中已有说明,在伊斯兰教主导的社会中,不能以宗教信仰或律法来作为解释经济社会的主要因素。尽管伊斯兰律法对于商业形式确有影响,但其他解释方式更为相关,克劳德·卡亨(Claude Cahen)等人曾指出,诸如"近东"、"地中海地区"、"中世纪"、"前工业化"社会等概念要比伊斯兰概念有用。对于社会政治史,伊斯兰教可提供部分解释元素,但绝非一应俱全。连对于最为狂热的

"伊斯兰"国家，解释其体制与政策时都必须考量其地理位置、经济需求、王朝与统治者利益等因素。就算是那些看似奠基于伊斯兰律法的体制，其历史也无法单从伊斯兰因素得到完整的解释："伊斯兰奴隶制度"(Islamic slavery)之类的观点经不起仔细的检验；如同米列特(L. Milliot)分析摩洛哥的"尔麦里"('amal)①文学时所指出，地方风俗习惯总有办法融入实际施行的伊斯兰律法。只有某些形态的思想史，至少在前现代时期，能够以伊斯兰因素作为解释的主力，视之为一种外来理念与源自伊斯兰教内部理念的混合过程，形成一个自给自足、自力发展的体系。现在就连"伊斯兰哲学"(falâsifa)都不能视为披上阿拉伯外衣的希腊哲学，而应该是穆斯林运用希腊哲学观念与方法，对伊斯兰信仰做出自家的诠释②。

再进一步而言，对于是否存在所谓的"伊斯兰人"(Homo-islamicus)，或者这个人种是否具有任何解剖学或认识论的价值，我们从人类学家身上也找不到答案。我们的知识远远不足以了解伊斯兰社会权力与权威的分配——由于有太多不同的伊斯兰社会散布于历史与地理领域——不足以说明伊斯兰法典与执法之间的关系，不足以说明统治观念与其运用、变化

① 指伊斯兰教各种功修与善行。——译者

② Albert Hourani, "History," in Leonard Binder, ed., *The Study of the Middle East: Research and Scholarship in the Humanities and the Social Sciences* (New York: John Wiley & Sons, 1976), p. 117.

或持续之间的关系。我们无法斩钉截铁地表明,某些或全部或任何一个伊斯兰社会的权威基础已经由神圣的观念转变为法律的观念。语言、美学架构、品位的社会学、仪式问题、都市空间、人口迁徙、情感的革命:这些事物的相关脉络几乎都还没有开始受到研究,不论是穆斯林或非穆斯林学者。所谓的穆斯林政治行为存在吗?穆斯林社会的阶级形成历程为何?我们可以运用哪些观念、研究工具、组织架构与文献,来找出一般穆斯林日常生活的最佳指标?"伊斯兰教"最终会是个有用的观念,抑或它隐藏、扭曲、转移并意识形态化的程度更甚于它实际表明的?最重要的是,询问任何或是全部这些问题的人,其立场对答案有何影响?当一位穆斯林神学家在现今的伊朗、埃及、沙特阿拉伯问这些问题,与他在 10 年前问会有何差异?这些言论与一个俄罗斯东方学专家、法国外交部的阿拉伯专家、美国芝加哥大学的人类学家所提出的问题比较起来又如何?

就政治而言,今日呈现的标准伊斯兰反应,其实与西方的"伊斯兰教"同样具象化、同样不健康、同样涵盖许多激烈冲突的事物。在几乎每一个例子中,伊斯兰区域核心的国家除了黎巴嫩之外(从北非到南亚),都以伊斯兰的方式自觉地表达自身。这既是文化也是政治事实,西方最近才刚开始认清这点①。例如沙特阿拉伯由其国号即可得知是沙特(saud)家族的国家,这个家族击败当地其他主要部族,建立国家。沙特家

① 此一主题作为美国在倚赖它的社会中影响层面,非常有益的分析见 Eqbal Ahmad, "Post-Colonial Systems of Power," *Arab Studies Quarterly* 2, no. 4 (Fall 1980): 350–363。

族以国家与伊斯兰教为名的言行,表达的是这个家族的权力,以及它身为国际社会成员连带而来的事物,还有它藉由对人民施行权威与正统性而积聚的事物。类似的说法也可以运用于约旦、伊拉克、科威特、叙利亚、革命前的伊朗与巴基斯坦,只不过这些国家的寡头政治的统治阶层未必都是家族。但是的确,其中许多案例中都是由相对少数——宗教教派、独大政党、家族或区域集团——以国家与伊斯兰教之名宰制其他所有人。黎巴嫩与以色列例外,两个国家都位于伊斯兰世界,但前者由居少数的基督教徒统治(来自其他团体的挑战与日俱增),后者则是犹太教统治。然而这两个国家也以宗教方式表现出一部分的霸权。

所有这些国家在很大的程度上,藉由各自的方式感受自身正在回应外来的威胁,并求助于宗教、传统或民族主义,以求反制。然而这些因素都不能——这是重点所在——免于一个极为困难的窘境。一方面,国家结构对于民族性、宗教与其内部教派多元性的反应并不十分敏锐,因此沙特阿拉伯有多个部族或氏族觉得被拘束在一个自称为"沙特氏族的阿拉伯"的国家之中;而伊朗迄今的国家体制一直有效地压抑境内的阿塞拜疆人(Azerbaijanis)、俾路支人(Baluchis)、库尔德人与其他民族,让他们觉得自身的存在受到侵害;同样但分布更广的紧张情势反复见诸叙利亚、约旦、伊拉克、黎巴嫩与以色列。另一方面,这些国家的主导力量都会运用民族或宗教的意识形态,以呈现团结抵抗外侮的表象。这一点在沙特阿拉伯颇为明显,伊斯兰教在当地是唯一广被接受、名正言顺、能够号召民众的意识形态主流。从1980年代晚期开始,沙特阿拉伯国王就被称之为"两座圣地的监护人"(Khadim al Haramein,

圣地分指麦加与麦地那），这是一个更明确具体、更具伊斯兰教特权的头衔。在沙特阿拉伯与革命后的伊朗，"伊斯兰教"被等同于国家安全的多个层面，这些政治现象同时也坐实了西方对伊斯兰教的刻板印象，从而使伊斯兰教自身受到更大的内在与外在压力。

因此，"回归伊斯兰教"绝不是某种始终如一的运动，连条理分明也谈不上，它是将几种政治现实具体化。对美国而言，它代表一种混乱分裂的形象，有时要抗拒，有时要鼓励。我们会谈论反共的沙特阿拉伯穆斯林；英勇的阿富汗穆斯林反抗军；"理性的"穆斯林诸如萨达特、沙特王族、穆巴拉克与约旦的侯赛因国王。但是我们也会挞伐霍梅尼的伊斯兰好战分子与卡扎菲的伊斯兰"第三路线"（Third Way）①；而在我们对"伊斯兰刑罚"②病态着迷中，我们又吊诡地强化了它作为维持权威工具的力量。在埃及有穆斯林兄弟会，在沙特阿拉伯是好战分子夺占了麦地那的清真寺，叙利亚有"伊斯兰兄弟会"（Islamic Brotherhoods）与"先锋"（Vanguards）组织反抗复兴党（Baath）的政权，伊朗则是伊斯兰圣战士（Islamic Mujahideen）、反以色列突击队（Fedayeen）与自由派人士；在伊斯兰国家内部纵横敌对的力量中，这些团体只是其中一小部分，尽管我们对其整体所知甚少。此外，不同的伊斯兰民族

① 卡扎菲1973年提出的一种政治思想，标榜为资本主义与社会主义之外的第三种选择。——译者

② 其施行者如哈尔哈里（Sadegh Khalkali），伊朗阿亚图拉，革命法庭领袖，曾处决大批巴列维亲信。——译者

主义者，其身份认同在各个后殖民时期国家中遭到打压，他们也为**他们的**伊斯兰教而大声疾呼。在这所有现象之下——整个伊斯兰世界的学校（madrasas）、清真寺、俱乐部、协会（guilds）、党派、大学、运动、村庄与都市中心——激荡着更多形态的伊斯兰教，其中有许多都宣称要引导其成员回归“真正的伊斯兰教”（the true Islam）①。

那些被媒体与政府发言人要求评论“伊斯兰教”的西方人士，对于穆斯林百家争鸣的活力只能领略其中微不足道的一部分。最严重的误现发生在评论伊斯兰“复兴”（resurgence）的时候②。在追随者的心智与情感上，伊斯兰教在思想、情感与人文创造方面一直是不断复兴、活力充沛、丰富深厚。而且在信徒的思想上，“伊斯兰愿景”（Islamic Vision）〔这是蒙哥马利·沃特（W. Montgomery Watt）很有用的说法③〕使他们陷进创造性的两难处境中。什么是正义？什么是邪恶？什么时候该倚赖正统与传统？什么时候适用个人诠释（ijtihad）？问题不断孳生，努力已付诸实行——只是我们在西方很少看到或听到。伊斯兰生活有太多内容既不曾受制

---

① Michael M. G. Fischer, *Iran: From Religious Dispute to Revolution* (Cambridge: Harvard University Press, 1980). 对于伊朗的这类活动提供了卓越的解释。参见 Marshall Hodgson, *The Venture of Islam*。

② 最重要的意识形态文献是 Bernard Lewis, “The Return of Islam” *Commentary*, January 1976, pp. 39 - 49；我对这篇文章的讨论见 *Orientalism*, pp. 314 - 320。但是若与 Élie Kedourie 比较，Lewis 其实还算温和。Kedourie 曾想尽办法证明，伊斯兰的勃兴主要是“马克思—列宁主义”的一种变形，见 *Islamic Revolution*, *Salisbury Papers* no. 6 (London: Salisbury Group, 1979)。

③ W. Montgomery Watt, *What is Islam?* 2nd ed. (London and New York: Longmans, Green & Co., 1979), pp. 9 - 21.

于文本，也没有局限于重要人物或明确架构，这些看法都使已被滥用的“伊斯兰教”变成一个不可靠的指标，指向我们试图理解的事物。

然而“伊斯兰教”与“西方”的冲突仍是千真万确。人们很容易忘却：我们有两套壕沟、两套防御工事、两套军事机器。正如同对伊斯兰教的战争将西方世界全面团结起来抵抗伊斯兰势力，对抗西方的战争也让伊斯兰世界许多部分团结一致。如果说伊斯兰教在美国是较为新近出现的因素；但对许多穆斯林而言，美国隶属于西方世界，因此是一种已经让伊斯兰各界仔细思考数十年的现象。我觉得，许多西方的伊斯兰文化学者喜欢夸大过去两百年来“西方”对伊斯兰思想的冲击，而且误以为“西方”与“现代化”长久以来都是伊斯兰的关切焦点，从大西洋到波斯湾都是如此。其实大谬不然，原因很简单，伊斯兰社会就像所有社会一样，关切的事物总是因时而异。不过的确，“西方”提供了大量的论战、专著与诠释成绩，并且为伊斯兰世界众多的人物、政党与运动提供各种计划与任务①。然而，如果以为整个伊斯兰世界都只因那个毕竟是外来的事物而困扰，将是错误而傲慢的想法。

有一点必须谨记：伊斯兰文化最伟大的标记之一，就是它丰富且极为巧妙的诠释活力。也许伊斯兰教并未创造出蓬勃深厚的视觉美学传统；但更为有趣且同样真实的是：很少

① 对此问题特别令人信服的描述见 Albert Hourani, *Arabic Thought in the Liberal Age*, 1798 - 1939(1962; reprint ed., London and Oxford: Oxford University Press, 1970)。

文明像伊斯兰教一样,以如此宽广的尺度鼓励言词诠释的艺术。伊斯兰教的全部体制、整个传统、全体学派都是建构在评论体系、语言理论与诠释表现之上。并不是说同样的现象在其他宗教中付之阙如,其他宗教也有,不过必须记住,与其他文化相比,伊斯兰的口语与言词经验在发展过程中遇到的竞争较少,但领域的排他性较强。无怪乎伊朗的新宪法会明确指定一位教法学家(faqih)做为国家的指导,这位教法学家并不是媒体以为的哲学王(philosopher-king),而确实是一位精熟伊斯兰教律法(fiqh)的律法诠释学大师,换言之,他是一位伟大的读者。

伊斯兰的诠释共同体以及西方或美国主要由大众媒体构成的诠释共同体,很不幸地都将精力耗费在两者冲突的狭隘观点上,而且在过程中忽略了那些与冲突无关的事物。既然我们一厢情愿地相信穆斯林反对"魔鬼般的"(satanic)美国,那么就应该去注意一下真正发生的事情。虽然毫无疑问地,西方的"新闻"与"形象"控制权并不在穆斯林手中;同样可以确定的是,穆斯林之所以不能够采取行动改善,唯一原因就是他们普遍迟迟未能了解自身的这种依赖性。就那些因石油致富的国家而言,他们可不能抱怨缺乏资源。他们缺乏的是一种协同一致的政治决定,以认真的态度参与世界;这种缺憾证明那些无法团结的伊斯兰国家在政治上并未动员,也没有一贯的立场。目前当务之急就是要鼓励多种才能的发挥,其中相当重要的是一种塑造并彰显出自觉、强而有力的自我形象的能耐。然而这意谓着要严肃评估穆斯林以许多不同方式表现出的正面(不止是回应性与防御性)价值。对于这个主题的一场大辩论,通常是以"turath"(特别指伊斯兰的传统遗产)的形式一直在伊斯兰世界中进行①：现在应该要将其成果与议题传递到世界其他地区。人们已经没有多少理由，一方面为“西方”对于阿拉伯与伊斯兰教的敌意而哀叹，一方面却只是义愤填膺，不采取行动。当人们勇敢地分析这股敌意的来由以及那些激发敌意的“西方”层面，就等于向改变现况跨出了重要的一步，不过，一步绝不是全程：如果不希望再导致新一波的反伊斯兰宣传，就必须以其他事物取而代之。当然，真正去**依循**、**实现**那些盛行一时的对伊斯兰教满怀敌意的形象，在今日会带来极大危险，尽管到目前为止，这只是**某些**穆斯林与**某些**阿拉伯人与**某些**非洲黑人的做法。然而他们的行为也凸显出有待完成工作的重要性。

我认为许多伊斯兰国家在急着进行工业化、现代化并发展自身的同时，有时过于顺从，一味迎合消费者市场。为了驱散东方主义的迷思与刻板印象，媒体与穆斯林必须给全世界一个机会，看到穆斯林与东方人创造出并且——更重要的——传播一种不同形态的历史、一种新的社会学、一种新的文化自觉：简而言之，穆斯林必须强调以生活实践新形态历史的目标，并以目的性与急迫感的严肃性来探索马绍尔·霍吉森所说的“伊斯兰世

---

① 最近具党派之见的例子是 Adonis (Ali Ahmad Said), *Al-Thabit wal Mutahawwil*, vol. 1, AI-Usul (Beirut; Dar al Awdah, 1974)。参见 Tayyib Tizini, *Min al-Turath ilal-Thawra: Hawl Nathariya Muqtaraha fi Qadiyyat al-Turath al-'Arabi* (Beirut: Dar Ibu Khaldum, 1978)。Saleh Omar 对 Tizini 的作品有卓越的阐释，见 *Arab Studies Quarterly* 2, no. 3, (Summer 1980): pp. 276 - 284。近来欧洲对此问题的观感见 Jacques Berque, *L'Islam au défi* (Paris: Gallimard, 1980)。

界”(Islamicate world)①及其中许多不同的社会,并将结果传送至伊斯兰世界之外。这应该就是阿里·夏利亚提(Ali Shariati)在思索伊朗穆斯林时心中所想,他将穆罕默德从麦加到麦地那的迁徙(hejira)普遍化,将人视为“一个选择,一场抗争,一种不断的变化。他永远不断地迁徙,在他的心中迁徙,从造人的泥土到真主。他是内在灵魂的迁徙者②”。

像夏利亚提这样的理念,说明了伊朗革命的早期阶段,而且一劳永逸地破解了那种教条僵化的看法:认定穆斯林在根本上既无法发动真正的革命,也无法直截了当地推翻暴政与不公。更重要的是,伊朗革命从发轫之初就显示出——正如夏利亚提一贯坚持的——融入生活中的伊斯兰教,必须是能够鼓舞人心的存在挑战,而不是消极地屈服于人或神的权威。在这样一个世界中,没有“固定标准”(fixed standards)、只有要求从造人的泥土“迁徙”到真主的神圣指令,照夏利亚提的看法,穆斯林必须开辟出自家的道路。人类社会本身就是一场迁徙,或者应该说是摆荡,来往于“该隐的一端”(the pole of Cain)(统治者、帝王、贵族:个人大权在握)与“亚伯的一端”(the pole of Abel)(《古兰经》称之为:“al-nass”的人民阶层:民主、主体性、共同体③)。霍梅尼的道德教诲起初就是如此

① Hodgson, *Venture of Islam*, 1:56 ff.

② Ali Shariati, “Anthropology: The Creation of Man and the Contradiction of God and Iblis, or Spirit and Clay,” in *On the Sociology of Islam: Lectures by Ali Shari'ati*, trans. Hamid Algar (Berkeley, Calif.: Mizan Press, 1979), p. 93.

③ Shariati, “The Philosophy of History: Cain and Abel,” in *On the Sociology of Islam*, pp. 97 - 110.

动人：虽不如夏利亚提的弹性灵活，但他也能了解，穆斯林的困境是人生中不断要在“hallal”与“haram”（正确与邪恶）之间做抉择。因此霍梅尼倡导建立一个“伊斯兰”共和国，企图将正义体制化，并且拯救“al-mostazafin”（被压迫者）脱离苦海。

这样的理念当然会在伊朗掀起轩然大波。然而，伊斯兰革命在西方并没有得到同情的关注。就连在伊斯兰国家之中，伊朗经验也因其能量、激情、破坏性且几乎是千年仅见的热忱而受到畏惧，尽管伊朗在后霍梅尼时代曾发生大规模但没有引起外界广泛注意的论辩。因此在伊斯兰世界中，官方对伊斯兰生活的正统观点与一种反传统文化的伊斯兰教之间，已出现宽广的分裂，后者在许多方面与前者针锋相对，其最激进的表现就是伊朗革命①。讽刺的是，西方对伊斯兰教整体的观点，总是偏爱将“伊斯兰教”联系到许多穆斯林面对当今现况时所反对的事物：刑罚、独裁、中世纪思考模式、神权政治。

---

① 见 Thomas Hodgkin，“The Revolutionary Tradition in Islam”与 Adonis，*Al-Thabit wal Mutahawwil* 讨论官方文化与反文化之间的冲突。

公主事件的前前后后

然而,再现于我们面前的伊斯兰教,必然会被我们为自身目的而再现它的力量所稀释弱化;而且会为了国家、政府、回应我们的团体的需要而化约:这绝非伊斯兰教的本来面貌,而且现今"我们"与"他们"之间的遭遇对此也无济于事。更重要的是,在这种再现涵盖的范围中,它所隐瞒的事物远多于它明白揭露的。分析早年一桩恶名昭彰的事件将可以说明我的理念。

1980 年 5 月 12 日美国公共电视台播出了一部影片《公主之死》(*Death of a Princess*),制作人是英国电影制片家安东尼·托马斯(Anthony Thomas)。之前一个月,这部影片引发英国与沙特阿拉伯之间的外交争端,导致(虽然这些措施都没有维持多久)沙特阿拉伯召回驻英国大使、沙特阿拉伯国民抵制赴英国度假,以及进一步制裁的威胁。为什么?根据沙特阿拉伯的说法,因为这部影片侮辱伊斯兰教,以错误形象描绘阿拉伯社会,尤其是扭曲了沙特阿拉伯的司法制度。影片根据一位年轻公主与其平民爱人被处决的著名事件,以纪录片的方式呈现为真相探索:一名英国记者尝试调查这对恋人的真正遭遇。他远赴贝鲁特,与黎巴嫩及巴勒斯坦人士接触;然后前往沙特阿拉伯,在那边想当然地他只获得不着边际的官方说法。在调查过程中,这名记者只学到一件事:与他谈过的人士都将公主事件诠释为他们政治与道德两难的象征。对巴勒斯坦人而言,公主就像他们一样,是追求自由与政治表现的弃儿。对某些黎巴嫩人而言,她代表撕裂黎巴嫩的阿拉伯内部斗争。对沙特阿拉伯官方而言,她是他们自家的问题,与其他人都无干;他们认为西方人之所以会对她的故事感兴趣,只是因为这样可以抹黑沙特阿拉伯政权。最后,对少数知道内情的人士而言,公主的苦难控诉了这个政权的伪善,它以"伊斯兰教"与伊斯兰式的"以牙还牙"(lex talionis)来遮掩王室家族的腐败。影片的结论是开放的:尽管没有一个解释能够涵盖已发生的事件,但每个解释都有其真实面。

在美国,沙特阿拉伯政府反对播放这部影片的明确态度,导致两个不太受欢迎的结果,国务院的沃伦·克里斯托弗(Warren Christopher)①公开提醒公共电视台注意沙特阿拉伯的不满,埃克森(Exxon)石油公司在几家大报上登广告,要求公共电视台"检讨"其播出决定。数个城市取消播出。公共电视台也承认影片的争议性,在播出之后立即举行了一场 60 分钟的专门小组讨论会。6 位人士加上一位主持人参与讨论这部影片:一位阿拉伯国家联盟(Arab League)代表,另一位是哈佛大学法学教授、第三位是波士顿地区的伊斯兰教人士、第四位是年轻的美国"阿拉伯专家"(通常是指既非学者亦非政府官员的人士),然后是一位在中东地区有商业与新闻经验的女性,一位坦承对沙特阿拉伯没有好感的英国记者。6 个人凑在一起,可想而知是凑出了一个小时的东拉西扯。那些了解此一地区的人通常受限于自身职位,只能坚守为穆斯林辩护的官方言论;那些略知一

① 时为副国务卿。——译者

二的人却会放言高论;至于其他人士则实在是不相干。

反对影片播出的压力的确引发了美国宪法第一修正案(First Amendment)的争议,而且我认为影片应该要播出。对于这部影片(就我个人看法,在电影艺术方面相当平庸)有一些未曾提及的重点:(a) 影片并非由穆斯林拍摄。(b) 对一般观众而言,它是他们能看到唯一一部关于伊斯兰的影片,或者就算不是唯一,也是令他们印象最深的一部。(c) 对于这部影片的讨论,无论是在专门小组会议或其他场合,都极少触及脉络、权力与再现的问题。托马斯的作品显然拥有关于其他地区——例如也门——影片所缺少的现成魅力:性与“伊斯兰刑罚”(特别是能够证实“我们”对穆斯林野蛮习性最恶劣怀疑的刑罚),装点成一部认真的纪录片,吸引广大的观众群。就如《经济学人》(*The Economist*)在 1980 年 4 月所说:“对大部分西方人而言,伊斯兰法律就意谓着伊斯兰刑罚:也就是这部电影要培养的简化迷思。”一旦大家知道沙特阿拉伯政府试图在幕后操纵(而且涉及埃克森公司),影片吸引的观众就更多了。这一切都凸显出“公主之死”显然不是一部穆斯林影片,它只是让穆斯林表达出非常局限、相当不受欢迎,且毫无效果的意见。

公共电视台与影片制作人一定能够觉察到——如同任何穆斯林或第三世界人士——无论影片内容为何,它的制作以及藉由影像再现场景的行为本身都是一种特权,衍生于我在其他地方所说的“文化权力”,在这个案例中就是指西方的文化权力①。这与沙特阿拉伯的富裕毫不相干:新闻以及影像

① 萨义德 *Orientalism*, p. 41 ff。

的制作传播比金钱更有力，因为西方真正重要的体系是新闻与影像，而不单单只是资本。沙特阿拉伯对抗这个体系，以侮辱伊斯兰教为名对这部影片的反弹，本身也是一种尝试，要动员另一种远较脆弱的再现体系——这个政权作为伊斯兰教捍卫者的形象——来抵消所谓的西方体系。

西方体系在公共电视台的讨论会中取得进一步胜利。一方面公共电视台可以宣称，他们十分周到地播出对于这个问题的讨论，已经回应了沙特阿拉伯的不悦。另一方面，公共电视台掌控了讨论过程，名不见经传的"代表性"人物含糊表达出各种不同的"平衡"观点，确保任何强烈或冗长的分析都会被消融，仅只是讨论会的出现即可代替详尽的分析。这个事件的成功，一部分即在于没有人指出影片的罗生门式(Rashomon-style)架构以及"平衡的"讨论会，会使得对于真正主题——当代的伊斯兰社会——的判断沦为误导人心的开放式结论。我们完全不知道(或许并不真的在乎)这位公主到底做了什么，正如同讨论会上有人说"这部影片很糟"，也有人说"这部影片很诚实很好"。然而潜藏在影片与讨论会背后的是一桩未被承认的事实：与某部被认定为伤害基督教、美国或卡特总统的沙特阿拉伯影片相较，这样的一部影片虽然后果更为严重，但仍然*可以*被制作与播映。

除了积极阻挠这部影片放映，沙特阿拉伯政权还使自己被迫否认它根本无法否认的事——事件本身，同时也无法提供任何足以端正视听的伊斯兰教形象。我先前谈过的那种化约的双重约束，使得任何对于这部影片的批判都归于无效。因为人们可以说：不，事情不是那样的；也可以说：事情就是这样;当然前提是存在某种方式可以让人们有效地表达这些说法,而且也有某种立足点可以表达。对沙特阿拉伯官方发言人而言,除了藉由在文化界恶名昭彰的方式来试图阻止影片播映之外,没有任何表达方式与立足点可言。沙特阿拉伯官员做了一些有气无力的工作,来显示伊斯兰教“美好的”一面,但是在争议中并没有得到回应。更糟的是,美国似乎没有任何在文化基础上足够强大的群体,可以指出这部影片在艺术上或政治上都无足轻重,无法表现任何重大的事件。不幸的是,在美国与英国反对这部影片的人士,都被视为沙特阿拉伯金融利益的奉承者〔凯利(J. B. Kelly)在1980年5月17日的《新共和》杂志上以明显的鄙夷语气做此表示〕,没有比这更糟的了。最后一点,反对影片的人士无法掌握传播机构,来批判性地挑战这部影片。一等到马塞尔·奥弗斯(Marcel Ophuls)①的《正义的记忆》(*The Memory of Justice*)或《犹太人大屠杀》(*Holocaust*)的相关争议被拿来做比较,而莱妮·里芬施塔尔(Leni Riefenstahl)②的几部电影也被提及,这场争议很快就显得了无新意。

《公主之死》的播映还有更多值得注意之处。早在《公主之死》出现之前,美国媒体与其周围的知识界与文化界就充斥着反伊斯兰与反阿拉伯的公然污蔑。纽约市长至少曾两度直接侮辱沙特阿拉伯国王,这名市长拒绝与国王打招呼,甚至连最普通的礼节都不愿表示。扎实的研究指出,几乎每一部黄

① 法国纪录片导演。——译者

② 纳粹德国时期著名女导演。——译者

金时段的电视节目都有关于穆斯林的片段，种族歧视意味明显，侮辱丑化其形象。这些穆斯林都是以一竿子打翻、以偏概全的方式再现：因此，一个穆斯林就代表所有的穆斯林与伊斯兰教整体①。高中教科书、小说、电影、广告：其中有多少真正能说明伊斯兰教，更别说对伊斯兰教美言几句？伊斯兰教什叶派与逊尼派的差异有多少人了解？了解的人少之又少。想一想美国大学提供的人文通识课程：大部分甚至全部的课程大纲中，都是将"人文学"等同于一系列大师经典，从荷马(Homer)与雅典悲剧家(Attic tragedians)，经过《圣经》、莎士比亚(William Shakespeare)、但丁(Dante)与塞万提斯(Miguel de Cervantes)，直抵陀思妥耶夫斯基(Fyodor Dostoevsky)与艾略特(T. S. Eliot)。与基督教欧洲毗邻的伊斯兰文明，在这样的种族中心架构中有何地位？扣掉那些新近出版的书，标题诸如《好战的伊斯兰教》(*Militant Islam*)、《伊斯兰教的匕首》(*The Dagger of Islam*)、《霍梅尼阿亚图拉的"我的奋斗"》等等，有哪些概述伊斯兰文明的著作被广泛阅读、引用或查阅？我们可以像界定"亲英派"、"亲法派"等族群一样，从美国民众之中找出"亲伊斯兰派"吗？只因为穆斯林移民在1980年代晚期增加，非洲裔美国人改信伊斯兰教的现象日趋明显〔例如路易斯·法拉汗(Louis Farrakhan)〕，我们是否就能断定美国存在亲伊斯兰的族群？

《公主之死》争议销声匿迹之后，《美国观察家》(*American*

---

① 一直到最近，其他"东方"团体呈现的情况都没有多大改变。见 Tom Engelhardt, "Ambush at Kamikaze Pass," *Bulletin of Concerned Asia Scholars* 3, no. 1 (Winter-Spring 1971): pp. 65 - 84。

Spectator)月刊登出一篇埃里克·霍佛(Eric Hoffer)标题为“穆罕默德的怠惰”(Muhammad's Sloth)的文章,副标题为“穆罕默德,举步维艰的使者”(Muhammad, Messenger of Plod)①,但很遗憾,沙特阿拉伯官方忘了要发起攻势。他们在列举对伊斯兰教的错误观念时也不曾提醒世人:全世界仅有三个国家其领土被美国盟邦霸占,但三个都是伊斯兰国家。只有在王室名声遭玷污时,沙特阿拉伯政权才会威胁要报复。怎么会认为伊斯兰教只在一件案例中受到伤害,在其他案例中都毫发无伤?为什么一直到现在,沙特阿拉伯对于增进外界了解伊斯兰教几无贡献?沙特阿拉伯迄今对美国的教育捐助只限于南加州大学(University of Southern California)的中东研究计划(Middle East Studies Program),主其事者却是一名前任的“阿拉伯美国石油公司”(ARAMCO)人员②。

但是,公主事件的完整脉络还更为复杂。早在1990年至1991年波斯湾地区爆发危机与战争之前,美国是否应以军事行动干预波斯湾区,是至少延续五年来普遍讨论的问题。从1978年后期开始,当时沙特阿拉伯拒绝加入戴维营和平进程,于是大幅报道这个政权众多错误与缺陷的文章(部分充斥着惟妙惟肖的假消息)从此与日俱增。1980年7月底内幕揭露,这些报道有一部分是中情局在幕后策动:参见1980年7月30日《华盛顿邮报》,大卫·雷伊(David Leigh)的《出

① Eric Hoffer, “Islam and Modernization: Muhammad, Messenger of Plod,” *American Spectator* 13, no. 6 (June 1980): pp. 11-12.

② 根据 L. J. Davis, “Consorting with Arabs: The Friends Oil Buys,” *Harper's Magazine*, July 1980, p. 40。

差错的华盛顿泄密：中情局失态震惊沙特阿拉伯》（“The Washington Leak That Went Wrong：A CIA Gaffe That Shocked Saudi Arabia”）。《纽约书评》在创刊之后的16年中，很少注意波斯湾地区：但是在戴维营和平协议之后的一年里，它就刊载了数篇关于波斯湾地区的专文，清一色强调当今沙特阿拉伯统治形态的脆弱。在此同时，各家日报也发现了伊斯兰教的兴盛；其刑罚、宗教律法与对女性观念的中世纪特质。没有人会同时提及，以色列的拉比对于女性、非犹太人、个人卫生与刑罚的观点，其实也相当类似；或者某些黎巴嫩教士的看法是同样地残酷而中世纪。这种选择性锁定沙特阿拉伯伊斯兰政权的做法，似乎是围绕着它的脆弱性与特异性而运作，而这些做法都不会减少它的脆弱与特异。不过其意图似乎是：沙特阿拉伯因为抗拒美国，所以如今要承受所谓“诚实”报道的好处，而且必须顺应要求，废除其新闻封锁检查制度（没有人抱怨：从以色列发出的每一则新闻都必须通过军方检查）。沙特阿拉伯的欠缺新闻自由经常引发大规模的愤慨谴责（有多少人曾对以色列压制约旦河西岸阿拉伯报纸、学校与大学表达愤慨？）。沙特阿拉伯突然间成为自由派与犹太复国主义者同声挞伐的对象，另一方面则受到保守派金融家与体制高层人物的赞扬呵护。这种现象进一步贬抑了沙特阿拉伯，使它更无法获得接纳，知识层面更加荒谬错乱，而它在某些方面也的确是如此，只除了一点之外：它很便捷地沦为“伊斯兰”世界所有相关事物的象征。

这一切的结果之一，就是当《公主之死》争议发生时，“我们”大模大样地感叹“他们的”伪善与腐败，“他们”则反过来憎恨我们的力量与冷酷。冲突进一步在“我们”与“他们”之间划分出讨论范围，使真正的讨论、分析与交流如同缘木求鱼。穆斯林在遭遇一个再现为“西方文明”的巨大实体时不断失败，其自我认同因此有增强的倾向；有鉴于此，西方内部的煽动家也猛烈抨击中世纪的狂热思想与残酷暴政。对几乎每一位穆斯林而言，强调伊斯兰认同的本身就是一种近乎无限的反抗行为，也是生存所必需。战争似乎是再顺理成章不过的结果，亨廷顿宿命论式的文明冲突论因此特具吸引力。

这种情况有一个指标，就是《公主之死》与公共电视台15年后播出的另一部影片《美国圣战录》(*Jihad in America*，1995年)之间的对比。早年的纪录片呈现出异国情调、遥远荒渺的伊斯兰教形象；最近这一部则是大声疾呼说美国本身已沦为战场，各种疯狂的穆斯林阴谋策划恐怖活动与可怕的战争，要从内部攻击我们。影片的制作者是史蒂芬·艾默生，他对于中东政治、历史、文化或宗教的涉猎一片空白；至于他的资历，影片开头骄傲地宣称他是恐怖活动的报道者。过去10年来兴起了一批这类启人疑窦的专家——世界贸易中心大楼爆炸案的确非常可怕，而一小撮极端分子也的确是元凶，其领袖拉曼教长出身当年接受美国援助的阿富汗圣战士，尽管艾默生并没有将拉曼直接联系到美国精心筹划的政策，在阿富汗境内培养极端分子团体来对抗苏联——对于其忧虑可以理解的民众，这些专家藉由反恐怖主义、恐怖主义专业知识、对伊斯兰威胁与相关事务的知识获致的吸引力，使得他们在耸动的媒体界一炮而红。尽管《美国圣战录》在谈论伊斯兰教时摆出负责任与慎思明辨的姿态，尽管影片中有几处声明大部分穆斯林是爱好和平而且是“像我们一样的”，但这部影片的用意还是要将伊斯兰教激化为一个邪恶的温床，制造出残忍无情的杀手、阴谋者与滥用暴力者。在一幅接一幅的景象中——全都是从真实的脉络中割裂出来——让我们应接不暇的是怒气冲冲、满面于思的伊玛目,对西方尤其是犹太人咬牙切齿,扬言要向西方进行种族屠杀与无止境的战争。看到影片末尾,观众将会相信美国内部有一个庞大、细密的网络,包含秘密基地、阴谋策划中心与炸弹工厂,全都是用来对付无辜、毫无戒心的美国民众。

有趣的是,1995 年 4 月俄克拉何马市爆炸案发生之后,艾默生立刻被找上媒体,他毫不犹豫地宣称:这桩惨案是中东地区人士犯下的,因此对于司法单位在案发后头几天大力搜索皮肤黝黑、有伊斯兰外表的疑犯,他也有推波助澜之功。后来爆炸案凶手证实是美国本土的极端分子——白种人清教徒,艾默生也销声匿迹,不过可以想见的是,他将来还是会被找上媒体。对于困扰美国的本土民兵、大学炸弹客等类似组织网络,艾默生的影片完全没有比较它们与伊斯兰教圣战恐怖分子的规模以及能力。影片的后半部极为浓缩,在一幕又一幕景象、一个又一个断言之间跳接,指控穆斯林正试图摧毁美国,但是艾默生没有点明任何具体数据,也没有事件、会议等等的发生频率。艾默生最后留给观众的印象就是,伊斯兰教等于圣战等于恐怖主义,这种印象进而强化了对伊斯兰教与穆斯林在文化上的恐惧与憎恨。

艾默生影片的力量及其策略巧妙之处当然就是,伊斯兰教在媒体缺乏具影响力的制衡观点,很少人会意识到绝大多数的穆斯林不应该与那一小撮边缘团体混为一谈,后者被艾默生膨胀到无以复加的地步。由艾默生对伊斯兰教的再现所灌输的敌意,有一大部分来自它假定的反犹太主义以及对以色列的憎恨。影片中出现了几幕以色列遭自杀炸弹攻击后的惨况,还以图片简短描述布宜诺斯艾利斯犹太文化中心的爆炸案,其实本案并无穆斯林嫌犯遭到逮捕。这些对伊斯兰恐怖行动的描述,用意显然都是要激起美国支持以色列人士的愤怒与憎恨,在他们看来,以色列是毫无来由、反犹太的伊斯兰恐怖行动的无辜受害者。这当然也是以色列官方立场,模糊掉以色列自身的作为——在美国无条件的支持之下——对约旦河西岸、加沙走廊、东耶路撒冷、戈兰高地与黎巴嫩南部的占领已经持续数 10 年,以色列军机还曾攻击这些地方的医院、平民集会地、学校、孤儿院等等。这些都被艾默生的影片刻意忽略,这部影片要尽可能将美国观众对伊斯兰教的憎恨与恐惧导向全体穆斯林,同时谨记民主、热爱自由的"我们"完全是无辜的。

希望美国与伊斯兰世界都有人能够发现像"西方"、"伊斯兰教"这类强制性标签可悲的局限性,也许只是奢望。期待这些标签与背后支持框架会随着时间而丧失束缚的力量,也许只是奢求。不过"伊斯兰教"仍然有可能不再那么冥顽不灵、可怕,而是更可能成为某些诠释的结果,足以切合我们当下的政治目的、描述我们的焦虑,而不论"我们"是否有可能变成是穆斯林或非穆斯林。一旦我们终于能掌握诠释的强大力量与主观性要素;一旦我们认清,我们知道的事物中有许多都只是**我们的**,其涉及层面更多于我们平常承认的层面。如此一来,对于我们自身以及我们所处的世界,我们就可以开始扬弃一些天真轻信、大量的恶质信念,以及许多的迷思。因此,就算只是去理解“新闻”，在某方面也意谓着理解我们自身，理解我们置身其中的社会环节是如何运作。我们理解这些事物之后，才能够进一步掌握属于我们的“伊斯兰教”，以及为穆斯林而存在的不同形态的伊斯兰教。

现在且让我们来尝试分析“我们”与“伊斯兰教”之间最麻烦的一桩事件：伊朗人质危机。这事件一直持续影响1990年代美国与伊朗间的僵局，其中有许多值得探讨之处，也有许多政治混淆必须清除；原因有二：这个事件对我们而言是如此痛苦深重；而且仔细检视之下会发现，它很能够说明至今仍在伊斯兰世界运作的过程。我们一旦处理过伊朗问题，就可以进而讨论在最近这个阶段中，联结伊斯兰教与西方的更广泛问题。

第二章　伊朗事件

圣　战

伊朗一直令美国民众愤恨不平，原因不仅在于德黑兰大使馆被非法占领一事是奇耻大辱——伊朗学生在 1979 年 11 月 4 日占领大使馆，也在于媒体对事件巨细靡遗、高度聚焦的报道，以及事件结束多年以来对伊朗持续的妖魔化。知道美国的外交官被劫持，而且美国人对解救他们似乎爱莫能助，这是一回事；然而每天晚上黄金时段看着事件在电视上发展，又完全是另外一回事。但是，我认为我们已经到了适当时刻，必须批判性地衡量所谓"伊朗事件"(the Iran story)的意义，以理性、冷静的态度了解事件在美国人意识中的呈现；特别是美国民众近来对伊朗的认识，有将近百分之九十来自广播、电视与报纸。美国人被劫持为人质引发的伤痛与愤慨，以及伊斯兰世界内部冲突造成的困惑，都是无法纾解缓和的。然而我认为我们应该感到庆幸，因为除了一项行动之外[1]，美国并没有对伊朗动武。无论如何，我们必须在美国及西方与伊斯兰世界关系的整体脉络中，评估美国民众对伊朗印象的起源：伊朗的形象如何？媒体如何日复一日地将它呈现并再呈现于美国民众之前？

大使馆遭占领后，夜间电视新闻立刻开始大幅报道伊朗。连续好几个月，ABC 电视网每天晚上播出特别节目"美国人遭劫持"(*American Held Hostage*)，而公共电视台的"麦克尼尔/雷勒报道"(*MacNeil/Lehrer Report*)也针对危机推出一系列特别节目,集数之多史无前例。华特·克朗凯连续数月在他的口头禅“就是这么回事”之后,提醒观众人质已被劫持多少天:“第 207 天”等等。泰德·卡波(Ted Koppel)在 ABC 历史悠久且颇为成功的节目“夜线”(*Nightline*)就是因为人质危机而开播。这段时期的国务院发言人侯丁·卡特(Hodding Carter),只花了两星期就成为明星。另一方面,在 1980 年 4 月底的救援行动失败之前,国务卿万斯与兹比格涅夫·布热津斯基(Zbigniew Brzezinski)②都不常露面。与阿伯尔哈桑·巴尼萨德(Abolhassan Bani-sadr)③、萨戴格·戈特布扎德(Sadegh Ghotbzadeh)④、人质父母亲访谈交替出现的是:伊朗人民示威;三分钟伊斯兰教历史速成;医院对逊王的病情报告;表情严肃的评论员与专家分析、思索、辩论、高谈、宣扬各种理论与行动方案;预测后世人们对这些事件的诠释;心理学;苏联的举动;穆斯林的反应:但是 50 多位美国人仍然遭到拘禁。

在整个危机中,伊朗人民显然想利用媒体来满足他们认定的自身利益,各大电视网也没有忽略他们这项考量。占领大使馆的伊朗学生会赶在卫星时限与美国夜间新闻播出之前安排“活动”,伊朗官员不时表明他们的计划就是要促使美国民众反对政府政策。这从一开始就是严重失策。后来伊朗的策略出现一种奇特、未必受欢迎的效果,刺激媒体采取更认真

---

① 指 1980 年 4 月,美国出动特种部队试图解救人质,但任务失败。——译者
② 时为白宫国家安全顾问。——译者
③ 人质危机时期的伊朗总统。——译者
④ 当时的伊朗外交部长。——译者

的调查立场。不过我在这里要讨论的是，在危机最紧张的时期中，美国民众对伊朗的印象如何；这事件的另一面向必须依属于这项考量之下。

就如我在第一章所云，过去10年来最戏剧化的——通常也是恶劣的——新闻，不仅是伊朗，还有阿拉伯与以色列冲突、石油、阿富汗等等，都是“伊斯兰教”新闻。最显著的例证就是，在漫长的伊朗危机期间，美国的新闻消费者一直在接受关于一个民族、一项文化、一种宗教——其实不过是一种定义贫弱、误解严重的抽象事物——的讯息，就伊朗案例而言，这个民族、文化与宗教，总是被再现为好战、危险、反美。

伊朗危机之所以会成为检视媒体表现的恰当时机，原因正是它让如此众多美国人民为之苦恼的特质：危机的时间漫长，以及伊朗象征的事物代表了美国与伊斯兰世界的关系。但我仍然认为，我们必须仔细审视，在危机最初的二或三个月，从媒体态度与做法中逐渐浮上台面的因素，就是这些因素让媒体的态度更牢不可破；尽管西方从此要面对的是新挑战、史无前例的政治变迁与危机。后来没有过多久，媒体的报道就出现变化，整体而言，比起危机刚开始的情势，后来的变化稍稍令人振奋。

为了筛选德黑兰美国大使馆被占领事件制造出来的大量资料，就要遭遇一些事情。首先，“我们”似乎被围困了，而正规、民主与理性的事物秩序也随之受困。“伊斯兰教”在源于自身的狂热中翻滚，当时它的表现形式就是神经质而令人不安的伊朗。《时代》杂志11月26日当期一篇论伊斯兰教什叶派的显眼文章，标题是《烈士意识形态》（"An Ideology of Martyrdom"）；与此同时，仿佛是抄袭自同一篇证词，《新闻周刊》也在 11 月 26 日刊出一整页标题为"伊朗烈士情结"(Iran's Martyr Complex)的文章。

相关的证据似乎屡见不鲜。11 月 7 日，《圣路易邮报》(*St. Louis Post Dispatch*)刊登了一场在圣路易举行，关于波斯湾与伊朗讨论会的会议记录。其中一位专家说道："失去伊朗并让伊朗成立伊斯兰政府，是美国近年来最大的挫败。"换言之，伊斯兰教从定义上就是会损害美国利益。《华尔街日报》(*Wall Street Journal*)在 11 月 20 日刊出社论表示："文明退步"是来自"首先散布这些(文明的)理念的西方强权已经衰微"，就好像是说，不当西方人——这是世界上大多数人口的宿命，穆斯林也是如此——就无法拥有任何文明的理念。此外还有一位哥伦比亚大学教授修尔维兹(J. C. Hurewitz)，11 月 21 日 ABC 记者请教他是否什叶派穆斯林都"反美"时，修尔维兹的答案是非常明确的肯定。

各大电视网的评论员——CBS 的克朗凯、ABC 的法兰克·雷诺兹(Frank Reynolds)是其中最著者——经常会提到"穆斯林对美国的仇恨"，或者是较为诗意的说"危机的新月，一股旋风横越草原而来"(雷诺兹 11 月 21 日在 ABC 所说)；在另外一个节目中(12 月 7 日)，雷诺兹为一幅画面作旁白，其中的群众正在颂赞"真主至大"，但他却解读他们真正的意思是"仇恨美国"。在同一集节目中，雷诺兹还告诉我们先知穆罕默德是"一位自命的先知"(哪一位先知不是如此?)，然后又提醒说"阿亚图拉"是"一个自封的 20 世纪头衔"，原意为"对真主的省思"(遗憾的是，两种说法都不完全正确)。ABC 简短的(三分钟)伊斯兰教介绍,在画面右方附上小标题,同样又是在强调,我们大肆以对"伊斯兰教"表达憎恨、怀疑与鄙夷:穆罕默德教、麦加、面纱(purda)、披风(chador)、逊尼派、什叶派(搭配年轻男性鞭挞自己的画面)、毛拉(mullah)、霍梅尼、伊朗。就在这些影像之后,节目画面立刻转移到威斯康星州(Wisconsin)的简斯维尔(Janesville),当地健康快乐的学童——没有面纱、自我鞭挞或毛拉——正在举行一场爱国的"团结日"(Unity Day)活动。

"好战的伊斯兰教:历史旋风"(Militant Islam: The Historic Whirlwind),1980 年 1 月 6 日的《纽约时报周日杂志》如此宣称。12 月 8 日的《新共和》也刊载了麦克·沃尔泽的《伊斯兰爆炸》。两篇文章就和其他类似作品一样,其意图不仅是要证明伊斯兰教是一个能够被全盘掌握的不变实体——尽管全球有 40 个伊斯兰国家,约 8 亿穆斯林散居于亚洲、非洲、欧洲与北美洲(前苏联与中国也有好几百万人),其历史、地理、社会结构与文化变化多端;而且还要揭示——如沃尔泽所云——每当有特别恐怖的谋杀、战争、长期冲突发生,"伊斯兰教显然都扮演重要角色"。正规的举证原则被搁置一旁,作者对他谈论对象的语言与社会一无所知,常识一遇到"伊斯兰教"讨论就得退位,这些缺憾似乎都无关紧要。《新共和》的社论将伊朗化约为"宗教热情受挫后的激愤"以及"伊斯兰教狂乱",旁征博引地论证伊斯兰教法(Shari'a)"伊斯兰教的神圣律法"必须规范间谍行为、战时安全通行权(safe-conduct)等等。这些议论都强化了一个主重点:如果伊斯兰对我们开战,我们加入战局时最好提高警觉。

还有一些比《新共和》更微妙的方法来让"伊斯兰教"入

罪。其中之一就是找专家在民众面前现身，然后要他或她暗示：就算霍梅尼并不足以真正“代表伊斯兰神职体系”〔这是美国前任驻约旦大使、前任黎巴嫩特使、中东研究中心主席狄恩·布朗(L. Dean Brown)，11 月 16 日在“麦克尼尔/雷勒报道”上的发言〕，但是这个“死硬顽固的”毛拉一心只想回归更早期(显然也更为道地)的伊斯兰年代。德黑兰的暴民让布朗联想起纽伦堡的纳粹动乱，其街头示威同样代表独裁者惯于提供的“当做主要娱乐的马戏”。

另一种方法是，暗示有无形的线索将中东的其他面向与伊朗的伊斯兰教串联起来，然后一概谴责，语气或明或暗则视情况而定。当前任联邦参议员詹姆斯·阿布瑞兹克(James Abourezk)前往德黑兰，ABC 与 CBS 的报道都提醒观众阿布瑞兹克是“黎巴嫩裔”。从来没有人提及众议员乔治·韩森(George Hansen)的丹麦血统，或是兰姆西·克拉克(Ramsey Clark)①的白种盎格鲁撒克逊新教徒(WASP)祖先世系。不知为何，提及阿布瑞兹克背景中模糊的伊斯兰色彩变成很重要的事，尽管他其实是出身黎巴嫩的基督教徒族群〔一个相关的现象是，运用冒牌的阿拉伯“酋长”当作公职人员受贿(Abscam)案例中的诱饵〕。

那些最具煽动性的暗示用法，有许多是来自《亚特兰大立宪报》(*Atlanta Constitution*)11 月 8 日头版的一篇小文章，作者丹尼尔·德鲁兹(Daniel B. Drooz)指控巴勒斯坦解放组织是大使馆占领事件幕后主谋，消息来源则是“外交与欧洲情报”当局。乔治·鲍尔在 12 月 9 日的华盛顿邮报上言之凿凿

① 卡特总统时期的司法部长。——译者

地说:“有理由相信,整个行动是由训练有素的马克思主义者策动。”12 月 10 日,NBC 的“今日秀”(*Today Show*)播出对阿摩斯·波勒穆特(Amos Perlemutter)与哈西·卡默尔(Hasi Carmel)的专访,两个受访者在节目中的身份据称是“美国大学教授”与“巴黎《快报》(*L'Express*)周刊的特派员”;事实上这两位仁兄都是以色列人。主持人罗伯特·阿柏奈西(Robert Abernethy)质疑他们指称苏联、巴勒斯坦解放组织与伊朗“激进的”穆斯林之间有“利益的契合”的说法,阿柏奈西问道,是否有真凭实据显示这三股力量**真的**都涉入大使馆事件?两人回答是没有,然而的确有利益的契合。当阿柏奈西礼貌地质疑,两人的说法听起来很像以色列某种“抹黑巴勒斯坦解放组织形象”的企图,波勒穆特教授愤怒地抗辩,但也只能声称**他的**立场是根据“知识的诚实”。

CBS 不让他人专美于前,其 12 月 12 日的夜间新闻请来了国务院的马文·考柏(Marvin Kalb),与一个月前的德鲁兹一样引述(也没有指名道姓)“外交与情报”消息来源,一口咬定巴勒斯坦解放组织、伊斯兰宗教激进主义与苏联在大使馆事件中狼狈为奸。考柏指称巴勒斯坦解放组织成员负责在馆区埋设地雷;他英明睿智地表示,这项内情会曝光是因为大使馆中听得到“阿拉伯语音”(隔天洛杉矶时报对考柏的“故事”也做了简短报道)。连“哈得孙研究中心”(Hudson Institute)专家康士坦丁·孟吉斯(Constantine Menges)这样的人物也大力主张同样的观点,首先是在 1979 年 12 月 15 日出刊的《新共和》,然后两度在“麦克尼尔/雷勒报道”指称,共产主义自然而然会勾结恐怖的巴勒斯坦解放组织与魔鬼般的穆斯林,除此之外,没有任何证据。(人们会觉得奇怪,麦克尼尔与雷勒为何不再度邀请孟吉斯上节目，评论苏联入侵阿富汗或伊朗官方对苏联行为的批判。)

“什叶派到哪里，麻烦就到哪里。”德鲁兹在 11 月 29 日的《亚特兰大宪政报》(*Atlanta Journal-Constitution*)上说道。《纽约时报》11 月 18 日以较为审慎的标题表示：“使馆占领事件与什叶派授权以及对逊王的愤怒都有关联”。11 月 4 日使馆占领事件发生之后的一周内，霍梅尼疾言厉色的照片不断反复出现，就和大规模伊朗暴民的照片一样，都是要告诉观众某些讯息。愤怒的美国民众焚烧(与贩卖)伊朗国旗成为休闲娱乐，新闻也忠实报道这类爱国行为。有趣的是，经常有报道显示出对于阿拉伯人与伊朗人的普遍混淆，例如《波士顿环球报》11 月 10 日报道春田市(Springfield)有一群民众高喊“阿拉伯人滚回去”的口号。什叶派的特别报道四处可见，然而相较之下，却没有多少文章是讨论伊朗**现代**历史；或是提及自 19 世纪后期以来，波斯教士对于外国干预以及君权制度非常重要的政治反抗；或是探讨霍梅尼推翻国王与一支无敌大军时，主要的凭藉只是录音带与大部分都手无寸铁的民众。

克朗凯对一些伊朗人名的发音错误，或许可以做为见微知著的象征。戈特布扎德的名字几乎每次念起来都不一样，克朗凯通常是念成“嘎布札代”。11 月 28 日，CBS 将穆罕默德·毕海希提(S. Mohammed Beheshti)①的姓氏念成“巴夏提”；不能遗漏的是，ABC 在 12 月 7 日将侯赛因·蒙塔泽里(Hussein Montazeri)②改姓为“蒙特梭利”。几乎每一则伊斯

① 伊朗阿亚图拉，宗教激进主义领袖。——译者
② 伊朗阿亚图拉，与霍梅尼不和。——译者

兰教的历史介绍,若不是含混到荒谬的地步,就是非常不精确,只为营造可怕的印象。举CBS11月21日夜间新闻关于伊斯兰教的报道为例:记者兰迪·丹尼尔(Randy Daniel)将"穆哈兰"(Moharram)描述为什叶派"庆祝穆罕默德挑战世界各地领袖"的一段时间——这种说法错误到愚蠢的地步。"穆哈兰"是伊斯兰历中的一个月份,什叶派在这个月份的前10天纪念侯赛因(Hussein)①的牺牲。后来这个节目又告诉我们,什叶派有被迫害情结,"难怪他们会造出一个霍梅尼";令人安慰但同样错误的说法是,霍梅尼并不代表伊斯兰教整体。我也接受了这个节目的访问,表达个人看法,但却被误认为专门研究伊斯兰的教授。11月27日,一位CBS记者告诉我们,整个伊朗都苦于"革命的宿醉",仿佛伊朗是个街角的醉汉。

但是,等到精英的《纽约时报》也以其无上权威来对付伊斯兰教,"美国被劫持"力量真正令人沮丧的本质才显露无遗。然而《时报》对伊斯兰教的处理与《时报》的本质大有关联。它不只是美国领袖群伦的报纸,而且其涵盖面、专业报道水准、责任感,还有最重要的,它以国家安全为着眼点写出可信报道的能力,这些因素综合起来,使《时报》的力量举足轻重。换言之,《时报》可以一方面权威地报道某个主题,同时又使这个主题关涉到国家;它这么做是刻意为之,而且似乎相当成功。因此哈里森·索尔兹伯里②回忆道,1961年春天肯尼迪总统曾告诉《时报》的特纳·凯特利吉(Turner Catledge),如果《时报》在猪湾行动(Bay of Pigs invasion)之前多做一些相关报道

① 先知穆罕默德外孙,什叶派早期领袖。——译者

② 前《纽约时报》副总编辑。——译者

(《时报》是自己挖到的新闻),“你们就能阻止我们犯下大错”①。索尔兹伯里说,在猪湾事件之后,《时报》与全世界都还不明了,其实泰德·索克(Tad Szulc)的报道并非特例,而且就这事件而言,《时报》的成就也并无特殊之处,对《时报》而言只是例行公事。《时报》已经变成一个极为强大的机构,其力量几乎可以与国家分庭抗礼。

> 《时报》已经达到临界质量,但所谓质量并非就读者与广告而言,虽然两者之间有必然的关联。现在《时报》是真正在报道全世界、报道华盛顿、报道美国与纽约市,用的是自家的男性与女性人员,这些人可不只是跑新闻而已,他们是业界能找到的最顶尖记者与编辑。他们齐聚在《时报》并不是为了金钱酬劳——《时报》的待遇不错,但谈不上特别优渥。他们到这里来,是因为《时报》提供了独特的报道与编辑管道。《时报》对专业素养标准要求之高,举世无双。现今记者的临界质量(猪湾事件之后)其规模与素质之优越,在运作时几乎不需要明确的方向。《时报》成员纵横全世界,怀着敏锐的新闻触角,不断探索、挖掘并询问②。

因此在适当的时候行使决定性权力成为报社的集体使命,而《时报》记者在报道时多少都是习惯成自然,“不需要明

① Salisbury, *Without Fear or Favor*, p. 158.
② 出处同上, p. 163。

确的方向”。1971 年《时报》开始刊载“五角大楼文件”(Pentagon Papers)时，距离它以公布相关政府文件将坦慕尼协会总部(Tammany Hall)大佬特威德一帮人(Boss Tweed clique)①拉下马，已经有 100 年之久。照索尔兹伯里的说法，《时报》这回又旧事重演，依循其堪为表率的道德先见之明而超越法律，为国家利益而行动②，彰显其揭露真相、推动政府的力量。《时报》在最近一任执行主编罗森陶带领下获致财务成功，原因是新辟了“家庭”、“生活”等版面，不过营收增加也使国外新闻报道得以扩大。

> 新的版面给予《时报》利基，使其地位更不可动摇，但在同一时期《纽约日报》(*New York Daily News*)与《纽约邮报》(*New York Post*)却经营不善。现在，《时报》和国内其他报纸不一样，它可以在一个月内花 3 万元甚至 5 万元以上，支付薪资与人员费用，来报道伊朗的沦亡，钱就在那里，没有限制③。

在伊朗“沦亡”的那一年年底，《时报》终于转向伊斯兰教。在 12 月 11 日用整整两个版面来报道一场名为“伊斯兰世界的爆炸情势”的研讨会。7 位与会者包括 3 位来自伊斯兰世界的学者，另外 4 人则是伊斯兰世界现代史、文化与社会声名卓

---

① 坦慕尼协会为 19 世纪后期纽约市民主党机关，因贪污腐化而恶名昭彰，威廉·特威德(William Tweed)为其领袖，后遭判刑。——译者

② Salisbury, *Without Fear or Favor*, p. 311.

③ 出处同上，pp. 560 - 561。

著的专家。他们被要求讨论的每一个问题都是政治问题，所有的问题都触及伊斯兰教对于美国利益的威胁。专家们不时会试图指出伊斯兰世界有不同的过去、不同的政治进程、不同形态的穆斯林。但是这些尝试都被下列这类问题的力量压制下去："如果今日我们在许多穆斯林心目中是如此邪恶，那么我们要如何与那些与我们较为亲善的力量、领袖与政府打交道？巴泽干(Mehdi Bazergan)①与布热津斯基握手，结果下台。巴尼萨德表示他愿意到纽约来，这句话也毁了他。我们是否得到与其他政权打交道的教训？是否得到自制之类的教训？"《时报》显然认为自身是直捣黄龙：如果穆斯林是被伊斯兰教所"统治"，那么就干脆正面诘问伊斯兰教。有趣的一点是，与会学者们试图将伊斯兰教再区分成更为重要的组成部分，但《时报》又将这些部分重组为对美国利益"敌视"或"友善"的力量。研讨会最后的结果令人愤慨，《时报》的最后一组问题很明显地暗示：劝说与讲理都没有用处，因此武力可能是最后的解决之道。

关于"我们"该如何思考伊斯兰教的疑问，后来也被一扫而空，在1979年的最末4天，《时报》刊登了弗洛拉·刘易斯一系列四篇长文，这四篇文章都试图认真地探讨危机中的伊斯兰教(《伊斯兰教的勃兴》("Upsurge in Islam")，12月28、29、30、31日)。刘易斯的文章中有一些可圈可点之处——例如她成功地勾勒出复杂性与多样性；但也有严重缺点，其中大部分是今日看待伊斯兰方式固有的缺点。刘易斯不仅在中东

---

① 伊朗革命后第一任总理。——译者

地区独独锁定伊斯兰教(犹太教、埃及与黎巴嫩的基督教的勃兴几乎都置而不论),而且她的一些说法,特别是在第三篇文章中,论及阿拉伯语(引述专家看法说阿拉伯诗歌是“辞藻华丽与适于朗诵的,而非私密而个人的”)以及伊斯兰心智(无法运用“按部就班的思考”),这些说法如果用以描述其他任何一种语言、宗教或族群,都会被视为种族歧视或荒谬绝伦。

10 年之后,同样是在《时报》,克里斯·海吉斯(Chris Hedges)写了一篇标题为《自我分歧的语言》(“A Language Divided Against Itself”)的文章,企图说明极端分子如何利用已经遭到民族主义腐蚀的阿拉伯语,创造出一种表达仇恨、过度简化的规则、宗教狂热的语言:“政治对话的粗暴化”,海吉斯做出结论,“使得能够相互交谈的阿拉伯人所余无几。”

刘易斯诉诸的权威经常是人们早就知道他们的一般看法的东方学专家:埃里·凯杜里(Élie Kedourie)在 1979 年后期对伊斯兰革命做了一番研究,企图说明这场革命可以与马克思—列宁主义等量齐观①,刘易斯引述他的说法:“东方的混乱是根深蒂固而且是当地特有”;伯纳德·刘易斯(与刘易斯并无亲戚关系)声称伊斯兰世界的“自由思考与研究已经终止”,原因则是伊斯兰教“静态”以及“决定论、机会论、威权的”神学。刘易斯运用他身为老牌东方学专家的权威,在 20 世纪 80 到 90 年代持续对“伊斯兰教”进行立场偏颇的全面攻击。人们无法指望在读过刘易斯(或伯纳德·刘易斯)的作品后对伊斯兰教得到一致连贯的观点,她对资料来源的浮光掠影以及对主题的生疏,让读者觉得她是在对主题玩拾荒游戏,而且

① Kedourie, *Islamic Revolution*.

她根本不该处理这个主题。毕竟,一个人要如何掌握数以亿计其文字"是表达意愿而非描述事实"的民众?(比较《亚特兰大立宪报》11 月 19 日的说法:"波斯语微妙而难以捉摸的本质。")伊斯兰教无论如何都会被品头论足,就算"它"是不清不楚,"我们"对它的态度(或者说"我们"肆无忌惮地归咎于它的态度)却是清清楚楚。

在《时尚先生》(*Esquire*)杂志 1980 年 5 月号刊载的一篇访问中,刘易斯可能是无意中泄露天机,描述了催生她伊斯兰教文章的一些假定以及衍生的工作。东拼西凑的报道与仓促忙乱的方式,显示出《时报》之所以能够草草打发伊斯兰教,原因在于伊斯兰教就是伊斯兰,而《时报》就是《时报》。以下是刘易斯的话(注意"没有人知道伊斯兰教到底在搞什么鬼"这句话中口语化的权威语调):

> 譬如说,几个月前,我参与了一项规模惊人的计划。《纽约时报》给我一项特别任务,探讨伊斯兰世界的动乱。先前他们在纽约开会时,有人说道:"天啊,没有人知道伊斯兰教到底在搞什么鬼,我们派弗洛拉去吧。"因此他们联络我,而我就去了。这件事真是疯狂,我甚至连该怎么运用搜集的材料都还不知道。
>
> 我必须十万火急做安排,先去见一些人士。我可没有时间到某个地方待上三天。
>
> 我从巴黎与伦敦开始,然后前往开罗,因为著名的伊斯兰大学就在那里①,接着是阿尔及尔与突尼

① 指爱资哈尔清真寺。——译者

> 斯。我回来时带了20册笔记簿和10磅重的文件，开始写作。
>
> 当然，这一切都让我受益良多，真的学到东西。就终身学习而言，《纽约时报》会授予你一个接一个的学位。
>
> 我尽量包办所有报道，唯一的例外就是当我因为时间压力，无法赶往某个地方时。例如在这趟伊斯兰任务中，我需要关于菲律宾相当广泛的资料。后来《纽约时报》的亚洲部门实在调不出人力来做——他们正为柬埔寨战争、南韩动乱与东京政治危机而焦头烂额——因此纽约方面就得有人帮我准备好一套资料。

比较《时报》和法国《世界报》对“伊斯兰教”的专题报道，结果发人深省。《时报》是由刘易斯来急就章，她既没有讨论整个伊斯兰世界对于重大神学、道德议题的争论〔今天人们在谈论伊斯兰教时，怎么能够完全不提伊智提哈德派——个人诠释，与塔格里德(taqlid)派——倚重权威的诠释，对于《古兰经》诠释模式的激烈争执？〕也没有讨论各个伊斯兰学派的历史与结构，这些学派升高了刘易斯试图记录的“动乱”(upheaval)。她反而是倚赖随意引用任意选择人士的话语，她以轶事趣闻取代分析，对伊斯兰生活实际内容的报道也不多，无论这些内容是关乎教条、形而上学、政治抑或经济。

在这方面，比较美国与法国的精英报纸是很有裨益的。正好一年之前(1978年12月6日、7日、8日)，《世界报》委请罗丁森(一位卓越的法国马克思主义东方学专家，刘易斯也引用了他的话)来研究同样的现象①,结果是霄壤之别。罗丁森完全掌握住主题,他通晓所需语言,他认识这个宗教,他了解当地政治。他的报道中没有趣闻轶事,没有煽动性的引述,没有倚赖“亲”与“反”伊斯兰专家的“平衡”。他试图点出:伊斯兰社会与历史中的力量与现今政治态势合作,酿成了目前的危机。结果罗丁森作品呈现出的是连贯一致的经验——帝国主义、阶级冲突、宗教争议、社会道德,而不止是一堆为了戒惧恐惧的读者而陈列出来的看法。

① 这些文章很容易找到翻译:Rodinson, “Islam Resurgent?” *Gazelle Review* 6, ed. Roger Hardy(London: Ithaca Press, 1979), pp. 1 - 17。

失去伊朗

任何人在饱受关于伊朗肤浅而冗赘的报道之后，可能会转而向公共电视台夜间播出的“麦克尼尔/雷勒报道”寻求言之有物的见解。如同《纽约时报》在平面新闻媒体的地位，“麦克尼尔/雷勒报道”也被公认为广电新闻界的精英节目。但是我发现，就其极为局限甚至保守的节目安排，以及来宾与讨论主题的选择范围而言，“麦克尼尔/雷勒报道”很奇特地令人无法满意。首先来看节目安排；由于这桩新闻事件迥异于传统，伊朗又是如此陌生地处于世界一隅，观众会立刻感受到一种强烈的不对等：一方是“那里的”暴民，另一方是衣冠楚楚、角色平衡的来宾，其资格是清一色的专家，但未必具备洞见与理解。试图理性地掌握某种事态，当然没有什么不对，这也是该节目的初衷；然而由来宾面对的问题来看，麦克尼尔与雷勒显然有意为当时国内高涨的气氛造势助威：对伊朗人民愤慨不已，分析激怒伊朗人民缘由时不顾史实，企图让讨论符合冷战或危机处理的规范。极为鲜明的例证出现于两集节目(12 月 28 日与 1 月 8 日)，来宾是两群新近自德黑兰返国的美国教士。这些教士表达出对于伊朗人民感受的同情，他们被巴列维国王的暴政压迫了 25 年；但雷勒显然怀疑教士的说法。当伊朗前后任外长巴尼萨德与戈特布扎德先后出席该节目时(11 月 23 与 29 日)，主持人质问他们的立场与美国政府亦步亦趋：只问人质何时获释，完全不提处理逊王罪行的让步条件与调查委员会。讽刺的是，巴尼萨德曾在节目中首度表示伊朗不再坚持逊王必须返国，他提出一项方案，由数月后前往德黑兰的一个联合国委员会执行，但是在节目进行当时，麦克尼尔与雷勒两位记者很典型地都无视于巴尼萨德的建议。

从 1979 年 11 月初到 1980 年 1 月中旬的来宾名单，更是饶富意味。伊朗人士出席了 5 次，理查德 · 佛克（Richard Falk）①与伊克巴 · 阿合马各出席一次，他们两人向来支持第三世界与反战运动；除此之外，出席来宾都是报社记者、政府官员、学术界中东专家、与企业界或半政府机构有关联的人士、敌视伊朗革命的中东人士。同样的不平衡现象也出现在 1990 年波斯湾战争的四个月中。某些人士出现频率之高，原因显而易见。哈得孙研究中心的康士坦丁 · 孟吉斯出现两次，前美国驻阿富汗大使罗伯特 · 纽曼（Robert Neumann）以及狄恩 · 布朗也出现两次，其最终结果就是全面指责伊朗人的所言所行不道德；如此做法对我们的愤慨自是火上加油，然而并无助于我们了解新闻。这种情形令我感触甚深，同时更觉得惊讶，麦克尼尔与雷勒居然都不曾探讨巴尼萨德的意图，例如当他以“世界上被压迫的人民”为号召并提出建议，只要美国表态，认同被压迫的人民也有其怨怼，他们并不坚持一定要将逊王引渡回伊朗（换言之，并不是一味要求美国退让）。

因此，就在进行调查探索的同时，“麦克尼尔与雷勒报道”似乎也将自己绑手缚脚，不愿让节目涉入更宽广的人类经验领域，这些领域在对立者或对话者眼中却相当重要。节目让来宾

① 普林斯顿大学国际关系与政治学教授。——译者

紧密地围坐着桌子,以两名咄咄逼人的主持人控制全局;观点平衡面面俱到,但没有一位来宾能真正通晓那些遥远地区受压迫人民的"外国"语言,一直到现今,那些人民都还在默默忍受数十年来美国或当地暴政对他们生活的影响;节目中的问题总是针对如何处理危机,不会去试图了解在非白种人、非欧洲人的世界中,新的地平线已经在各地区展开;对于地缘政治、教派纷争、伊斯兰复兴与权力平衡,几乎都是不假思索地诉诸现时既有的观点;麦克尼尔与雷勒就是在上述这些限制之中运作。而且无论影响是好是坏,美国政府同样也是在这些限制之中运作。

新闻工作苦于对伊朗的谨慎戒惧与自我强加的服从性,在由此而衍生的脉络中,我们可以开始欣赏斯通(I. F. Stone)先知先觉的一篇文章:《接下来是伊朗国王游说团?》("A Shah Lobby Next?"),此方写作于 1979 年 1 月 17 日,发表在 2 月 22 日出刊的《纽约书评》,斯通谈到巴列维国王能够"召集一批位高权重的友人",从大通银行(Chase Manhattan Bank)到军火工业、石油托拉斯、中情局以及"饥渴的学术界"。但是巴列维"现在亲临美国"之后,某些诱人的可能性或许会升高,尽管"我们早就应该但始终未能学到:不要插手伊朗的内政。而我们也许很快就会得到对等的教训:不要让伊朗的政治影响到我们的政治。"为什么?斯通的神奇预测解释了原因:"如果伊朗新政权提出要求……索讨逊王与'巴列维基金会'的海外股份以及银行账户,该怎么办?如果伊朗新政权要求逊王回国接受掠夺国家罪名的审判,该怎么办?如果伊朗新政权指控他身为大权独揽的统治者,对于萨瓦克(SAVAK)①秘密进行的酷刑

---

① 巴列维时期的特务组织。——译者

与处决须负完全责任,该怎么办?”

我引述斯通的文章,原因不仅是他的预言正好应验,同时也是因为他并非、也从来不曾冒充伊朗“专家”,更不是什么以亲伊斯兰立场著称的人士。你看过他整篇文章,不会找到任何提及伊斯兰心态、什叶派烈士情结或其他充当伊朗相关“资讯”的类似谬论。斯通了解政治;他对社会中驱策人们行动的力量知之甚深,不会刻意隐瞒;最重要的是,他不会怀疑,虽然伊朗人既非欧洲人也非美国人,他们还是有自身的怨恨、野心与希望,天经地义,西方人对此如果视而不见,那实在是愚不可及。斯通的文章没有拐弯抹角与夸大其词,如果他不懂近代波斯语(Farsi),他就不会纵容自己做出“波斯语微妙而难以捉摸的本质”这样的概括。

约瑟夫·克拉福特(Joseph Kraft)以典型的冥顽不灵在《展现国力的时刻到了》(“Time for a Show of Power”)一文中描述了他的看法,此文刊登于 11 月 11 日的《华盛顿邮报》。其内容远远超乎对于外交豁免权与大使馆不可侵犯性的正规评论,正好说明了在媒体全盘表现之背后所潜藏的、甚至可能是不自觉的基本理念。克拉福特写道,逊王的垮台是“美国国家利益的惨重损失”。逊王不仅能够让石油供应稳定,而且藉由“他的帝王之尊”维持了伊朗高原的秩序,这对美国有益:让石油源源不绝、让该地区以及“潜伏的民族主义分子”规规矩矩、让“我们”保持强大的形象。克拉福特建议:“为了那些感受到阿亚图拉威胁的政权着想,找寻机会对美国力量做一清二楚、最好是出其不意的宣示。”作为“重建美国对伊朗政策”工作的一部分。这项工作要如何完成?

> 可以考虑支持伊拉克，煽动伊朗国内的地方性反抗力量。可以考虑军援土耳其……为了找寻并利用这些机会，华府内部必须进行重大变革。美国需要一股战力，在派遣陆战队与进行轰炸之外另辟蹊径。美国必须重建几年前自行摧毁的战力——秘密进行干预的战力。

克拉福特的文章中有一点十分明确，他从一开始就不愿接受伊朗革命是已经发生的事实，因此革命本身以及与革命相关的事物——阿亚图拉、伊斯兰教、伊朗人民——都必须"改头换面"为光怪陆离的形态，好让读者信以为真。换言之，克拉福特将其个人版本的现实，投射在相当复杂的伊朗以及美国的现实上，并取而代之。克拉福特的版本还有完全不涉及道德问题的额外优点：它的重点在于力量、美国人要求世界任"我们"摆布的力量；这就好像干预伊朗 25 年的事实没有给我们带来任何教训。如果克拉福特在过程中发现自己否定了其他民族有权改变自家政府的形态，甚至否定这种改变已然发生，那也无所谓。他期待美国能藉由其自身的力量、需求与愿景来认识世界，同时也如此被世界认识。除此之外都是大逆不道。

这种观点的麻烦在于：就算是立足于实际且全然自私的立场，这种观点也是既粗糙又盲目。就在克拉福特之流人物抨击伊斯兰革命、哀叹逊王去国的同时，伊朗的局势变化剧烈、前途未卜。推翻逊王政权的群众是一个政治联盟的前锋，追随霍梅尼的领导。只有霍梅尼才拥有权威以及精神与政治正当性来号令全国，但是就在他主宰大局的表象之下，数个集团正缠斗不休，其中有教士〔其追随者后来组织成“伊斯兰共和党”(Islamic Republican Party)〕；立场中庸的自由派(巴泽干是其中代表)；自由派与左派伊斯兰政党、左派人士的广泛结合(巴尼萨德出身于此)，以及包括许多不同政党与团体的非伊斯兰左派势力。革命之后的一年多——就是从 1979 年 2 月到至少 1980 年 3 月或 4 月——不同党派之间一直在进行权力斗争，有时巴尼萨德似乎占上风，有时——主要是 1979 年冬末到 1980 年初春——则是教士(毕海希提阿亚图拉是其领袖)掌握大局。**在这场斗争进行时，美国极少出现相关报道**。认定伊斯兰教冥顽不灵的观念，其意识形态信念是如此强烈，以至于伊朗或任何一个伊斯兰国家**之内**的政治发展，完全无人关注。然后，等到保守的伊斯兰党派在斗争中脱颖而出，早先对于伊斯兰教的描述似乎也随之应验。再等到直升机救援人质任务失败，而且卡特政府决定暂时冷却伊朗问题之后(可以说是为时已晚)，新闻媒体开始尽责地报道毕海希提与巴尼萨德之间的权力斗争。巴尼萨德很典型地被描述为我们**能够**与之打交道的人物，前提是毕海希提不要从中作梗。但事实上当巴尼萨德在 1979 年后期蹿升时，美国媒体对他若非忽视就是鄙视。

力量当然是一种复杂、未必有形且十分多变的事物，除非完全只从军事观点考量。但是在某些情况中，正如克拉福特一语中的，力量并非一望即知，也无法直接施展(突袭、中情局颠覆、某种惩罪性攻击)，只能间接运用(由似乎坐拥无限资源的资讯机制呈现与再呈现的“美国被劫持”)。很久以来，媒体就对伸张**他们的**直接权力兴致勃勃。我认为这种说法并不夸张,克拉福特所云"全国性的无能"的感受,是源于一种美国力量盖过了另外一种:媒体力量盖过了军事力量。大使馆遭占领之后,一股似乎是美国国威所不及的力量令军方一筹莫展(1980 年 4 月底半途而废的救援尝试是其明证)。

然而,在面对媒体丰富的象征化能力所施加的限制时,这股力量仍然十分脆弱。一个伊朗人无论从逊王与美国挣得多少自由,他或她在美国人的电视荧幕上,仍然是一大群无名暴民中的一分子,不具个体性,不具人性面,再度被判定为一种结果。然而,无论新闻媒体的做法是自觉抑或不自觉,它们实际上都是在运用再现的力量来达成目标,而且与以往美国政府的目标不谋而合:延伸美国势力,或者就伊朗人民而言,即等于否定伊朗革命。这里主要的指涉对象并非新闻的呈现,也不是对美国外交关系重大新生危机的分析或反思。除了极少数例外,媒体的目标似乎是要对伊朗掀起某种战争。

《华盛顿邮报》的华特·平克斯(Walter Pincus)与丹·摩根(Dan Morgan)在 1979 年 12 月、1980 年 1 月到 3 月间一系列精彩调查报道,正是极少数例外。他们对读者提出如山铁证,揭露逊王与美国军火业的大笔交易,他在巴列维基金会的持股,他对人民的操纵与压迫〔部分细节见于罗伯特·葛兰姆(Robert Graham)《伊朗:权力的幻影》(*Iran: The Illusion of Power*)一书〕。但是这类比较逊王与霍梅尼的文章,伯纳德·诺西特(Bernard Nossiter)1979 年 11 月 26 日刊载于《纽约时报》的文章也是其中之一,相较之下毕竟只是少数,占多数的还是媒体反复宣扬的愤慨情绪。奇特的是,在观察美国对伊朗的政策时，没有人想到要参照实行已 1 世纪的所谓投降协定(capitulations)背景，这种做法滥觞于以英国为首的诸多强权，它们在伊朗获得治外法权的经济、外交与司法特权(霍梅尼在 1964 年曾说："如果伊朗国王开车碾过一只美国狗，他必须负起责任，但是如果一个美国厨师开车撞倒了伊朗国王……没有人能对他采取法律行动①。")，媒体对此一字不提。但这个背景显然能解释伊朗人民对于所有"外国魔鬼"——尤其是外交官员——格外强烈的反感，美国不是伊朗人民唯一的目标。这一点或许可以让许多评论家道貌岸然的抗议噤声，他们认为美国被伊朗严重冤枉，而且美国对伊朗人民满怀善意、完全无辜。

因此，无怪乎人们从危机前三个月的媒体报道中学不到多少东西，媒体提供的是*坚决要求*(insistence)，而不是对事件丰富复杂性的分析或深度报道。我想美国人会说，媒体在德黑兰充分展现了它们的力量，以及将事件凑合成可读但原始形态的报道技巧。然而媒体并无助于分析当时正在进行的复杂政治情势；而且显然也不会有人觉得，媒体是在记录错综复杂而且有时令人困惑的历史进程。但是我们仍然可以从媒体的运作方式获得一些教训。

除了积极地描述我前述的冲突性经验，报道伊朗新闻还有数量与花费的问题。我曾连续 10 星期密切观察八家日报、三大电视网、《时代》、《新闻周刊》与公共电视台。美国

---

① 引述自 Roy Parriz Mottahedeh, "Iran's Foreign Devils," *Foreign Policy* 38 (Spring 1980): p. 28. 参见 Eqbal Ahmad, "A Century of Subjugation," *Christianity and Crisis* 40, no. 3(March 3, 1980): pp. 37 - 44.

几乎每一家主要报纸都大幅报道伊朗事件，再加上“背景资料”(backgrounders)与连带的专题特写，《纽约时报》的约翰·齐夫纳在1979年12月15日写道：德黑兰当地至少有300名外国记者(绝大多数甚至全部都需要翻译人员)。《澳大利亚人报》(*The Australian*)的柯尔·艾伦(Col Allen)1979年12月16日报道，美国三大电视网在德黑兰每天要花费一百万美金；CBS除了办事处主任之外，“还有23名记者、1名摄影师、1名音效师、数名拍摄与技术专家，12名伊朗翻译、驾驶与向导协助他们。”指挥中心是一个月6000美金的旅馆套房，外加35间日租70美金的房间供记者、司机与翻译居住。再加上私人飞机、电传机、汽车与电话的费用，还有每分钟收费100美金、每天要用上4个小时的通讯卫星，整个成本急遽升高。

《华尔街日报》记者佛蒙特·洛伊斯特(Vermont Royster)回到美国之后，在1979年12月19日的一篇文章中说，他浏览过的大量报纸与电视节目充分显示了：

> 尽管有堆积如山的报道，然而我还是不知道自己对伊朗危机的所知是多么有限。回国之后，我很惊讶地发现，每天要面对排山倒海而来的电视、广播与报纸的伊朗报道。报纸在巨大的头条标题下刊载长篇报道，电视晚间新闻拨出大部分时间来处理这个主题，而且几乎每天深夜都播出特别节目。
>
> 这幅景象令我兴起一种异端的想法，觉得新闻媒体已经走火入魔。

> 对于重要性如此明显的事件，这种想法可能很奇特……但是报道事件的字数多寡并不等同于传达的资讯。事实上，在许多长篇大论中，其实并没有真正的新闻可言。
>
> 第28天……第38天……第40天，日复一日的报道大部分是如出一辙。

或许真正令洛伊斯特心有所感的还不是新闻的千篇一律，而是媒体追新闻时依循的狭隘且很快就了无新意的一系列假定。对于那些忧心人质处境、对事态愤愤不平的记者或专家，倚赖他们来获取新颖的资讯、新闻与分析，这种可能性还能够维持多久？如果你读到11月18日《芝加哥论坛报》(*Chicago Tribune*)——詹姆斯·延格尔(James Yuenger)在一篇冗长文章中引述专家意见说："这事件无法以理性来讨论"，或者说伊朗人"渴望成为烈士"而且有"一种寻求代罪羔羊的倾向"，接着看一周后的《时代》或《新闻周刊》，再一周后《纽约时报》的几篇专题报道，你会不断接触到这类资讯，说伊朗人是期待杀身成仁的什叶派信徒，由不可理喻的霍梅尼所领导，他们痛恨美国，决心要摧毁撒旦的间谍，绝不妥协等等。难道在大使馆被占领**之前**，没有发生任何事件足以说明后来的发展？难道关于伊朗历史或社会所有的论述，都要拟人化为疯狂的伊朗无端辱骂善良的美国？最重要的一点，媒体是不是只想散播符合美国政府政策的新闻，这政策就是要让全美"团结一致"要求无条件释放人质，这个要求——哈佛大学的罗杰·费什(Roger Fisher)在12月3日的"今日秀"节目中做了敏锐的评估——本身隶属于真正的当务之急：不是释放人质,而是“保持美国的强大”?

吊诡的是,政府与媒体有时看起来是针锋相对,因此有政府抨击 NBC 播出威廉·葛列哥斯(William Gallegos)专访而引发的争议①②。还有那些为政府张目人士不断发出的议论,就如乔治·鲍尔在 12 月 12 日的“麦克尼尔/雷勒报道”中所说:“全球最伟大的通讯网络,事实上一直在为所谓的伊朗政府而服务。”与这个主题相关,由媒体播放、印行、散布与描绘的证词、声明与宣言经常受到诋毁,说某某人在发言时已经被洗脑,或者说某某伊朗人士是在进行宣传或是疯狂的敌人。詹姆斯·科茨(James Coates)11 月 22 日为《芝加哥论坛报》报道:“政府官员表示,德黑兰美国大使馆的人质正经历的心理压力,很类似韩战与越战时期敌方对美国战俘的洗脑。”那些官员后来承认:“他们担心的是人质获释后的某些声明。”罗伊斯·提姆尼克(Lois Timnick)11 月 26 日为《洛杉矶时报》报道,根据一位专家的说法:“全世界必然将看到并听到为个别人质录制的访谈,他们在访谈中会‘承认’各种罪行,并做出伤害他们自身也伤害美国的声明。”

另一个同样是兄弟阋墙的案例则是对联邦参议员爱德华·肯尼迪(Edward Kennedy)的攻击(例如,《纽约邮报》12 月 5 日报道:“爱德华·肯尼迪大受德黑兰当局欢迎”),因为

---

① 见 Robert Friedman, “The Gallegos Affair,” *Media People*, March 1980, pp. 33 – 34。

② 葛列哥斯为美军陆战队下士、德黑兰大使馆警卫,亦为人质之一,在遭劫持期间曾接受 NBC 专访。——译者

他在政府与媒体的观点之外，提出一个另辟蹊径的观点。还有对联邦众议员乔治·韩森的无情批判，他的过去被全盘托出，只为了坐实众议院议长托马斯·奥尼尔（Thomas O'Neill）对他的指控①。

我并不是说媒体与政府之间有直接勾结之嫌；也没有说全体关于伊朗的报道从根本上都被我讨论的意识形态困境所扭曲。我当然也不相信有任何方式可以为挟持人质的行为开脱；就连霍梅尼派驻联合国大使曼索尔·法杭（Mansour Farhang），在11月5日的"麦克尼尔/雷勒报道"中都坦承这一点，只不过几个月后他的立场就幡然改变。然而，没有人能够怀疑，在伊朗持续革命的复杂动荡态势中，人质危机依然扮演一个至今未透彻分析的角色；尽管目前看来，伊朗社会守旧势力的主张，已因为大使馆长期占领事件而渔翁得利。现在危机已接近尾声（主要是因为伊朗与伊拉克开战后，人质对于伊朗国内政治已无用处），新的情势逐渐浮现。虽说如此，我仍然要强调，今日我们的世界太过于复杂、歧异，太有可能出现前所未闻的情势（无论这些情势是多么受美国排斥），因此不能再完全以抵抗抑或增强美国力量的观点来看待。美国人不能再执迷不悟，面对"伊斯兰教"时只在乎它是亲美抑或反美。对于世界如此仇外、化约的观点，保证会让美国与不肯妥协的人群继续冲突；也会衍生出延续冷战时期的亨廷顿式政策，意图涵盖全球大而无当的区域。我想这种政策可以被视为对"西方生活方式"的积极倡导；但是我相信一个同样有力的论点：西方生活方式并不一定要激起敌意与冲突，才能澄

① 乔治·韩森曾于1979年往访伊朗，并批评巴列维的暴政。——译者

清我们对自身世界地位的觉察。

对于我所提出的新兴全球政治态势(伊朗是其大前锋)，我自己的假定必须在此简单扼要地说明。虽然有些人认为美国的国力已今非昔比，但我要指出，今日世界上已有更多地区发展出政治自觉，因此比较无法满足于继续当一个卫星殖民地或唯命是从的盟国。今日的伊朗、土耳其、西欧各国都说明了我的理念：他们不愿意接受美国对伊朗片面实施的贸易制裁。进而言之，相信伊朗人民会欢迎美国对逊王的支持，就跟相信阿富汗人民希望苏联入侵一样荒谬。我认为将"伊斯兰教"视为一个整体是既错误又愚蠢的观点，正如同我也认为将"美国"视为一个受伤害者而非复杂的体系，也是低劣的政治判断。因此我相信我们必须增进而非减少对世界的了解；我们应该期待更高标准的报道、更细密复杂的资讯；对于进展中事件的解释，要比我们现在所得到的更为敏锐准确，就此点而言，1991 年的波斯湾战争与 1993 年的奥斯陆协定是最戏剧化的开始，媒体对事件的解释全然遵循美国外交政策反伊斯兰、反阿拉伯的立场。不过我的看法定非一般新闻工作者所能接受，他们是在这样社会中工作：(a) 对非西方世界的觉察基本上是由危机或无条件的民族优越感所主宰；(b) 十分精于从草率搜罗的陈词滥调与定义狭隘的利己心态之中，建构出复杂的资讯架构；(c) 与各个伊斯兰民族互动的历史过程，是直到最近才藉着石油开采与统治者(例如伊朗逊王)形成，那些统治者与美国结盟，而所得奖赏就是引进了有限的、亟待检讨的"现代化"与反共。

要超越这一切的确并非易事。美国大部分主要报纸与电视网的特派员，有时要英勇地奋斗才能完成纷至沓来的报道工作。但是他们通常不懂报道地区的语言，也没有与该地区相关的背景阅历，上任没有多久就会被调走，有时甚至是在他们刚开始作出重大贡献时就调走。无论一位特派员多有才干，在报道伊朗、土耳其或埃及这类复杂的地区时，都需要事先训练并在当地居留一段时间。例如，干练而才华洋溢的詹姆斯·马汉(James Markham)，曾在1975年至1976年为《纽约时报》报道黎巴嫩内战，那时他刚离开越南，而且在近东地区仅仅待一年之后就前往西班牙。约翰·齐夫纳不在德黑兰的那段时间，《时报》对整个地中海东岸地区(Levant)的报道是由亨利·谭纳(Henry Tanner)断断续续地进行，而他的驻地是罗马。《时报》前任驻贝鲁特的特派员玛文·豪(Marvine Howe，她的责任区还包括约旦、叙利亚、伊拉克和波斯湾国家)在贝鲁特待了一年，先前她在葡萄牙也只待一年，1979年秋天她被调往安卡拉，工作则由尼可拉斯·盖吉(Nicholas Gage)替代。与一些欧洲媒体相比较，美国这种做法对自身的伤害显而易见：法国《世界报》有艾瑞克·卢娄，他能操流利的阿拉伯语，报道阿拉伯地区长达25年；英国《曼彻斯特卫报》(*Manchester Guardian*)有大卫·赫斯特(David Hirst)，他通晓阿拉伯语，也是至少30年经验的老手(但是在其他大部分层面，欧洲的外国事务新闻就与美国一样薄弱)。电视网记者报道工作遭遇的问题更多，他们通常比平面媒体记者更具流动性，相较之下，平面媒体记者就像知识的百科全书与中流砥柱。

我怀疑，美国媒体对于东方与"伊斯兰"报道的极度不均衡早已司空见惯，而这一点在他们对西欧的报道工作上却不会轻易产生，不过这并不是说西欧的报道就毫无问题。无论如何，我发现有一点很难了解，为何广播、电视与报纸的主管似乎全都认为，初出茅庐的记者要比在该地区有丰富报道经验的记者更值得信赖。伊朗危机期间，人们看到干练的电视记者像摩顿·狄恩（Morton Dean）、约翰·柯克兰（John Cochran）与乔治·刘易斯（George Lewis）在我们眼前摇身一变成为“专家”，这并不是因为他们懂得比较多，而只是因为大家认定：如果你曾在一个地方待上一小段时间，你对当地就无所不知。事实上，人们看到的是记者越来越倚赖照单全收的报道需求——例如 NBC 夜间播出，纽约的约翰·钱斯勒（John Chancellor）与德黑兰的刘易斯以及柯克兰对谈——也越来越忽略分析与切实的新闻搜集工作。为了做出报道，准确性——向来不是媒体的优点——通常会被牺牲，而且还不论到底有没有值得报道的新闻。

然而还有其他压力扮演重要角色。平面媒体记者都知道，电视网的特派员每天晚上都能制造出令人眼界大开的节目，因此他们也得考虑如何才能吸引顾客，到最后就全然不顾实际的报道量、准确性或真正的重要意义。平面印刷与声光影像的竞争，导致对伊斯兰教什叶派特异现象以及霍梅尼心理层面的过度强调，也造成对影响伊朗其他人物与力量的忽略。更重要——也更为扭曲——的事实是，媒体被当成外交管道来运用，“伊朗事件”的这个层面在 1979 年 12 月 24 日的《广播》（*Broadcasting*）杂志中有深入的探讨。伊朗人与美国政府都一清二楚，在电视上发表的声明不仅是针对那些想知道新闻的观众，同时还针对政府、党派人士、新兴政治群体。

没有人研究过这种情形对于"决定什么是新闻"的影响,但是我相信,对于这种情形的普遍自觉,会驱策美国记者依循"我们对抗他们"的二分法来局限并化约其思考。将这种群体感受转化为文字,只会更加彰显记者的无能与含糊。

未经检验且隐藏的假定

含糊的确是很不好，但我认为，根据对现状的假设来做报道更糟。1979 年 1 月至 2 月号《哥伦比亚新闻评论》上有一篇文章，讨论美国媒体如何报道伊朗国王的政权。这篇见解独到文章的作者们令人信服地说明了："整体而言，新闻媒体大致上都接受了伊朗国王的未明言的论点，认为他的人民在意识形态资源方面顶多只能得到宗教狂热。"[①]《科学》(*Science*)杂志在 1979 年 12 月 14 日也谈到这种理解的失败，但是将原因归咎于整个国防与情报界；在《财富》(*Fortune*)1979 年 3 月 12 日赫曼·尼克尔(Herman Nickel)的文章中，这种观点得到最深思也最透彻的呈现。但是，尼克尔睿智的结论没有引起多少注意：

> 美国(在伊朗)失败的根本原因，比策略的失误更为深层，更深入到历史内部。
>
> 只有平心静气而且耐心地追溯这些根本原因，才能够引导出真正有益于未来的调查探讨。再如何重申也不为过：美国对于此事的自我检讨工作，不能重蹈严重影响 20 世纪 40 与 50 年代政坛"谁弄丢了中国?"的情绪化与分裂对立的反控指责。近年来美国对伊朗政策的演变历史并不是那么显而易见，可以让那些饱受冷落的先知事后再来大发议论、指

责各方。实则,失败责任的分布似乎相当广泛,足以激发出人们的谦卑之情。对于巴列维国王本人统治伊朗力量的严重夸大是一项误判,而共和党与民主党政府都曾以同样的信心接纳。国会厅堂与白宫各项会议上,质疑或异议的声音同样是微乎其微。

要展开着重于衡量建设性政治问题而非流弹四射人身攻击的论辩,可能必须先建立新的自觉,体认别的国家毕竟并非我们所能"失去"。如果美国能从越南悲剧吸取一项教训,应该就是对于那些深受自身历史、文化与宗教影响的古老国家,我们并未拥有裁决其事态发展的能力。如果佛教在东南亚地区政治的角色经常令人感到疑惑,那么对美国决策阶层而言,伊斯兰教在伊朗的角色已经证明为更加显著、更令人困扰。

差不多过了一年之后,专断、交相指责的心态依然盛行不退;而且还多加了一丝讽刺,整个媒体界似乎发现它很难承认,在那些美国认为隶属于它的势力范围的国家之中,变化是可以容许的。1996 年土耳其大选结果,温和的伊斯兰政党执政,《纽约时报》的专家托马斯·弗里德曼(Thomas L. Friedman)在 8 月 21 日写了一篇《谁丢掉了土耳其?》("Who Lost Turkey?")就好像土耳其与伊朗原本是"我们的",后来才会丢掉。就伊朗的情形而言,大部分记者提及巴列维时仍

① William A. Dorman and Ehsan Omeed, "Reporting Iran the Shah's Way," *Columbia Journalism Review* 17, no. 5(January - February 1979): p. 31.

然习惯于称他为“国王”(the shah)而非“逊王”(the ex-shah)。另一方面,一直到20世纪80年代中期(当时情势逐渐明朗,革命阵营的右翼势力占了上风),对于伊朗政府暴政、处决的报道,远多于其国内极具流动性而且相当开放的政治斗争。伊朗在数十年严厉镇压之后,能够有十余个政党竞逐影响力与权力,而且大致上免于酷刑和囚禁的威胁;人们应该会认为,这种情形对国家生存的意义值得做详细报道。霍梅尼尽管顽固,而且在许多方面都令人敬而远之,但是只有一位定位不明的官方职位;对中央政府不甚感兴趣;显然受到崇敬;手腕非常高明,能够让十余个派系忙于内斗,同时仍掌控全局;能以如此的信心与严峻谈论“almostazafin”(被伤害与受压迫的人民);一个国家有这样的领导人意谓着什么?在人质危机的初期,很少报道能够说明,伊朗政府顶多只能算是临时性质,是建立新国家的前奏;在1979年大部分时期,伊朗内部对于宪法与政府结构有许多争议;伊朗有许多党派(宗教与世俗,右翼与左翼)在激烈地抗衡;伊朗有数十种报纸定期出刊;伊朗有实实在在的政治议题(绝不单单只是党派、种族或宗教的派系斗争)能够动员大批民众;几位阿亚图拉之间的冲突〔霍梅尼与穆罕默德-卡赞姆·夏里亚特-马达里(S. Mohammad-Kazem Shariat-Madari)等其他人〕同时关涉到对于伊斯兰原则的政治以及宗教诠释;伊朗的前途发展,未必会依循在美国报纸中产阶级记者眼中可取或不可取的模式。

媒体的社论与专题特写部分最令人难以理解的是,几乎毫无例外地,它对于推翻巴列维王朝并且引进不一样——可能也更受人民欢迎——团体的运动,抱持着如此深沉的蔑视与怀疑。“伊朗新蛮族无法无天”(The New Barbarians Are Loose in Iran),哈尔·古利佛(Hal Gulliver)1979 年 11 月 13 日在《亚特兰大立宪报》上如此写道,他指涉的不只是劫持人质的学生,还涵盖了所有的伊朗人。尤索夫·易卜拉欣(Youssef Ibrahim)1979 年 10 月 14 日在《纽约时报周日杂志》发表一篇冗长且看似专业的文章,读过之后你会相信伊朗的革命已经失败,到处充斥着对于革命的怨恨、恐惧与厌憎,犹如闷烧蔓延的火山熔岩。证据是:基本上是一些得自两名政府阁员的印象与说法,及大多来自与一名银行家、律师与广告业务员的讨论。

我并不是说记者不应该有个人意见,或者不应该让读者知道这类意见的内容。而是认为,当意见变形为现实时,新闻也就摇身一变化为自我实现的预言。如果你假定伊朗革命是坏事,因为它运用极为陌生的(对西方人而言)宗教语言和政治反抗来对抗暴政,那么你就会刻意去寻找并且必然会发现非理性狂热。瑞·莫斯里(Ray Moseley)11 月 25 日在《芝加哥论坛报》的一篇文章《服从、褊狭扼制了革命伊朗》(“Conformity, Intolerance Grip Revolutionary Iran”)中写道:

> 视死亡为荣耀的人,在定义上就是狂热分子。复仇杀戮的欲望与杀身成仁的向往,在伊朗什叶派穆斯林身上似乎格外鲜明。这股力量驱策了数以千计的民众在革命时期,手无寸铁地正面对抗拥有自动武器的部队。

这段的每一个句子都包含伪装成事实的高度争议性假设,但是却似乎能够被广泛接受,因为探讨的对象是一场伊斯兰革命。这些假设在 1990 年代关于伊朗以及大部分黎巴嫩真主党运动(总是被描述为"受伊朗支持")的报道中,仍然阴魂不散。大多数美国人并不会因为帕特里克·亨利(Patrick Henry)说过"不自由,毋宁死"(give me liberty or give me death)而将他视为狂热分子;杀害法国通敌纳粹公民的欲望(有数千名这类人士在短短几天之内遇害)并不会被用来描述全体法国人;还有那种屡见不鲜、对于以道德勇气压倒武装大军的人民的景仰,又该如何解释?

莫斯里对伊朗的攻击,在同一家报纸同一天的社论中得到支持,这篇社论的确是涵盖一切,指控霍梅尼根本就是要"对全世界发动一场圣战"。"圣战"这个主题也被《洛杉矶时报》12 月 12 日艾德蒙·鲍斯沃斯(Edmund Bosworth)的一篇文章大肆炒作了一番,同时还成为西方文化再现伊斯兰教独一无二最重要的主题。法兹勒·拉曼(Fazlur Rahman)曾经论述过:"在晚近的穆斯林律法学派之中……只有狂热的哈瓦利吉派①才会宣称'圣战'是'信仰的支柱'(pillars of the Faith)之一。"②但鲍斯沃斯全然不顾这项事实,一味引述大量历史"证据"来支持一种理论,认定过去 1200 年间,在跨越土耳其、伊朗、苏丹、埃塞俄比亚、西班牙与印度的广大地区之中,**所有**的政治活动都可以视为衍生自穆斯林所谓的

---

① Kharijites,伊斯兰教早期教派,以其战斗性著称。——译者

② Fazlur Rahman, *Islam* (Chicago: University of Chicago Press, 1979), p. 37.

圣战。

如果攻击性的夸大其词是一种经常用来描述伊朗与伊斯兰教的新闻模式，那么另一种模式就是误用的拐弯抹角(euphemism)，大多是源于无知，不过也经常是来自几无掩饰的意识形态敌意。它最常见的形式是一种手法，以记者自身看似合理的“解释”来取代真实。在大使馆被占领的头3个月，报纸与电视只粗浅地探讨了一个主题，也就是伊朗前政权：有相当长的一段时间，媒体不愿意认真处理伊朗人民对于逊王以及美国长期无条件支持逊王政策的怨恨。另一方面，美国在1953年8月侵犯伊朗主权的行径也乏人问津，当时〔克米特·罗斯福在他最近出版的《反政变》(*Countercoup*)一书做了叙述，不过这本书有相当多的保留〕中情局与英国—伊朗石油公司(Anglo-Iranian Oil Company)联手，推翻穆罕默德·摩萨台(Mohammed Mossadegh)总理①。其背后的假定是，身为强权的美国可以随意撤换他国政府，并原谅施加在那些文盲非白种人身上的暴政。一名执业的精神病医师乔治·葛罗斯(George E. Gross)在1980年1月11日《纽约时报》专栏版的一篇文章中推论，美国容许逊王入境纽约，实质上等于是赦免了他，这种行为“缺乏道德原则”，正如同福特(Gerald Ford)总统冠冕堂皇地赦免尼克松一样，显示出“在道德框架中做出判断的能力受到损害，无法体会其他人群的道德义愤”。

---

① Kermit Roosevelt, *Countercoup: The Struggle for the Control of Iran* (New York: McGraw - Hill Book Co., 1979).

像这样的观察直如凤毛麟角，大部分的专题报道作家与社论家都满足于拐弯抹角。大家似乎有共识，认定伊朗人民占领美国大使馆的行为形同开战；几乎没有人会想到，1953年的美国推翻摩萨台也是战争行为。恩斯特·康南(Ernest Conine)1979年12月10日为《洛杉矶时报》写的一篇社论就非常典型：

> 新闻报道似乎证实了研究中东学者的主张，我们真正看到的是一场蔓延甚广的反叛，对象是伴随着近年来西式现代化而来、引发不安的影响。
>
> 伊朗国王之所以受到憎恨，并不只是因为他的警察以酷刑对付人民，同时也是因为剥夺了政府对穆斯林神职人员(holy men)的津贴，并且推动工业革命，将伊朗民众从乡村传统生活方式之中连根拔起。
>
> "撒旦美国"之所以被标举为头号恶棍，不仅是在伊朗，还有别的地方，原因在于过去25年来，美国是该地区最显著的强权，因此也顺理成章地象征着带来不受欢迎改变的外界力量。

这种议论之中有许多成分是藉由未言明的假设，冲着伊朗人民而来，所以必须仔细解读。首先康南暗示："西式现代化"带来的"引发不安的影响"，是基于善良信念、试图协助伊朗与伊斯兰教从过去走向现代的结果。换言之，伊斯兰教与伊朗是落后的，而西方则是先进的，难怪落后的人民在急起直追时会尝到苦头。这些都是极具争议性的价值判断，而且正如我在“第一章”中指出的，是源自现代化的意识形态。更有甚者，康南假定，除了种族优越感偏见之外别无理由，酷刑带给伊朗人民的痛苦，还不如政府对神职人员的侮辱来得深，康南刻意用“holy men”这个词汇，有暗示原始民族与巫医的意味。此外他还暗示，伊朗人与“我们”的感受可能不同。他最后的重点是以联想方式串联其他重点，怪罪反动的伊朗人民无法体会美国与巴列维带动伊朗进步的用心良苦。这么一来，不但使“我们”得以脱罪，而且作为一个民族的伊朗人也很微妙地遭到控诉，罪状是他们不懂我们自家现代化的价值，这也是为什么逊王终究是个高贵的人物。

有一桩事实很少被提及，虽然它既不难以理解，也不难获取：美国企业在伊朗地区搜括的巨额利益（过去几年来，石油公司利润百分之两百的巨幅增加，很容易让人联想到巴列维家族的财富），而且大部分伊朗人民，就像那数百万无法直接受惠于石油业的阿拉伯人民一样，会将与美国有关的财富视为一种负担。如果有谣传说巴列维国王偶尔会动用一些酷刑，那么，12 月 16 日的《华盛顿邮报》写道：“可以这么认为，这完全是伊朗历史中的传统。”这种说法似乎暗示，既然伊朗人民一直在承受酷刑，任何改变他们宿命的尝试都等于背叛他们自身的历史、自身的天性。

这看似无可辩驳的立论也出现在 1979 年 12 月 5 日《洛杉矶时报》唐恩·先奇（Don A. Schanche）的文章中，他主张：因为伊朗新宪法是“现代史上最怪异的政治文献”，而且因为这部宪法并不是和美国宪法一个模子印出来的（居然没有制衡！），可见霍梅尼的登上大位至少和逊王一样糟糕。这部宪法在理论上至少提供了“关于总统与国会议员民选以及组织化司法体系的条款”,但是先奇嗤之以鼻说那是“民主的表面功夫”。他全然不提艾瑞克·卢娄 1979 年 12 月 2 日至 3 日在《世界报》上分析的:对于伊朗新宪法的热烈、针锋相对的论辩,对霍梅尼确实角色的争议等等。也就是说,先奇比较感兴趣的是让自己这篇社论化身为伊朗宪法的真相诠释,反而对眼前正在发生的事态视而不见。虽然伊朗在 20 世纪 80 年代中期浮现的新秩序前景十分黯淡,但那只是巧合与一场激烈斗争的结果,许多支持革命的伊朗人(与非伊朗人)都对斗争结果感到失望。然而在美国,一名共和党极右派总统候选人①的出现也是同样不幸的巧合!

除了安德鲁·扬(Andrew Young)是显著特例之外,1979 年时没有一个重要公众人物曾论及——在大使馆中举行圣诞礼拜的 3 名传教士以及在德黑兰待到 12 月底的其他教士团体(后来他们分别在 12 月 28 日与 1 月 4 日的“麦克尼尔/雷勒报道”中现身),都曾经做过观察——伊朗人民在对抗美国时,前政权在他们心目中的意义。而媒体也合作地保持沉默,至少在逊王获准入境美国之后的 20 天中,将他视为需要慈善援助的特殊案例。逊王的政治过往被剥除殆尽,看似与当时伊朗大使馆发生的事件毫无关联。有几位记者——最著者为《华盛顿邮报》的唐恩·欧伯多佛(Don Oberdorfer)——试图重建大卫·洛克菲勒(David Rockefeller)、亨利·基辛格(Henry Kissinger)与约翰·麦克洛伊(John McCloy)迫使美国政府允许逊王入境的狡猾伎俩。不过这些事实,还有逊王与大通银行之间的长期关系——有助于解释伊朗人民对美国

① 指里根。——译者

的敌意——并没有与大使馆占领事件建立因果关联。相反地，我们得到的是许多拐弯抹角的解释，说人质危机是肇因于霍梅尼一手操纵、他要分散人民的注意力、国内的经济困难等等因素(见 11 月 25 日、27 日与 12 月 7 日、11 日的《洛杉矶时报》，以及 11 月 15 日的《华盛顿邮报》)。

我终于相信，这么说应该不算太愤世嫉俗，美国政府对于伊朗的整体立场(其象征就是卡特总统拒绝谈论过去美国与伊朗的互动关系，称之为“古老的历史”)是一种很有用的工具，能够将媒体对于伊朗人民、伊斯兰教、一般而言的非西方世界的普遍敌意，转化为选举年的政治资本。因此总统似乎是要让美国保持强大，以防外国卑鄙的攻击；而这一点反过来说，正是霍梅尼在伊朗的立场。卡特总统的拒绝动用武力虽然偶尔会招惹威廉·萨菲尔(William Safire)与约瑟夫·克拉福特的鄙夷，但整体而言，卡特却等于是向民众保证，与那些“恐怖分子”——他们就是如此被称呼——相较，他坚守西方对于文明行为的标准。伊朗危机的另一个效应是，像埃及总统萨达特(他关于霍梅尼是狂人与伊斯兰教之耻的说法，被反复引述到令人作呕)这类统治者被塑造成为可取的伊斯兰正道。对于沙特王室的态度也是如此，尽管在此同时，有相当多令人困扰的消息并没有见诸报道；在伊朗方面，危机的落幕仍遥遥无期。

首先来看萨达特与沙特王室。从 1978 年的戴维营协议签订之后，萨达特就普遍被视为我们在中东地区的友人，他与以色列总理贝京公开宣称，愿意担任该地区的警察，让美国在埃及设立基地等等。结果，媒体绝大部分关于埃及的报道，都将萨达特对于埃及、阿拉伯、与区域性事务的观点奉为金科玉律。现在对于埃及与阿拉伯世界的报道，目的都是要证实萨达特的看法观点，虽然穆巴拉克——他的接班人，而且仍属美国阵营——并不像萨达特那么百依百顺、身段柔软。在萨达特遇刺之前，相较之下关于他本人的报道非常少，大家普遍认定他既是政治正轨，也是新闻的主要来源。当然，完全一样的情况发生在巴列维掌权时期，除了伯克利学者哈米德·奥嘉独具先见之明的一篇文章之外①，没有任何人曾注意到反对国王的宗教与政治力量。美国的政治、军事、战略与经济投资有许多是透过萨达特而进行，同时也是依循他对事物的观点。这种现象的原因一部分要归咎于媒体的无知；对特异“名人”的偏好；对于在埃及与中东运作的意识形态共识，几乎完全没有做探究性的报道。

还有其他一些原因。其中之一是中东地区敏感的**内政**层面。例如，在水门(Watergate)事件之后，来自中情局与信息自由法(Freedom of Information Act)的多项内幕曝光之中，关于美国中东事务的重大揭发只有伊朗门(Irangate)事件，这并不令人意外。对伊朗而言，原因十分明显；不仅因为有许多美国人非法涉入其中，藉以支持尼加拉瓜反桑定政权游击队(contras)；更因为以色列与美国在伊朗极度密切的合作，无论是巴列维国王掌权时期或下台之后都是如此。巴列维建立特务组织“萨瓦克”时，以色列情报组织“摩萨德”提供直接协助；在其他许多案例中，中情局和联邦调查局都曾经十分乐意地

① Hamid Algar, “The Oppositional Role of the'Ulama in Twentieth - Century Iran,” 刊于 Keddie, *Scholars*, *Saints*, *and Sufis*, pp. 231 - 255。

与以色列特务组织合作①。1979年至1980年初以色列媒体上出现了一系列揭发内幕的文章,作者是乌瑞·卢布兰尼与其他在伊朗革命之前,涉入以色列与伊朗合作计划的人士〔见1980年3月20日的《话报》(*Davar*)与1979年1月10日的《国土报》(*Ha'aretz*)〕,但是这些报道无一见诸美国媒体,也许是因为它们会令以色列民主且爱好自由的形象蒙羞。以色列在伊朗门(Iran-Contra)事件中的涉案情节被低调处理。就在整个美国体制全力打压任何关于遣返逊王言论的同时,一名可怜的巴勒斯坦青年齐亚德·阿布·艾因(Ziad Abu Ain)却在美国国务院的积极介入之下,饱受漫长遣返程序的煎熬(外加不得保释与剥夺人身保护令),原因正是(也只是)以色列政府指称——根据是以色列监狱中另一名巴勒斯坦人先前所做、后来撤回的第三者自白,而且这份自白是以当事人根本不懂的希伯来文写成——他是恐怖分子,涉及两年前一桩炸弹攻击事件。除了《新政治家》(*New Statesman*)的克劳蒂雅·莱特(Claudia Wright)1980年1月7日、21日在《探索》(*Inquiry*)杂志上一篇很重要的文章《玩弄遣返》("Toying with Extradition")之外,这件事几乎没有引起媒体注意。

此外,对于沙特阿拉伯、科威特这类地区稳定性的普遍忧虑,并没有激发出能与这份忧虑相称的新闻报道,只有一些画地自限、高度选择性的批评,针对沙特阿拉伯弱点而发,我在"第一章"已做过描述。各大电视网与报纸中,只有CBS的艾德·布拉德利(Ed Bradley)在1979年11月24日提到,所有

---

① 见Richard Deacon, *The Israeli Secret Service* (New York: Taplinger Publishing Co., 1978), pp. 176 - 177。

关于麦加清真寺遭占领的新闻全部来自沙特政府,其他消息来源一概封锁。但是《基督教科学箴言报》的海伦娜·柯班(Helena Cobban)11 月 30 日从贝鲁特报道,清真寺占领事件具有非常明确的**政治**意义;攻击者绝不是单纯的伊斯兰狂热分子,而是一个政治网络的一部分,兼具世俗与伊斯兰的纲领,尖锐地指向沙特王室对权力与财富的垄断;这个政治网络近年来大幅扩张,1995 年末与 1996 年夏天的利雅德与霍巴塔爆炸案是其明证。几周之后,柯班的消息来源——一名住在贝鲁特的沙特阿拉伯人——消失无踪,沙国的情报单位据信主导了这桩失踪案。

苏联入侵阿富汗之后,我们对好穆斯林与坏穆斯林可能就会有更鲜明的区分;有更多新闻赞扬好穆斯林的成就,诸如穆巴拉克、贝·布托以及阿拉法特的反哈马斯的安全部队;更常将伊斯兰教好的一面视同"温和中庸",如果可能,还可以视同自由民主,后者主要意谓着"自由"市场经济,而非改善沙特阿拉伯、科威特、埃及与约旦等国家的人权状况。很少人会将阿富汗对苏联的反抗比拟为巴勒斯坦对以色列占领的反抗,约旦国王侯赛因 1980 年 1 月 22 日在"会见新闻界"(*Meet the Press*)节目中阐述了这一点。在沙特阿拉伯方面,美国对沙特大规模投资的风险,只会引起(不足为奇)以色列支持者的关注,他们认为美国的协助不应该从以色列转移到阿拉伯人。彼得·鲁宾(Peter Lubin)1979 年 12 月 22 日发表在《新共和》上的《我们不了解的沙特阿拉伯》("What We Don't Know About Saudi Arabia")正说明了这一点。鲁宾的论调大致合理,但稍嫌夸张,他将大学院校对于波斯湾产油国家的著作与教学嗤之为统治王族的宣传或是无知。然而,他却完全无法将自己的批评延伸至关于以色列的著作;或者是延伸至各大学许多中东研究计划中不甚含蓄的亲以色列偏见。同样的,鲁宾虽然正确地要求记者对于我们富有的产油盟邦传来的资讯,必须更加严格要求;但是他应该说而没有说的是:在与以色列相关的报道中,严谨与公平早已被弃若敝屣。

另一个国家

对于媒体在人质危机最严重、痛苦的前几个月中处理伊斯兰教与伊朗的方式，我的探讨可以归结为几个要点。阐述这些要点最有效的方法，就是以美国呈现伊朗事件的版本对照欧洲的版本——艾瑞克·卢娄在法国《世界报》每天刊载的系列文章，从危机的第一个星期一直写到 1979 年 12 月底。当大部分美国记者于隔年 1 月被伊朗撵走之后，《纽约时报》也刊载了几篇卢娄的作品。当然，我们必须谨记，卢娄不是美国人；没有法国人遭劫持；伊朗从来没有落入法国的势力范围；而且除了卢娄的文章之外，法国媒体对外交政策的报道并不比美国同业高明多少。同时还必须重申，由于媒体报道数量过于庞大，因此诞生了不少极有价值、经常（不完全）是违反共识的作品。像《洛杉矶时报》与《波士顿环球报》的专论版文章；讨论动武之外的可行方案、试图严肃面对伊朗现实而且颇具想象力的作品（例如理查德·佛克在 12 月 9 日的《亚特兰大立宪报》、罗杰·费什在 1 月 14 日的《新闻周刊》）；讨论逊王获准入境美国的非凡的背景报道；偶尔出现的精湛政治分析以及叙述精彩的新闻故事（《洛杉矶时报》的道依尔·麦克梅纳斯(Doyle MacManus)、《纽约时报》的齐夫纳）：在人质危机最初的几个星期，对于想寻找超越一般狭隘爱国主义论调的读者，这些都是高水准的新闻报道。此外也应该提到《探索》杂志上两篇强有力的文章（12 月 24 日与 1 月 7 日至 21

日),讨论美国人佩戴写着“伊朗烂透了”(Iran Sucks)与“核子弹炸伊朗”(Nuke Iran)钮扣所流露的穷兵黩武精神。还有佛瑞德·库克(Fred J. Cook)12 月 22 日在《国家周刊》的一篇报道中适时透露,国会于 1965 年展开的伊朗回扣案调查,后来神秘地无疾而终;而且同样神秘的是,现在这个案子虽然事关重大,但却无法重新展开调查。库克的报道先知先觉,预示了 1986 年罗伯特·麦克法兰(Robert McFarlane)①以及奥利佛·诺斯(Oliver North)②与伊朗的秘密协议,非法以美国军火交换伊朗的黎巴嫩盟友释放人质。

但是总的说来,美国电视、日报与新闻周刊上的伊朗报道,对于当地情势的洞见与深入了解,都远远比不上卢娄同一时期发表于《世界报》的一系列文章。如果以强烈的语气来表达,我会说卢娄笔下的伊朗与美国媒体再现的伊朗,直如两个不同的国家。卢娄从来不曾忽略伊朗当时仍然在历经巨大的革命变化,而且由于当时的伊朗没有政府,所以会进入创造一套全新政治体制、程序与实体的过程。因此,美国大使馆危机必须放在这种经常令人困惑而且总是错综复杂的过程中观察,而不是视为孤立的事件。卢娄从来不利用伊斯兰教来解释事件或人物,他似乎认为自己身为记者的职责包括对政治、社会与历史的分析——已经是相当复杂——但不包括诉诸意识形态的概括与故弄玄虚的辞令;尽管到了后来,伊朗的事态发展不尽如人意,而且发展过程也难以理解。没有任何美国

① 里根时代白宫国家安全顾问。——译者

② 前白宫国家安全会议中校军官,伊朗门事件主角。——译者

记者肯报道伊朗国内对宪政公民投票的长期辩论；对于各个党派的分析也少之又少；几乎不曾提及导致毕海希提、巴泽干、巴尼萨德与戈特布扎德分道扬镳的意识形态斗争；从未报道伊朗斗争所运用的各种策略；没有详细列举（至少到 1980 年中期都是如此）争逐权力与注意力的众多政治人物、理念与机构；在革命与人质危机之后将近 10 年，没有一位美国记者曾经指出，除了人质是否获释、某某人是亲美抑或反美等问题之外，伊朗人政治生活在本质上足以激发出探究的兴趣。就连重大事件也被忽略，例如巴尼萨德曾在 1979 年 12 月 5 日造访占领大使馆的学生；同样地，也没有人提到哈吉托利斯兰·侯艾尼（Hajitolislam Khoeiny）在大使馆事件中的重要角色，当时他正好也是伊朗总统候选人之一。但是上述这些事件都曾经见诸卢娄的笔墨。

更重要的是，卢娄似乎能够事先就承认，在危机中运作的人物与观念潮流可能会扮演非常重要的角色。他不会鲁莽地下判断，没有先入为主的成见，不曾因为官员的怂恿就仓促做出结论，从不留下未经查证的故事。从卢娄的报道看来，韩森众议员往访德黑兰远比一般人的想象来得成功。卢娄 1979 年 11 月 24 日的文章甚至提供具体事证，显示白宫（与美国媒体）刻意低调处理韩森与伊朗人的成功交涉，当时国会正考虑调查美国与伊朗之间的金融往来（这是应伊朗的要求，可能也是释放人质的交换条件），白宫却一口回绝调查。巴尼萨德是坚定的社会主义者与反帝国主义者，戈特布扎德对于政治与经济议题立场较为保守，卢娄详细报道了这两人在 1979 年下半年的斗争，也记录了 11 月至 12 月间他们对于人质危机看似矛盾的立场（巴尼萨德想解除危机，但戈特布扎德企图升级危机）。

我们还可以猜测——尽管当时没有任何美国记者提及——美国比较喜欢与戈特布扎德打交道，而且似乎对巴尼萨德的离开外交部推波助澜〔方法是：不把他当一回事、贬抑他的建议、骂他是个"疯子"(kook)〕。鉴于巴尼萨德后来轻而易举赢得总统大选，未来美国对伊朗的立场(以及宁可与保守派而非社会主义人士来往的态度)显然与这个时期大有关联。还有巴泽干下台的真正原因：绝非因为巴泽干是美国媒体宣称的自由民主人士，也不是因为他曾与布热津斯基在阿尔及尔握手致意，而是他缺乏效率与能力来实现其政府宣示的"伊斯兰"政策。卢娄在他最重要的一篇文章(《曼彻斯特卫报》1979 年 12 月 2 日曾删节转载)中点出，美国早在大使馆于 11 月遭占领之前，即对伊朗展开长期的经济战；相关事件中丑陋的一面是，大通银行继续扮演对付伊朗的主角。

卢娄之所以会有如此的表现，原因一部分在于他的干练，一部分在于他对中东地区的历练丰富；另一部分原因则是他和美国的同业一样，在报道时对于本国的读者念兹在兹。《世界报》毕竟不止是一份法文报纸，它还是法国的新闻记录；《世界报》显然认定它在呈现这个世界时，是依循界定法国利益的特定观念。这个特定观念部分地解释了为何卢娄笔下的伊朗会与——举例而言——《纽约时报》报道的伊朗大不相同。法国的观点是一种自觉地**另类的**观点，与超级强权或欧洲其他国家的观点都不一样。而且，法国(可以延伸为《世界报》)对于东方有一种历史悠久且经验丰富的态度：对待昔日殖民地与保护国时是认真的后殖民主义者，但仍带有殖民主义者心态；比较在意的不是蛮横强权，而是部署、策略与过程；焦点锁定于利益的培养，而不是保护那些对孤立政权的过度投资；决定何者应赞同或应批判时具选择性，与时俱进，并注意细微差异。毕竟《世界报》是集体所拥有，它是法国中产阶级的报纸，而且就法国之外的世界而言，《世界报》呈现的政治面相变化多端，可以描述为传教士作风、田园、温和专制、“有灵魂的社会主义”(socialism with soul)、18 世纪启蒙主义，以及开明进步的天主教徒〔见《基督教科学箴言报》1980 年 5 月 13 日路易斯 · 维兹尼泽(Louis Wiznitzer)以及《纽约客》(*New Yorker*)杂志 1980 年 6 月 30 日简 · 克拉玛(Jane Kramer)的文章①〕。无论如何，最重要的是：《世界报》如何试图——无疑是自觉地——报道整个世界。相较之下，《纽约时报》的报道似乎是由危机与新闻价值主宰，但《世界报》则试图记录——或者至少是提及——国外发生的大部分事件。《纽约时报》对意见与事实似乎并未严格区分(至少在形式上如此)：一旦遇上异常复杂的事件或议题，其结果就导致报道的长度、细节与曲折变化出现更大的弹性。《世界报》的报道流露出世故心态，《纽约时报》则是严肃而高度选择性的关切。现在来看看 1979 年 12 月 2 日与 3 日卢娄的报道。

卢娄首先提到，过去 3 个月以来，伊朗“制宪大会”(Constitutional Assembly)进行的讨论非常受到瞩目；召开了数百场公开会议，其中有多场以电视转播；新闻媒体与党派刊

---

① 对于《世界报》另类观点的探讨见 Aimé Guedj and Jacques Girault, “*Le Monde*”: *Humanisme*, *objectivité et politique* (Paris: Éditions Sociales, 1970), 与 Philippe Simonnot, “*Le Monde*” *et le pouvoir* (Paris: Les Presses d'aujourd'hui, 1977)。

物对议题进行分析，耗费许多时间批判宪法草案中“反民主”的成分(附带一提，美国媒体很少提到这些事件)。其次，卢娄讨论霍梅尼与伊朗**政治阶层**主流之间吊诡的分裂，然后以详尽的推论显示：虽然霍梅尼冒风险直接诉诸全国民意，而不是敷衍拖延，但他仍然成功地立刻遂行了自己的意志。在这方面，卢娄当然必须分析宪法争议(其议题、党派与方式)以及真正涉入其中的**力量**，厘清权力与宪法之间的巨大差别。最后，霍梅尼的伊斯兰党派被视为一个异质的团体，其聚集与散播都是透过一个由霍梅尼强烈的“永恒革命”意识所塑造的政治实体，也只有天性上是“吹毛求疵的法律学家”(fastidious legalist)的霍梅尼才能相当吊诡地操控这个政治实体。卢娄聆听左派与右派不同团体的声音，并引述其立场声明，然后找出宪法草案中的矛盾：妇女不再只是性愉悦与或经济利益的对象，然而草案并未明确界定她们的权利；工会被谴责为马克思主义的产物，然而工人会议却在经济生活中扮演重要角色；所有公民权利平等，然而什叶派被定为国教等等。探讨过上述这些现象之后，接着才有下面这两段的文章：

> 立刻采行讨论空间如此之大的宪法，对霍梅尼伊玛目(Imam)①而言是责无旁贷的。许多人建议他将公民表决延搁至伊朗与美国的角力结束之后，他们认为一个革命中的国家大可以长期维持过渡性政权。然而伊玛目全然排除了这些建议与反对。
>
> 吊诡的是，对于那些并不熟悉霍梅尼的人士而

① 什叶派领袖。——译者

言，这位库姆城（Qum）①的长老是一位吹毛求疵的法律学家，他坚持其权力必须具备法律基础。霍梅尼过去几周以来获得的高度民意支持，已经令他十分满足。至于未来，调控这股民意支持的主要力量不应是宪法条文，而是从现正进行中的"第二次革命"浮现出来的政治力量平衡。

卢娄在这里并没有试图做刻意的判断（比较前引唐恩·先奇在《洛杉矶时报》的肤浅分析），反而显示出表相与权力、文本与读者、人物与党派之间的断裂，并将它们全都定位于动荡不安的情势背景之中。卢娄想传达的某些意义不仅诠释此一过程，还诠释了过程中的强调重点与争议。卢娄最多只愿提供一份谨慎的评估，他从来不曾诉诸爱国主义的比拟或是无知的价值判断。

从《世界报》退休之后，卢娄接受法国总统弗朗索瓦·密特朗（François Mitterand）的任命，先后出使突尼斯、阿拉伯联盟与巴勒斯坦解放组织，并在 1989 至 1991 年间担任法国驻土耳其大使。之后他卸下公职，成为中东事务的自由投稿专家。卢娄似乎是要延续他在人质危机时期见解微妙的分析，于 1995 年初走访伊朗，其成果是一篇权威的调查报告，内容涵盖伊朗社会在霍梅尼过世之后发生的复杂变化〔《世界外交》（*Le Monde diplomatique*）月刊，1995 年 5 月〕。他报道了许多美国主流新闻媒体根本未触及的事物，提到电脑与网际网络对于库姆城传播、诠释与取得宗教经文的影响。卢娄还

① 伊朗中部城市，霍梅尼的家乡。——译者

描述了他所谓的“伊斯兰第二共和”正在经历一系列显著变化，原因则是来自国内的各种争议与冲突：伊朗现在有 60 个旗帜鲜明、人员充足的妇女组织，为妇女争取权益；有一大群鼓吹者、电影制片人、学者与思想独立的神职人员，挑战固若金汤的“教法学家治国”(vilayet el faqih)政府体制。整体而言，卢娄为读者呈现出一个变化多端的伊斯兰国家，比其大多数阿拉伯邻国都来得民主。这样的形象坚定地反对——或者至少是反驳——美国媒体妖魔化伊朗所用的公式与刻板印象。

总而言之，卢娄为《世界报》所做的伊朗报道，呈现了“政治性”这个字眼最好的意涵。而美国媒体就是做不到这一点，或者可以说它们呈现的是“政治性”恶质的一面。美国(或其他西方的)记者觉得陌生或奇特的事物都被烙上“伊斯兰”的标记，并待之以等量齐观的敌意或讥嘲。伊朗是一个历经沧海桑田变化的当代社会，但西方媒体一般而言对此无动于衷。伊朗历史——至少是革命第一年的历史——很少得到整体性的呈现。陈词滥调、嘲弄丑化、无根据的种族优越感以及模糊暧昧甚嚣尘上。此外还有对政府立场观点的百依百顺，认定唯一重要的就是无论人质是否获释，“不要屈从于恐吓勒索”。结论是随意做成，发展中的争斗会被记者轻率地判定结果；其结果就是完全无法展现伊朗人民革命生活中最具特色的连续性与断裂现象。与之并发的是一个令人困扰的假定：如果美国要原谅逊王，并宣称他是需要帮助的个案，那么就不要理会伊朗人民(或伊朗历史)对逊王的观感。在这段时期中，斯通曾勇敢地直言美国必须向伊朗道歉，因为“我们在 1953 年扶植逊王复辟……对伊朗人民而言并非古老的历史，对我们而言恐怕也不是。”〔1980 年 2 月 25 日《村声》(*Village Voice*)

杂志〕

媒体在 1979 年间对伊朗与伊斯兰教的报道是如此乏善可陈、满怀敌意，解决人质危机的几次良机可能即因此而丧失；这大概也是为何伊朗政府在 1980 年初表示，减少伊朗的外国记者可能有助于纾缓紧张情势、创造和平解决方案。媒体最严重而且后患无穷的败笔在于，对危机恶化时期中的急迫性国际事务，媒体会不甘于也很难只从事独立的、真正提供资讯的工作。我们似乎很少觉察到，在 20 世纪 80 与 90 年代展开的新纪元，并不能够肆无忌惮地再现为冲突性的二元对立——“我们”对抗“他们”、美国对抗苏联，然后是西方对抗伊斯兰教，而媒体总是站在“善良”的一方——除非我们会相信，对立的两方超级强权必然会毁灭世界。

为了公平起见，我们也要提到在 1980 年人质危机悬宕期间，媒体发生的变化。媒体对于美国在伊朗扮演的角色做了更深入的调查：例如 CBS 电视网有两集“60 分钟”(*Sixty Minutes*)节目，分别揭露巴列维政权施行的酷刑，以及基辛格为巴列维策划的密谋。《纽约时报》与《华盛顿邮报》尽职地报道(分别在 3 月 7 日与 6 日)华府试图阻挠 CBS 播出节目。还有一如众人预期的，主要报纸都对 4 月末救援行动做了质疑、理性的报道。媒体的共识比以往更愿意放宽眼界，承认我们对伊朗可以有不同的观点。对于政府冥顽不灵立场的批判与日俱增，也有越来越多民众察觉(主要表现为读者投书)，其实我们并未完全得知伊朗事件的来龙去脉。然而，对于伊斯兰教的敌意与误解依然根深蒂固，头号倡导者(可以想见)是《新共和》之类的保守派刊物：艾里·坎度理在 1980 年 6 月 7 日当期的《新共和》中断言“西方低头了”(The West Defers)，他主张“西方”强权必须“彰显自身、获得尊重”，否则具传染性的混乱会持续蔓延。每隔一段时间，强硬的共识会以令人沮丧的方式凸显其存在。兰姆西·克拉克参加过德黑兰的“美国罪状”(Crimes of America)会议并返国之后，接受 ABC 电视网“议题与答案”(*Issues and Answers*)节目的访问(1980 年 6 月 8 日)，那些访问者完全没有提到**任何真正具探讨性的问题**，所询问的内容都非常不友善，反映出他们毫不犹豫地迎合政府的立场，认定克拉克参加那场会议的行径有如叛国①。

读者有时能看到严肃、反思的报道，试图去理解这场持续进行的革命，其中的能量无法以单纯的观念或严格的经验法则来掌握。例如齐夫纳 4 篇对伊朗革命的睿智报道(《纽约时报》1980 年 5 月 29 日、30 日、31 日、6 月 1 日)，以及绍尔·巴赫许(Shaul Bhakhash)在《纽约书评》上一篇论伊朗革命的文章(1980 年 6 月 26 日)。但是我相信，如果人质已经获释，这类文章恐怕根本不会出现。占领大使馆事件——不道德、非法、粗暴蛮横、在政治上有短期效用，但长期而言只会消耗伊朗国力——实际上已在美国引发了一场自觉的危机。伊朗从一个几乎无人记得、被视为理所当然的亚洲殖民地，间歇性地变成美国自我检讨的机缘。伊朗事件本身的顽强难缠与令人焦虑的延宕不决，逐渐将媒体早先的一厢情愿与狭隘焦点，转化为更具批判性、更有裨益的事物。简而言之，占领大使馆启动了一种**过程**，其中只有静态停滞的愤怒；一段时间之后，过程本身也具备了历史，藉由这段历史，媒体——与美国民

① 见克拉克对于解决伊朗—美国危机的建议：“The Iranian Solution,” *The Nation*, June 21, 1980, pp. 737 - 740。

众——对自身的观察所得更胜于以往。至于这样的结果是否合乎伊朗好战分子的意图,或者它是否延迟而非促进伊朗回归常态,目前尚难以判定。显然现在有更多美国人了解了权力斗争的意涵(有谁无法察觉巴尼萨德与毕海希提的冲突,而霍梅尼神秘地藏身幕后?)而且显然也有更多的美国人体会到,想要将"我们的"秩序强加在伊朗动乱——或者伊拉克与伊朗战争——之上,终将是徒劳无功。许多问题都尚未找到答案——毕海希提权势上升的经过、左派与右派斗争的模式、伊朗经济状况——而且许多可能的结果即将揭晓①。

我们尚未探讨但现在必须开始探讨的,是潜藏在伊朗危机背后的问题。伊朗为何重要?伊斯兰教为何重要?我们对两者能得到什么样的知识与报道?这个三合一问题并不抽象,它不能仅仅被视为当代政治整体中的一个单元,还必须视为涉及其他文化知识的学术追求与诠释行为中非常重要的一部分。但是,如果没有彻底厘清这个脉络中权力与知识的关系,我们就会错失事物的精髓核心。这也正是我们下一阶段探讨的方向所在。

---

① 几乎只有"中东研究与资讯计划"(MERIP)曾尝试这项工作,见 *MERIP Reports*, no. 88(June 1980), "Iran's Revolution: The First Year," pp. 3 - 31, 或是 no. 89(July - August 1980), pp. 3 - 26 对阿富汗的研究。

第三章　知识与权力

诠释伊斯兰的政治学：正统知识与对立知识

以当今的情况来看，无论“伊斯兰教”抑或“西方”都无法平心静气对待彼此或看待自身，因此探讨这个问题可能会格外地徒劳无功：一种文化的成员是否能够真正获取关于其他文化的知识？一句著名的伊斯兰格言说：知识就算远在中国，也要去追寻。而西方自希腊时期以来就习惯于认定，只要是关涉人类与自然的知识，就必须努力追求。但是这种追求的实际成果，就西方思想家的观点来看，通常被认定为有瑕疵缺憾。就连培根(Francis Bacon)——其《崇学论》(*Advancement of Learning*)一书以最热忱与自我激励的方式开启了西方现代思想——对于知识的各种障碍“假相”(the Idols)①是否真的能清除殆尽，他事实上也是满腹疑虑。景仰培根的维柯(Giambattista Vico)曾明白指出，人类的知识其实是由人类制造出来的，因此外在真实不过只是“人类心灵的修饰”(modifications of the human mind②)。获取遥远、异国事物客观知识的希望，在尼采之后又变得更为黯淡。

然而西方研习伊斯兰教的人士(伊斯兰世界中研习西方的人士也是如此，但我不打算讨论他们)与这股怀疑与悲观的潮流背道而驰，他们仍普遍表现出令人不安的乐观与自信。早期欧洲的现代东方学专家似乎深信不疑，针对东方——包括伊斯兰世界——的研究是通往普遍知识(universal knowledge)的帝王之路。戴克斯坦男爵(Baron Ferdinand von d'Eckstein)[3]是其中之一,他在1820年代写道:

> 正如居维叶(Baron George Cuvier)与洪堡(Baron Wilhelm Humboldt)从地球的内部发现(自然)组织的奥秘,雷慕沙(Abel Rémusat)、圣马丁(Claude de Saint-Martin)、萨西、葆朴(Franz Bopp)、格林(Jacob and Wilhelm Grimm)与施莱格尔(A. W. Schlegel)也会以同样的方式,在某一种语言的字汇中,追溯并发现人类思想所有的内在组织与原始基础④。

几年之后,恩斯特·雷南在他论"穆罕默德与伊斯兰教的根源"(Mahomet et les origines de l'islamisme)的序言中,讨论开展他所谓"科学判准"(la science critique)的可能性。雷南认为,地质学家、历史学家和语言学家都能够理解"原始的"(primitive)——亦即基础而原创性的——自然事物,方法是精细且耐心地检视其蛛丝马迹:伊斯兰教是一种特别有价值的现象,因为其诞生较为晚近而且不具原创性。是故雷南做出结论:研究伊斯兰教可以让人获致既明确又具科学性的知识⑤。

---

① 使人陷于谬误的不良心理习惯和虚妄观念。——译者

② Giambattista Vico, *The New Science*, trans. T. G. Bergin and Max Fisch (Ithaca, N. Y.: Cornell University Press, 1968), p. 96.

③ 19世纪欧洲犹太裔思想家。——译者

④ 引述自 Raymond Schwab, *Le Renaissance orientale* (Paris: Payot, 1950). p. 327。

⑤ Ernest Renan, "Mahomet et les origines de L'islamisme," in *Études d'histoire religieuse* (Paris: Calmann-Lévy, 1880), p. 220.

也许是因为这种乐观态度，东方主义的伊斯兰研究历史大致上不受怀疑论的思想潮流影响；而且一直到最近，从来没有在方法学层面进行自我质疑。西方研习伊斯兰教的人士大部分都不曾怀疑，尽管受到时间与空间局限，但人们仍然可以获致关于伊斯兰教——或伊斯兰生活的某些层面——真正客观的知识。另一方面，现代学者对于伊斯兰教的观点，很少会像雷南那样明显傲慢：举例而言，没有一位专业学者会像雷南一样直言不讳，说伊斯兰教之所以能够被认知，原因在于它是人类发展受阻碍的基本案例。但是我一直找不到任何一位当代伊斯兰学者，足以显示其学术事业本身即是怀疑的根源。在某种程度上，伊斯兰研究的学术团体传统（guild tradition）——两百年来师徒薪火相传——同时保护并肯定了个别学者的成就，而且无视于大部分其他人文领域学者遭遇的方法学危机与创新的挑战。

最近有一篇文章《中东研究现况》（"The State of Middle Eastern Studies"）足以说明我的意旨，刊载于1979年夏季号的《美国学者》（*American Scholar*），作者是一位知名的英国伊斯兰教学者，但如今是美国公民，且在美国工作。整体而言，这篇文章是该名作者以一种懒散、兴味索然的方式泛论例行性事物的成果。然而除了作者对于知识性议题惊人的漠不关心之外，他对于东方主义认定的文化血统的说明，依然会令非专业人士读者印象深刻。值得在此详细引述：

> 文艺复兴为西方世界的伊斯兰与中东研究开启出全新阶段。其中最重要的新因素可能是一种知识性的好奇心，至今在人类历史上仍属独一无二。在

文艺复兴之前，对于较不具敌意的异国文化的研究与理解，从来没有出现过这样强烈的欲望及努力。许多社会曾试图研究其先驱者，研究那些他们认为曾受其影响的对象，那些与自身有传承关系的对象。受到异国强势文化主宰的社会，通常会被迫——迫于武力或其他因素——去学习强势文化的语言，并尝试去了解其主宰者的行为方式。

一言以蔽之，社会研究他们的“主人”(master)，同时包括这个字的两层意义……但是欧洲(以及后来欧洲的海外子民)从文艺复兴时期开始研究遥远异国文化的努力，**代表一种全新且迥然不同的事物**。今日中东诸民族对彼此兴趣缺失，对亚洲与非洲的非伊斯兰文化更漠不关心，这种现象意义深刻。中东地区认真研究印度与中国语言及文化的大学，只见于土耳其与以色列——而这两个国家都刻意选择西方生活方式。

甚至到了现在，非欧洲文明要想了解这种知识好奇心仍然有极大的困难。当第一批欧洲的埃及学专家与其他考古学家在中东地区展开发掘工作，许多当地人民都觉得难以置信：外国人居然愿意耗费这么多时间、努力与金钱，并甘冒如此多的风险与苦难，只为了挖掘并解开古老遗迹的秘密，这些遗迹是当地人民早已忘却的祖先所留下。因此他们找寻其他更合理的解释。对于单纯的村民，考古学家是要寻找埋藏的宝藏；对于世故的城市居民，考古学家是外国政府的间谍或特工。尽管少数考古学家的确为

> 其母国政府提供这类服务，然而这事实并不足以坐实当地人民对考古学的误解，反而揭露了他们对考古学家事业可悲的蒙昧，这番事业为人类历史开启新页，为中东国家的自觉意识开启新天地。**这种观念认知上的困难一直持续至今**，甚至影响了某些学者，他们一口咬定东方学专家若非寻宝者，就是帝国主义的间谍。
>
> 在欧洲人跨越重洋、进入全新而陌生国度的发现之旅中，**这种全新的知识好奇心**得到极大的满足，有助于打破知识的固定模式，并为进一步研究提供刺激与机缘①。

这篇文章运用的不过是些无稽的断言，而且直接抵触许多著作的内容，这些著作来自东方学专家自身、欧洲从文艺复兴迄今的历史学家、圣奥古斯丁(St. Augustine)以降的历史诠释学者。就算我们先不论所谓“全新且迥然不同的”而且因此是(依据假定)纯粹的知识性好奇心——任何试图研读并诠释某种文本的人都不会如此幸运，能拥有这样的好奇心——这篇文章还是有太多东西不能盲目接受。阅读过唐纳德·莱许(Donald Lach)、派瑞(J. H. Parry)这些文化与殖民历史学者的著作，读者会认为欧洲人对异国文化的兴趣是奠基于由

① Bernard lewis, “The State of Middle East studies,” *American Scholar* 48,3(Summer 1979), pp. 366 - 367; emphasis added. 将 Lewis 虚假的主张与 Bryan S. Turner, *Marx and the End of Orientalism* (London: George Allen & Unwin, 1978)做比较，是很有趣的事情。

贸易、征服或意外事件导致的实际接触①。“兴趣”来自需要，需要则有赖于从经验中激发的事物协同作用与唇齿相依——爱好、恐惧、好奇等等，无论人类生存在何时何地，这些事物都会发生作用。

此外，除非先决环境因素使某种文化可以得而诠释，否则一个人如何能诠释此种文化？就欧洲对异国文化的兴趣而言，所谓环境因素总是关涉到商业、殖民、军事扩张、征服或帝国霸业。就连19世纪德国大学的东方学专家研究梵文、解读穆罕默德《圣训》(*hadith*)或诠释哈里发制度(caliphate)时，他们的主要凭藉并不是那虚构的纯粹好奇心，而是造就他们事业的大学、图书馆、其他学者与社会报酬。只有潘格罗斯博士(Dr. Pangloss)②或是斯威夫特(Jonathan Swift)《格列佛游记》(*Gulliver's Travels*)中拉格多(Lagado)设计家科学院

---

① 例如 Donald F. Lach and Carol Flaumenhaft, eds., *Asia on the Eve of Europe's Expansion* (Englewood Cliffs, N. J.: Prentice-Hall, 1965); Donald F. Lach, *Asia in the Making of Europe*; *vol. 1. The Century of Discovery* (Chicago and London: University of Chicago Press, 1965), and vol. 2, *A Century of Wonder* (1977); J. H. Parry, *Europe and a Wider World* (London: Hutchinson & Co., 1949); and *The Age of Reconnaissance* (London: Weidenfeld & Nicolson, 1963)。当然还要参考 K. M. Panikkan, *Asia and Western Dominance* (London: George Allen & Unwin, 1959)。对于亚洲如何在现代“发现”欧洲，有趣的报道见 Ibrahim Abu-Lughod, *Arab Rediscovery of Europe: A Study in Cultural Encounters* (Princeton, N. J.: Princeton University Press, 1963), and Masao Miyoshi, *As We Saw Them: The First Japanese Embassy to the United States (1860)* (Berkeley, Los Angeles, and London: University of California Press, 1979)。

② 法国思想家伏尔泰(Voltaire)小说《憨第德》(*Candide*)中极为乐观的哲学家。——译者

(Academy of Projectors)[1]的成员，才会将缔造庞大欧洲帝国、获取相关知识的动力界定为主要是“满足全新的知识好奇心”。因此也难怪愚昧的非欧洲原住民对于学者的“知识好奇心”会满腹狐疑；因为西方学者进驻非西方国家时，什么时候不是凭藉——无论是如何象征性和迂回曲折——西方对这个国家的力量[2]？这种东方学专家独特的无知与自满，也显示在这篇文章作者似乎对人类学领域对于帝国主义与民族学共谋关系的激烈论争一无所知，连列维-斯特劳斯(Claude Lévi-Strauss)如此保守正统的学者，都曾经对帝国主义化身为民族学田野调查的本质，表达过疑虑甚至遗憾。

如果全然不理会关于纯粹好奇心的争议，我相信我们仍然可以认定：中东研究倡导的论点，事实上是要捍卫其描述——在历史与文化上——遥远异国社会真相、在本质上无懈可击的能力。《中东研究现况》这篇文章后面进一步阐述此一论点，提及将这个研究领域“政治化”的危险，而且声称只有少部分学者与大学系所能够避免。政治在此处似乎被联想成狭隘的党派斗争，真正的学者应该超越琐碎的争执，只需关注理念、永恒价值与崇高原则；然而作者并没有举出任何例证，这点值得注意。整篇文章很有趣的是，它只是在名义上诉诸科学与科学方法，至于非政治性中东研究的真面貌是或应该是什么，作者阙而不论。换言之，学术的态度、立场、修辞——

① 斯威夫特讽刺18世纪科学界的虚构组织。——译者

② 这类例子相当众多，从William Jones的事业到拿破仑的远征埃及，到19世纪一整批学者—旅行家—间谍类型的人物。见Said, *Orientalism*, passim。

归根究底：意识形态——才是重点。这篇文章根本没有明示出真正意图，更糟的是，其中刻意隐瞒了学术与我们可称之为的"世俗性"之间关联，这一切只是为了维持学术真理非党派性、非政治性的虚构。

这种现象对于作者本人的揭露，更甚于他意图论述的领域，而且所有现代欧洲或西方论述非西方社会的尝试，都摆脱不了这种讽刺。并不是其他所有学者都能够觉察到这种困难。1973 年"中东研究协会"(Middle East Studies Association, MESA)与"福特基金会"(Ford Foundation)共同委托一群专家，对中东研究领域进行全面考察，评估其现况、需要、前景与问题①，而成果是分量厚重的一册《探讨中东：人文学与社会科学的研究与学术事业》(*The Study of the Middle East: Research and Scholarship in the Humanities and the Social Sciences*)，由雷纳德·宾德(Leonard Binder)主编，在 1976 年出版。这本书既然是集体写作，其品质难免优劣互见，然而读者仍不免深受弥漫全书的危机感与急迫感所撼动，这在《美国学者》中的那篇文章是完全看不到的。对于这群名望可与其英国同仁分庭抗礼的学者而言，中东研究是一处战场：投入其中的注意力、经费、学者一直不敷所需〔讽刺的是，中东研究协会"研究与训练委员会"(Research and Training Committee)的一位成员，也是这项计划的发起人之一，在这本书出版前几年还以中东研究领域为主题，向美国政

① Bryan S. Turner, *MERIP Reports* no. 68(June 1978), pp. 20 - 22 对这部报告有一针见血之见，在同一期 *MERIP Reports* 中，James Paul 估计 MESA 报告的成本约为每页美金 85.5 元。

府提交一篇研究报告，贬抑对伊斯兰教或阿拉伯人进行专题研究的必要性：原因是这个领域对美国而言，在文化上与政治上均非当务之急①］。但是潜藏在他们提及的所有问题之下，是宾德在本书"绪论"中坦诚处理的一个问题。

"在美国，区域研究发展的基本动机，"宾德开宗明义说道，"一直都是政治性动机。"②然后他综论当代中东专家面对的组织性与哲学性问题，但在过程中他从来不曾忽略一项事实——因为事实正是如此——中东研究是社会的一部分，而且可以说就是从社会中诞生的。在"绪论"的尾声中，宾德首先直言不讳，中东研究这个领域连最基本的问题——例如应该是社会结构研究优先还是宗教研究优先？政治结构与国民平均所得孰轻孰重？——都无法免于价值判断，而且尽管"在大多数情况下，中东研究的价值导向远比政府资讯的观点更加微妙……这问题无可回避"。③ 然后他试图总结政治对于西方研究异国文化学者所得结果的真实性的影响。

宾德毫不犹豫地承认，每一位学者都有"价值导向"（value orientations），在其学术事业的进展中发生作用。然而他接着说，"学术训练的规范性导向"（the normative orientations of the disciplines）能够减少个人"特殊判断"（ad hoc judgments）的干扰效应④。宾德既没有解释所谓"学术训练"如何运作，

① 见 Said, *Orientalism*, pp. 288 - 290。

② Leonard Binder, "Area Studies: A Critical Assessment,"刊于 Binder, ed., *Story of the Middle East*, p. 1.

③ 出处同上，p. 20。

④ 出处同上，p. 21。

也没有说明“学术训练”到底有何本领可以轻易地将人类判断转化为公正超然的分析。后来他似乎有意对这些问题稍做处理，在其论点的末尾加上一段声明，然而这段文字却是无端地晦涩暧昧，且与先前论点全然脱钩：宾德说，这种学术训练“同时也提供我们方法，探讨在地区脉络中产生的道德议题”。什么方法？什么道德议题？什么地区的何种脉络？没有任何解释。宾德的结论是如坠五里雾中的一本正经，要读者信赖“学术训练”——但完全不了解这“学术训练”到底有何内容。

就算中东研究遭受粗糙政治压力的现象得到承认，然而还是有一股令人不安的趋势，要暗地里消解这些压力，而后重建东方学专家话语的经典权威性。我们要再三重申，这种权威性直接来自西方文化内部的一股力量，这股力量使学习东方或伊斯兰教的人士得以对伊斯兰教与东方品头论足，而且在很长一段时间中不受挑战质疑。因为从过去到未来，除了东方学专家之外，还有谁会为东方世界发言？无论是 19 世纪东方学专家，抑或 20 世纪如宾德之类的学者都不曾怀疑“这个领域”——必须一提，东方自身与其民众也是一样（除了作为对象或消息提供者之外）——向来就是西方文化获取所需东方知识的来源。结果，任何讲述这种学术训练语言、开展其观念、运用其技术、获取其资格的人，似乎都能够超越偏见与切身环境，做出科学性的论断。那股力量之中自信满满、自我调整、自行其是的感觉，长久以来都导致东方主义衍生出非常不具自觉性的修辞。根据宾德的说法，是学术训练而非东方人民，以普遍性术语说明规范性议题；是学术训练而非该地区人民的欲望，也不是日常生活的道德问题，“提供我们方法，探讨在地区脉络中产生的道德议题”。

因此，一方面“学术训练”化身为机构的情形更甚于落实为活动；另一方面，学术训练会规范并标准化其研究的对象（也可以说，学术训练创造其研究对象），效率远高于它们分析自身或是省思自身的行为。其最后结果，我想只是一种套套逻辑式的沉溺，并且被认定为对另一种文化的完整知识。不可讳言，历来的伊斯兰教研究成果斐然：文本得以确立，古典伊斯兰教的实证性描述已达到相当精确的地步，但是就当代伊斯兰教的**人性**面向，或就任何一种诠释活动遭遇的困境而言，当代中东研究的“学术训练”都无法提供充分的说明或协助。

今日的伊斯兰教研究几乎都不是“自由的”，同时也无法免于迫切时代压力的宰制；这现象与许多东方学专家宣称其作品具备的非政治客观性，可谓南辕北辙；同时也迥异于庸俗唯物主义者的机械化决定论——认为所有知识与文化活动都是由经济力量预先决定——以及专家的乐观信心——他们对于“学术训练”的技术效能满怀信心。诠释者的“兴趣”会展现在这两个极端之间的某一点，并反映到文化整体。

但是此处的多样性与自由，同样也比我们所料想的要稀少。某个主题会引发兴趣的因素是什么？这些主题原本应是学术界或古文物界的兴趣，甚至关涉权力与意志；权力与意志在西方社会中（其他社会也有，但程度不一）经常是环绕着狭隘且实际的迫切需要性而组织起来、能够以某些方式实践、发挥其可怕的体制性权威。只消一个简单例子就能扼要说明这个问题：之后我们再继续讨论一或两个更精微的问题。

对今日美国与欧洲的一般大众而言，伊斯兰教是一种特别惹人反感的“新闻”；媒体、政府、地缘政治策士以及——虽然他们在整体文化界处于边陲地带——学术界的伊斯兰教专家异口同声：伊斯兰教威胁西方文明。这绝对不是说，对伊斯兰教的贬抑与种族偏见嘲讽丑化只存在于西方世界；我并没有那么说，也不会认同别人类似的主张。我想说的是，伊斯兰教的负面形象一直远比其他任何一种形象来得盛行，所对应的也不是伊斯兰教的“本来面目”（假定“伊斯兰教”并非自然存在的事实，而是一种组合的架构；在一定程度上，是由穆斯林与西方透过我先前尝试描述的方式所创造），而是对应特定社会重要部门所认定的伊斯兰教。这些社会部门拥有宣扬**那种**伊斯兰教特殊形象的权力与意志，是故让此一形象比所有其他形象更为盛行、更为显眼。如同我在“第一章”中所说，这过程须藉由一种设定限制并施加压力的共识运作来完成。

看看一个很有助益的案例。福特基金会于 1971 年到 1978 年间出资举办 4 场研讨会，地点选在普林斯顿大学。由于诸多社会与政治因素，普林斯顿是备受瞩目的学术会议地点。除了其整体名望之外，普林斯顿还有一个声誉卓著、备受敬重的“近东研究课程”(Program in Near East Studies)，先前名为“东方研究系”(Department of Oriental Studies)，是由菲力普·希提在大约半世纪前创立。现今这套课程的走向——与其他许多近东研究课程一样——是由社会科学与政治学者主导。举例而言：古典伊斯兰、阿拉伯与波斯文学，在课程与教师的比重上就不如当代近东经济学、政治学、历史学与社会学。这套课程与全美最主要的社会科学基金会——福特基金会的合作，彰显出——而且我认为是刻意彰显——美国一种层次极高的权威性力量。在这种赞助背景下，任何一个探讨的焦点主题都会被赋予毋庸置疑的光环，并表现为由普林斯顿提出并由福特基金会建议（以及有意建议）的重点、优先性与对主要结果的强调。简而言之，研讨会虽然是由学术界组织并主导，然而还是考虑到国家利益的。学术工作被认定要为这种利益服务，而且我们待会儿也将了解，对主题的选择显示出政治偏好主导了学术准则的规划。在这方面应该要说明，福特基金会与普林斯顿不会也不可能有兴趣举办所费不赀的学术会议，来探讨中世纪阿拉伯文法理论；虽然就严格的知识基础而言，这种研讨会其实远比其他类型学术会议更具必要性。

无论如何，让我们来探讨这 4 场研讨会的主题是什么？有什么人参加？其中一场是讨论“伊斯兰非洲的奴隶制度与相关体制”，会议记录对于非洲人对阿拉伯穆斯林的恐惧与憎恨着墨甚多，还有“几位以色列学者”企图提醒非洲国家不要太过依赖那些“过去曾掠夺非洲国家人口”的阿拉伯国家①。研讨会赞助者藉由选择伊斯兰教的奴隶制度，凸显出一个必然会恶化非洲与阿拉伯穆斯林关系的主题：阿拉伯伊斯兰世界的学者没有一人受邀与会，这也是完成上述目标的方法之一。

第二场会议探讨“米勒特制”（millet system）体系，主题是“中东地区伊斯兰国家中，少数族群尤其是特殊教派的地位”②。“米勒特制”是昔日奥斯曼土耳其帝国之中，具部分

① *Proposal to the Ford Foundation for Two Seminar-Conferences*, Program in New Eastern Studies, Princeton University (1974 - 1975), pp. 15 - 16.

② 出处同上，p. 26。

自治权的少数族群①。在帝国崩溃,以及数个英国与法国卵翼的殖民政权终结之后,近东地区在第二次世界大战时期兴起了一连串新国家,而且大部分都是——或者企图成为——民族国家:其中之一(以色列)是在伊斯兰世界环绕下由少数教派统治的国家,另一个(黎巴嫩)则因以色列与美国武装并支持好战的非穆斯林少数族群,而致分崩离析。

"米勒特制"绝非一个中立的学术主题,其构想本身就表现出某种具优先性的政策方案,试图解决当代伊斯兰世界复杂的国家与民族问题。无论学术界研究的理由为何,"米勒特制"都代表倒退回先前的时代,当时帝国强权(奥斯曼帝国或西方帝国)瓜分并统治一群庞大但暗地里四分五裂的人口。对于该地区居多数的逊尼派以及部分少数族群,现代伊斯兰世界的历史就是一场斗争,试图超越民族与宗教的分歧,走向某种(可能是中央集权制的)世俗化的民主政体。但这个地区的国家都未能达成目标,顶多是宣称(通常不会执行)有这样的政策;只有以色列与极右派的黎巴嫩马龙派基督教徒曾积极发动战争,回归一种以少数民族自治为主要基础,并与外界保护者或强权建立双边关系的国家架构。这一点也是普林斯顿研讨会建议巴勒斯坦人的解决方案,对会议筹划者而言,这并非偶然,因为那位到普林斯顿谈论巴勒斯坦地区阿拉伯"少数族群"(这个名称带有多少讽刺!)的人士是一位以色列教授。如同奴隶制度研讨会中显而易见的事实,没有任何一位伊斯兰教逊尼派学者受邀参加。研讨会的主题如此敏感,而

① "millet"原意为民族。——译者

且是在美国举行，时机又如此特殊（1978），与会者之中有许多是基本上对所谓伊斯兰统治满怀敌意的少数宗教与民族成员（因此可能为美国决策阶层派上用场）；这些事实都很难归之于学术兴趣。绝非巧合的是，这场研讨会的主要召集人正是我前文提及的那位学者，就是他一心赞扬西方的知识好奇心，揶揄那些从任何事物中都能看出政治阴谋的学者与非欧洲人士。

第一场研讨会的主题，是心理分析与行为分析技巧在了解现代中东社会上的应用。会议研究报告也随后出版①。大体上，这场研讨会一如预期，核心重点是民族性格的研究〔阿里·巴努阿济济（Ali Banuazizi）对于所谓的"伊朗人性格研究"做了严谨而见解独到的批判，并正确地将其联系至对伊朗心怀不轨的帝国强权的操纵目标②〕，结果也是平平无奇。这册报告一再强调穆斯林生活在虚幻的世界、家庭是压迫性的、大多数领袖都心理变态、社会尚未成熟等等。这些并不是透过刻意将穆斯林社会改造为"成熟"社会的学者观点来呈现，

---

① L. Carl Brown and Norman Istkowitz, *Psychological Dimensions of New Eastern Studies* (Princeton, N. J. : Darwin Press, 1977).

② Ali Banuazizi, "Iranian 'National Character': A Critique of Some Western Perspectives,"in Brown and Istkowitz, eds. , *Psychological Dimensions of New Eastern Studies*, pp. 210 - 239. 对于直接相关主题的类似研究，见 Benjamin Beit-Hallahmi 重要的"National Character and National Behavior in the Middle East: The Case of the Arab Personality,"*International Journal of Group Tensions* 2, no. 3(1972): pp. 19 - 28; and Fouad Moghrabi, "The Arab Basic Personality," *International Journal of Middle East Studies* 9(1978): pp. 99 - 112;与 Moghrabi's "A Political Technology of the Soul,"*Arab Studies Quarterly* 3, no. 1(Winter 1981)。

而是呈现为中立、客观且不具价值判断的科学家观察。完全没有说明这类科学家(无论他们有多么保持中立,多么不受价值观影响)在与企业、政府力量之间的关系中,占据何种位置;他们的探讨在政府对伊斯兰世界的政策施行中,扮演何种角色;强势社会对弱势社会的研究,在心理学上有何种方法学上的意涵。

第四场研讨会也完全未探讨这些问题。会议名称是"近东地区的土地、人口与社会:从伊斯兰教兴起到 19 世纪的经济史研究"(Land, Population, and Society in the Near East: Studies in Economic History from the Rise of Islam to the Nineteenth Century)。与先前几场一样,这场研讨会也呈现出学术、公正的一面,尽管在表象之下可以感受到一股迫切的政策考量:就是研讨会中,对于现代穆斯林社会稳定性(或不稳定性)指标——土地拥有、人口分布模式、国家权力之间关系——的兴趣。我们不能断言研讨会的每篇论文在客观层面都一文不值,也不能指称每一位与会学者都是一场居心叵测阴谋中的共犯。研讨会的组织者非常明智地安排了观点的"平衡",让会议在整体上显得负责而严肃。另一方面,我们不应落入一种陷阱,只将学术行业本身视为许多个别元件的机械性总合。在选择整体性的主题与趋势时,这 4 场研讨会试图塑造对伊斯兰教的意识,方式是将伊斯兰教推向远方,化为一种充满敌意的现象;或者刻意凸显伊斯兰教中能够以政策观点来"处理"的特定层面。

在这方面,普林斯顿的伊斯兰教研讨会正符合美国其他第三世界区域研究计划的历史——例如第二次世界大战结束后，学术界对中国的研究[①]。差异在于，伊斯兰研究计划还必须“修订”(revised)：其中的主宰者仍然是过时且模糊得无以复加的观念(“伊斯兰教”就是一例)，与一套浑然不觉人类科学与社会整体进展状况的知识界术语。今日用来描述伊斯兰教的方式，根本不能运用在犹太教、其他亚洲民族与黑人身上；而且在写作研究伊斯兰历史与社会时，著述者仍然可以放心地忽略诠释理论自尼采、马克思、弗洛伊德以来的每一步重大进展。

其结果是，对于那些兴趣在一般史料编纂的方法学问题或是文本分析的学者，伊斯兰教研究实在无甚助益。相反地，如果我们将普林斯顿研讨会当做探讨的绝佳范例，一部学术著作问世(例如中东研究的那一册心理学论文集)之后，会在一两种高度专业性、发行量有限的刊物中被品头论足，然后从此消失无踪。正因为伊斯兰研究这种边缘性以及刻意与整体文化保持距离，让相关学者得以继续我行我素，让媒体负责散播对伊斯兰民众的种族歧视与丑化。从 20 世纪 80 年代中期开始，关于伊斯兰政治力量的研究——大部分是将宗教激进主义、恐怖主义与反现代化视为伊斯兰教主要层面的侵略性研究——车载斗量，其中大多数研究是靠一小撮学者(例如伯纳德·刘易斯)，来鼓动舆论反抗伊斯兰教的“威胁”。学术界以这种方式进一步巩固自身地位；而伊斯兰相关新闻的接受者也继续大量吸收已灌输数十年的伊斯兰刑罚、滥用暴力、恐怖主义与淫乱纵欲(harem capers)。

---

① 见“Special Supplement: Modern China Studies,”*Bulletin of Concerned Asia Scholars* 3, nos. 3-4(Summer-Fall 1971)。

在美国,伊斯兰专家之所以引起公众注意,原因都是发生了令“西方”猝不及防的剧变。他们发言时不会像英国或法国的专家一样,受到对于伊斯兰教残余情感的缓冲或修饰。他们被视为一群技术人员,要将“一套明确的‘怎么做’(how-tos)”(这是德威特·麦唐纳(Dwight MacDonald)的用语①)呈现给焦虑的民众,而民众也欣然接受,因为他们解答了克里斯多佛·莱许提到的问题:

> 对于专家、技术人员与经理人出现史无前例的需求(衍生于莱许所谓的“后工业时期秩序”)。企业界与政府在技术革命、人口扩张以及冷战危机连绵不绝的压力之下,愈来愈依赖一套庞大的、只有受过训练专家才能解读的系统化资料;于是大学也将自身转变为大量制造专家的工厂②。

专业的需求市场是如此诱人且有利可图,以至于中东地区的研究工作几乎都是锁定这个市场。这也是原因之一,致使没有任何一份重要刊物(近年来也没有重要学者的著作)关注最基本的问题:**为何**要研究中东与伊斯兰教?这些研究又是**为谁**而进行?对于新闻与关切安全议题的一整批消费者(政府、企业、基金会)而言,方法学意识的忘却与市场的存在

① Dwight Macdonald, “Howtoism,”in *Against the American Grain* (New York: Vintage Books, 1962), pp. 360 - 392.

② Christopher Lasch, *The New Radicalism in America*, 1889 - 1963: *The Intellectual as Social Type* (New York: Vintage Books, 1965), p. 316.

之间有绝对关联：在面对欣赏你——或者至少是可能会接纳你——的主顾时，一个人根本不会质问自己行为的原因与内容。还有更糟的是，学者不再透过其研究的区域与人民的观点来思考。在“伊斯兰教”受到研究时，伊斯兰教是被视为某种商品而非对话者。其整体结果就是一种体制化的恶质效应。学术界的荣耀与研究领域的完善奠定建立，以抵抗外界的批评者；在否认政治党派力量介入时，学者的话语会刻意表现出傲慢；学者的沾沾自喜更是无限强化了当前的做法（主要表现在大众新闻之中）。

我所描述的是一种基本上相当寂寞的事业，也就是说，学者在工作时会回应那些似乎对他或她有所要求的利益；他或她受到的引导，多半来自正统学术集团而非真诚诠释的迫切需要。最重要的是，整体文化界会排挤他或她的工作成果，使其边缘化，只有在危机时期才出现例外。认识其他文化的两项必备条件——藉由真正的交流，与异国文化进行非强迫性的接触；对诠释计划的本身保持自觉——都消失无踪，从而导致伊斯兰报道的冷僻、褊狭与重复循环。这些现象意义重大，凸显出在美国——最后的超级强权——关于伊斯兰的报道并非真正的诠释，而是一种力量的主张。媒体之所以能够随意摆布伊斯兰教，是因为它们有能力如此做，结果导致伊斯兰宗教激进主义、恐怖主义与“善良的”穆斯林（例如波斯尼亚）打成一片、占据舞台；其他事物则乏人问津，因为媒体对于何者重要，有一共识性的定义，不合乎定义的事物都会被认定为无关美国的利益，而且也不是媒体眼中的好报道。另一方面，学术界会对它所理解的国家与企业需求产生反应，结果是从庞杂浩瀚的伊斯兰事物之中，挑选出适当的伊斯兰主题，这些主题(极端主义、暴力等等)界定了何谓伊斯兰教以及何谓正确的伊斯兰教研究,以便排除所有无法归属于两者的事物。甚至当政府、各大学中东研究系所或基金会筹办学术会议来探讨中东研究的前景时(通常真正的用意是:"我们要如何对付伊斯兰世界?"),同样的一套观念与目标总是阴魂不散,改变少之又少。

此种反复出现的现象关系到许多事物,包括一个运作顺畅的赞助支持体系。这个领域的资深专家,无论是来自政府、企业界抑或大学,总是会彼此联系,并与愿意配合的捐赠者建立关系。在这个领域中,胆敢对已获肯定的学者或其作品发出不友善的批评,所承受的风险远高于一般的历史或文学领域。如此一来,书评往往成为乏味的奉承阿谀,批评一律掩盖在弥漫学究气的语言之下,而且从不讨论方法学或预设的假定。最奇特的忽略——也是最常见的——就是分析学术事业与社会中各式权力之间的关联性,学术事业正是为这些权力而开创。每当有声音要挑战这股共谋的沉默,意识形态与种族背景立刻会成为焦点话题:他(或她)是个马克思主义者,或者他(或她)是巴勒斯坦人(或伊朗人、穆斯林、叙利亚人)——而且我们知道他们的底细①。至于研究资源本身,它们总是被视之为不具生命的存在,因此在关于当代伊斯兰社

① 对于中东研究专家如何引述种族背景作为"身份证明",见 J. C. Hurewitz, "Another View on Iran and the Press," *Columbia Journalism Review* 19, no. 1(May - June 1980): pp. 19 - 21。对这篇文章的回应见 Edward W. Said, "Reply," *Columbia Journalism Review* 19, no. 2(July - August 1980): pp. 68 - 69。

会、某种运动或某个人物的讨论中，学者言及讨论对象时主要是将它当成**证据**，很少当成某种拥有自身完整性或自身权益，而且在某种意义上必须回应的事物。有趣的是，西方伊斯兰教专家从未做过全面性的尝试，运用方法学来探讨以伊斯兰教为主题的著述：是学术？是证据？抑或两者都不是？

尽管情况相当不乐观，或者也许就是因为这种情况，某些伊斯兰教价值的知识仍然被创造出来，某些独立的心灵成功地越过荒漠。但是整体而言，全面的边缘化、全面的**知识**不连贯性（与学术团体的共识相反）、大部分——但绝不是全部——关于伊斯兰教作品的全面性诠释破产，都可以追溯到一个主宰整个领域、彼此间称兄道弟的“企业—政府—大学”网络。看看**同样**一批基本上反穆斯林的人物，不断出现在“麦克尼尔/雷勒报道”、“夜线”或“查理·罗斯”(*Charlie Rose*)[1]节目中。这种情形最终决定了美国看待伊斯兰世界的方式。否则还会有什么原因能让伊斯兰教知识以如此怪异的结构发展并兴盛，而且如此紧密结合，根基稳固，虽一再挫败但仍屹立不摇？

这种观点具有虔诚信仰的力量，要了解其确实内涵，最好的办法就是再次与英国以及法国的情形相比较，它们在伊斯兰世界是美国的前辈。英、法两国一直拥有一群伊斯兰专家，当然，他们也长期担任政府以及企业界的政策顾问——甚至负责执行政策。但是他们在政府与企业界中都有一项急如星火的工作：在殖民地行使统治权；一直到第二次世界大战结束之前都是如此。伊斯兰世界被视为一系列与众不同的问

① 美国公共电视台的谈话性节目。——译者

题，关于这些问题的知识，整体而言是实证性而且必须直接涉入。对于伊斯兰心灵的理论与抽象观念——在法国是**文化传播使命**(mission civilisatrice)，在英国则是协助臣服的人民起而自治——会在施行政策时随处介入，不过一定是在政策确立之后才会如此做。伊斯兰教相关话语所扮演的角色，基本上是要为国家(甚至是私人企业)的利益辩护。这也是为什么尽管殖民帝国早已冰消瓦解，今日法国与英国研究伊斯兰教的伟大学者，他们身为公众人物的存在理由仍是维系法国或英国在伊斯兰世界的利益。为了一些其他的原因，这类学者多半是人文学者而非社会科学家，文化界对他们的支持主要是来自社会中广泛的知识与道德潮流，而非后工业化时代对于专业的盲目崇拜(英法两国都有这种情形)。法国的罗丁森是一位伟大的文献学家，也是著名的马克思主义者。英国已逝的胡拉尼是声誉卓著的历史学家，其作品有明显的自由主义色彩①。然而这样的人物正日渐凋零，美国作风的社会科学家或古文物专家颇有取而代之的态势，在法国与英国都是如此。

类似的学者在美国只会被认定为中东或伊斯兰事务专家，他们隶属于专家阶层；就伊斯兰世界的现代社会而言，他们的研究领域可以视为危机处理在知识界的对等物。他们的地位有一大部分来自一个观念——对美国而言，伊斯兰世界是一个战略性区域，具有各式各样**可能**(甚至已经发生)的问题。英国与法国在管理殖民地数十年经验中，自然地培养出

① 我对 Rodinson 与 Hourani 近作的评论见 *Arab Studies Quarterly* 2, no. 4(Fall 1980)：pp. 386 - 393。

一个阶层的殖民地专家，但这个阶层并没有继续衍生出类似美国的中东研究—政府—企业网络附属物。在英国与法国，研究阿拉伯语、波斯语或伊斯兰体制的教授是在大学中工作，殖民事务部门与私人企业会咨询他们的意见，甚至请他们参与实际工作。他们偶尔举行大会，但似乎并没有建立自身的独立组织架构，并由民营企业、基金会与政府来支持甚至维系。

因此，对伊斯兰世界的知识与报道，在美国是由地缘政治与经济利益界定；这类利益——对个人而言——的规模庞大到难以想象，由一种几乎同样庞大的知识产品架构来辅助支持。研究阿拉伯联合酋长国各部族的学生，要如何面对在他或她与这些部族之间的石油公司势力？如何看待鼓吹在波斯湾地区派驻快速部署部队的言论〔见《新闻周刊》1980 年 7 月 14 日的封面故事：《捍卫油田：强化美国军力》（"Defending the Oilfields：The U. S. Military Buildup"）〕？以及国务院、企业界与基金会中一整批的中东事务"老手"和资深的东方学专家教授？一方面是"危机新月"的假设性急迫感，另一方面则是在学术、企业与政府之间蓬勃发展的体制性隶属关系；受到这两股势力围攻，对于另一种文化的知识还能够成为什么形态？

我将尝试双管齐下，以非常具体的方式来回答此一问题，然后结束这部分的讨论。首先是主导所谓伊斯兰教正统报道的实际状况、事实与数据。虽然我将焦点锁定美国，但非常类似的现象在欧洲也有蒸蒸日上之势。根据法国一份针对美国中东研究中心很有助益的调查报告，美国在 1970 年间，大约有1650位中东专家教授该地区的语言，对象是2659名研究生与4150名大学生（各占主修“区域研究”研究生与大学生的12%与7.4%①）。关于中东的区域课程共有6400名研究生与22300名大学生（占总数的12.6%）。但是近年来，取得中东研究博士学位的人数在比例上却偏低——还不到全国社会人文类博士的1%②。1979年理查·诺特（Richard Nolte）对美国各大学中东研究中心一份见解独到的报告〔诺特是接受艾克森石油公司旗下“埃索中东”（Esso Middle East）机构的委托，这一点很有意思〕显示，各州教育局（Office of Education）支持“为政府、企业与教育目的，快速并大量培养专家与专业人士”的区域研究；各大学也配合这项展望：“从大学的观点，”诺特公允地写道，“（中东）研究中心对于大学生产而言，可以视为一种希望无限的市场机制——不仅提供协助，为潜力庞大新市场制造更多有销路的产品，以及投入学以致用的区域专家与从业人士，而且还能创造市场。”诺特在此也谈到文科硕士（M.A.）课程：“对涉足中东领域且训练良好的文科硕士来说，政府、企业、金融与其他专业市场相当活络，这要归功于类似的经济与政治因素。”③

正如同我先前所论，普林斯顿研讨会协助塑造了学术界的知识关怀，这些市场现实同样也影响了学术课程。中东研究最主要的重心落在伊斯兰法律与阿拉伯—以色列冲突这类

① Iréne Ferrera-Hoeschstetter, “LesÉtudes sur le moyen-orient auxÉtats-Unis,” *Maghreb-Mashrek* 82(October – November 1978): p. 34.

② Richard H. Nolte, *Middle East Centers at U. S. Universities*, June 1979), p. 2(感谢 Esso Middle East 的 Don Snook 先生送我一份 Nolte 的报告)。

③ 出处同上，pp. 40, 46, 20。

领域：它们的相关性一望即知。但是诺特指出，伴随而来的就是文学领域受到冷落，许多就读于美国大学的中东学生也有同样现象。此外，诺特描述他访问过的中东研究中心主任：

> 提到的事件涉及组织化政治压力，通常是来自校园之外，目的是要阻碍或抹黑与阿拉伯有关的活动；但在研究中心看来，这些活动在学术上有其正当理由与必要性。阿拉伯文化活动、电影放映、访问演讲者、接受阿拉伯资金的援助——任何事情都有可能成为众矢之的。对于这种情形的觉察产生一种渗透性的抑制作用，令大部分研究中心主任都心生厌恶——同时又无法置之不理。有些主任觉得情况已有所改善，其他人则不甚确定①

这些事物——政治、压力、市场——以多种方式凸显出自身的存在。当代中东事务对于专业的需求，制造出许多课程与学生，同时特别强调要接受并维系工具性的知识观点，这种观点既有利可图，也可以立刻学以致用。另外一个结果则是方法学层面的探讨付诸阙如：一个想以中东研究为生的学生，首先要面对多年的寒窗苦读，最终目标是获取博士学位（但并不保证他或她能藉此得到教职），他或她必须先拿到文科硕士或是国际关系研究学位，其主题要能够吸引大客户（政府、石油公司、国际投资公司、承包商），最后，他或她的著作往

① Richard H. Nolte, *Middle East Centers at U. S. Universities*, June 1979), pp. 43, 24.

往会以个案研究的方式尽快完成。这些现象都使中东的伊斯兰教研究与学术界其他的知识以及道德潮流隔绝。比起一般的知识性刊物,媒体似乎是个较有希望展现专业素养的舞台;而且内行人都知道,在媒体中你若不是个党派支持者(局限性极大)就是个专家,不时受邀评判什叶派与反美风潮等问题。专家角色对一个人生涯发展帮助之大,显而易见,除非他本来就在企业界或政府有卓越表现。

这似乎是对知识产生过程的一种讽刺嘲弄,不过仍相当中肯地呈现出,伊斯兰教的相关知识焦点极度狭隘,内容贫乏薄弱。最重要的是,它解释了为何这种知识极少质疑媒体所传播的劣质刻板印象。整体而言,伊斯兰教的学院派专家是保持中立,扮演孤立、可立即派上用场的角色,作为伊斯兰教相关问题权威的地位象征;同时也倚赖整个体系来构成并合理化他们在体系内部的功能。媒体在借重由恐惧和无知组成的刻板印象时,也正是反映了这个体系。

如果我所描述的现象在知识上有很大的局限性——的确如此——也不至于阻碍大量关于中东、伊斯兰教甚至第三世界其他地区的作品问世。换句话说,我们必须面对福柯(Michel Foucault)在另外一个脉络中所说的"对话语的激励"(an incitement to discourse ①)。对于谈论远方异国文化的话语施加的知识性规范,迥然不同于单纯的干预性审查修订,而是积极正面地激励出更多这类话语。这也就是为什么尽管时

① Michel Foucault, *The History of Sexuality, Volume One: An Introduction*, trans. Robert Hurley (New York: Pantheon Books, 1978), p. 34.

移势易，这类话语仍然坚守阵地，并继续吸纳新血为它效力。

总的说来，当今对伊斯兰教与非西方社会的报道，事实上已将某些观念、文本与权威化为正统典范。例如，认定伊斯兰教落后危险、而且对“我们”深具敌意与威胁的理念，在文化界与政治圈中都已站稳旗帜鲜明的一席之地：可以随时引述权威来佐证它，可以为它建立参考架构，对伊斯兰教特殊个案的论辩也可以取资于它——不止是专家或新闻记者，任何人都可以。这样一个理念又转而提供了一种“先天的”(a priori)检验标准，任何对于伊斯兰教有话要说的人都能够运用。从一种远在他方的事物，伊斯兰教——或者应该说是那些与伊斯兰教渊源深厚的事物——被转变为**这个**社会中的一种正统。它进入了文化的经典，使得改变它的工作格外困难。

伊斯兰教正统报道与权力的从属关系，为它带来力量、持续性以及最重要的**呈现**，关于这种报道的讨论就到此为止。然而，还有一种通行的伊斯兰教观点属于所谓的**对立知识**(antithetical knowledge)范畴①。

我所谓的“对立知识”，其创造者在提笔为文时清楚地意识到自己与当前盛行的正统著述分庭抗礼。我们将会了解，他们这么做的原因与情境各有不同；不过都有一种明显的觉察：他们研究伊斯兰教的方式与动机需要慎思明辨。在这些对立的诠释者之中，东方主义在方法学上的沉默——通常是层层叠上对不具价值判断的客观性的乐观信心——已经被关

① 这个术语一部分来自 Harold Bloom，尽管他运用的脉络与我迥然不同，并且他称之为“对立批评”(antithetical criticism)，见：*The Anxiety of Influence: A Theory of Poetry*(New York: Oxford University Press, 1973)，pp. 93 - 96。

于学术事业政治意涵的迫切讨论取而代之。

伊斯兰教的对立知识有三种主要类型，并且是由社会中三股挑战正统的力量所开创。第一股力量是年轻学者，比起同一领域的前辈，他们往往更为缜密，在政治上也更为诚实。他们认为伊斯兰教研究工作与国家政治活动有某种关联，因此不会伪装成“客观的”学者。对他们而言，美国涉足全球政治的事实——其中一大部分涉及伊斯兰世界——不能沉默以对，也不应认定为中性的事实。与老一辈的东方学专家不同，他们多半是专才而非通才，他们对新颖的方法学工具兴致勃勃、得心应手，例如结构人类学（structural anthropology）、计量方法、马克思主义分析模式①。他们对于东方学专家话语的种族中心形式似乎特别敏感，而且对于那些让老一辈学者享受功名利禄的赞助体系而言，他们大部分——因为他们年纪还轻——仍属局外人。从这批年轻学者之中，诞生了“另类中东研究研讨会”（Alternative Middle East Studies Seminar, AMESS）与“中东研究与资讯计划”（Middle East Research and Information Project, MERIP）。这两个组织在创立时都刻意与政府以及石油业保持距离，欧洲也出现了类似的组织，它们彼此之间都声气相通。我提到的年轻学者不一定有加入这些组织，但他们在目标上大部分是立场鲜明的修正主义者。他们在写作撰述伊斯兰教的时候，也都会寻求前辈学者忽略或浑然不知的观点。

① Peter Gran, Judith Tucker, Basem Musallem, Eric Davis, 和 Stuart Schaar 的作品都可以代表这个团体。

第二股力量由年纪较长的一批学者组成，由于许多无法一言以蔽之的原因，他们的作品与主宰这个领域的正统学术研究格格不入。例如加州大学伯克利分校的哈米德·奥嘉与洛杉矶分校(UCLA)的尼基·凯第(Nikki Keddie)，就是两位凤毛麟角的伊朗学专家，早在伊朗革命多年之前就开始认真看待乌里玛(伊朗什叶派教士)的政治角色。奥嘉与凯第虽然都相当怀疑巴列维政权的稳定性，但两人有很大差异。巴路奇学院(Baruch College)的厄凡德·亚伯拉罕米安研究反对伊朗国王的世俗力量，对于伊朗革命的政治动力提出一系列精湛的见解。还有更近期的哈佛大学教授迈克尔·费什(Michael G. Fisher)与英国的佛瑞德·哈勒代，两位学者都基于知识与学术的理由，对伊朗的观点独树一格，结果做出关于当代伊朗极具价值的研究①。费什已经不再探讨伊斯兰教与伊朗，而哈勒代则转变为一位传统且——整体而言——可以预测的人物。

这群研究伊斯兰教对立知识的著述者有一点颇富兴味：他们无法被合理化约为方法学与意识形态的角色描述。然而令人印象格外深刻的是，他们几乎都不是隶属于中东研究的当权集团。这并不意味他们不够杰出或未获尊重，事实正好相反；但是他们很少——甚至完全没有——积极并常态性地担任政府或企业的顾问。也许这样的事实让他们不必受现状掣肘，并且让他们注意到传统研究伊斯兰教作家所忽略的事物。不过必须说明，为了让研究工作发挥出蕴含的效果，他们与上述的年轻学者必须在社会中更积极地参与政治。仅只是

① 见本书“第一章”。

具备有别于正统派专家的观点,并不足够,他们还要尝试宣扬这些观点。而且因为这番尝试必然远超出文章的写作和发表,因此他们将经历长期的政治性与组织性抗争。

最后一股力量是一群作家、运动人士与知识分子,这些人士并非伊斯兰教专家,但他们全面性的反对立场决定了他们在社会中的角色:反战与反帝国主义活跃分子、异议教士、激进知识分子与教师等等。他们对伊斯兰教的见解与东方学专家传统看法几乎毫无关联,尽管其中部分人士仍受到弥漫西方世界的文化东方主义影响。然而——如果我们以斯通为例——对于伊斯兰教的文化不信任感与厌恶,会被一种更强烈的感受抵消:对于帝国主义真面貌以及人类——无论是犹太教徒、穆斯林、基督徒——痛苦真相的感受。斯通独具只眼,预言了美国在伊朗革命之后继续支持逊王的后果;而且正是斯通这类人士而非政府或学院的伊朗专家,鼓励美国对伊朗革命政权采行和解政策。

这类人物最让人印象深刻的是,尽管缺乏专家资格,但他们似乎很了解后殖民世界中某些动态变化,因此对大部分伊斯兰世界并不陌生。他们关注的基本对象是人类经验,而非"伊斯兰心灵"或"伊斯兰人格形态"之类局限性的标签。更有甚者,他们是真心真意想进行交流,而且自觉地做出选择,逾越各国政府在人民之间画下的森严界线。就此点而言,人们自然会想到兰姆西·克拉克的德黑兰之旅;还有在人质危机最严重时刻,理查德·佛克、威廉·史隆·柯芬二世(William Sloane Coffin, Jr.)、唐恩·鲁斯(Don Luce)以及其他无数人士、"朋友服务委员会"(Friends Service Committee)、"教士与俗众关怀”(Clergy and Laity Concerned)以及类似组织所扮演的英勇角色。此外，在这幅异议的结构图中，我们还必须纳入几家刊物与另类新闻组织，其中包括《进步》(*The Progressive*)、《琼斯妈妈》(*Mother Jones*)、《国家周刊》，它们开放篇幅并提供资源给关于伊朗以及——可惜比较少——伊斯兰教的反方观点。同样的情形也出现在欧洲。

依我看来，这三股力量最重要的特质在于，知识对他们而言基本上是一种必须主动探索追求、争议质疑的事物，而不止是被动地引述事实与“公认的”看法。这种看待知识的观点与西方先进社会主宰力量孕育的专业体制化知识，两者之间的斗争会影响其他文化并进而影响广泛的政治问题，具有划时代的意义。这场斗争远远超越了某个观点是亲伊斯兰抑或反伊斯兰、某个人是爱国者抑或叛国者之类的问题，随着世界日趋紧密结合，对于稀有资源、战略区域与庞大人口的控制，似乎更具吸引力与必要性。对无政府与混乱状态的恐惧，被处心积虑培养孕育，很可能将导致观点的一呼百诺，以及对“外在”世界更深沉的不信任：伊斯兰世界与西方世界都是如此。在这样一个时代中——它其实已经展开——知识的创造与散播将扮演极具关键性的角色。然而除非我们能够从人性与政治的面向，将知识理解为某种必须去争取的事物，而且知识效力对象是人类和平共存与社会群体，而不是特定的种族、国家、阶级或宗教，否则我们的前景仍将黯淡无光。

知识与诠释

所有关涉人类社会而非自然世界的知识都是历史性的知识，因此也都有赖于判断与诠释。这么说并不是否定事实或资料的存在，而是要点明，事实的重要性来自对于它们的诠释。没有人会争论拿破仑是否确有其人而且当过法国皇帝；然而拿破仑到底是伟大的统治者还是法国的灾星，这其间就有极大的诠释争议。这类争议歧见是历史著述运用的材料，也是历史知识的源头。诠释极为依赖诠释者的身份、他或她发言的对象、他或她的诠释目的、诠释行为在什么样的历史时刻进行。在这方面，所有诠释都可以称之为“**情境的**”(situational)：它们总是发生在某个情境之中，情境与诠释的关系是“**从属的**”(affiliative)①。诠释活动与其他诠释者的话语相关，或肯定、或反驳、或推演他们的观点。每一项诠释均有其先例，也都会与其他诠释产生某种关联。因此，任何一位认真撰写伊斯兰教、中国、莎士比亚或马克思的人，只要他或她不希望自家的著述沦为无关紧要或多余累赘，都必须以某种方式参考他人对相关主题的谈论。没有哪一种著述是(或者能够是)如此新颖，以至于完全来自作者原创；因为书写人类社会并不是演算数学，不能期待那种在数学领域中才有可能出现的基本原创性。

关于其他文化的知识，特别容易受到“不科学的”含混模糊以及诠释环境的影响，然而我们还是可以试探性地主张：

关于另一种文化的知识是有可能同时也值得去获致的，不过前提是要满足两项条件——顺带一提，这两项条件正是今日的中东或伊斯兰研究力有未逮之处。第一项条件是，学生必须感受到他或她能够回应作为研究对象的文化与人民，而且彼此间的接触并非源自强迫。如同我先前所说，西方对于非西方世界的知识，大部分是在殖民主义的框架中获取；因此欧洲学者一般而言是从主宰者的立场来处理其研究主题，而且他对于主题的论述很少参酌欧洲学者之外的说法。由于我先前在本书与《东方主义》一书中列举的许多原因，对伊斯兰教与伊斯兰民族的知识，其普遍来源不仅是主宰与冲突，同时还有文化上的厌恶感。今日的伊斯兰教被界定为与西方格格不入的负面事物，这种紧张态势制造出一个框架，严重局限了关于伊斯兰教的知识。只要这个框架还在，伊斯兰教永远无法被体认为穆斯林生气勃勃的生活经验。不幸的是，这种情形在美国是千真万确，在欧洲也相去不远。

第二项条件补充第一项条件，并使其臻于完整。社会世界的知识与自然界的知识不同，它究极而言是我所说的诠释：它以不同的方式获致知识的地位，有些方式是知识性的，有许多则是社会性甚至政治性的。诠释首先是一种制作的形式：也就是说，它有赖于人类心灵刻意为之的活动，以细心与研究来塑造并形成其关注的目标。这种心灵活动必然是在特定的时间与空间中发生，并且是由处于特定位置的某个人来进行，这个人有其特定背景，处于特定情境，抱持特定目标。因此对

① 我曾在“Reflections on Recent American ‘Left’ Literary Criticism,” *Boundary* 28, no. 1(Fall 1979): pp. 26－29 中讨论“从属”的观念。

文本的诠释——关于其他文化的知识以此种诠释为主要基础——既不是发生在安全无虞的医学实验室中，也不应伪装成客观的结果。诠释是一种社会活动，而且无可避免地会与产生它的情境发生关联，这情境或是赋予它知识的地位，或是判定它不够格作为知识。任何诠释都不能忽略其情境；而且没有对此情境做诠释之前，诠释就不算完成。

很明显地，诸如情感、习惯、传统、关系与价值这些不科学的干扰，都是任何诠释中不可或缺的一部分。每一位诠释者都是读者，而且根本不存在所谓中立、不具价值判断的读者。换言之，每一位读者既是一个独特的自我，也是社会的一分子，与社会之间有各式各样的从属关系。诠释者在工作时会遭遇爱国精神或沙文主义之类的民族情感，以及恐惧或绝望等个人情感，诠释者必须以一种训练有素的方法，寻求运用理性以及他或她从制式教育（本身即是一段漫长的诠释过程）中得到的资讯。诠释者必须大费周章才能够穿越两个情境之间的障碍，一个是诠释者本身所处的情境，另一个是创造文本的时空情境。正是这种自觉且刻意的努力，克服距离与文化的障碍，使关于其他社会与文化的知识得以成立——同时又局限了这种知识。在这个时刻，诠释者会在他或她的人性情境中理解自身，理解文本并参照**它的**情境以及产生它的人性情境。这种情形之所以会发生，唯一原因是有一股自觉，能够激发对于遥远、异国但依然属于人性的事物的觉察。几乎不必赘言，这整个过程与传统东方学专家指称的“全新且迥然不同的知识”，或是雷纳德·宾德所说能自我矫正的“学术训练”，都没有什么关联。

知识——其本身非常不稳定——会在诠释过程的终点出现，在上述对诠释过程相当抽象的描述中，还有一点必须说明。从来没有一种诠释、理解以及知识不会涉及**利益**。听起来似乎是最乏味的老生常谈，然而正是这种显而易见的事实历来饱受忽视或否认。一位美国学者在研读解析一部当代阿拉伯或日本小说时，与这个陌生对象的接触互动完全不同于化学家解析化学分子式的工作。化学元素本身不具感染力，不会吸引人性的情感；当然，就算是元素，仍然有可能藉由全然外在的原因激发出科学家的情绪。反之亦然，所谓的“人文学诠释”(humanistic interpretation)，根据多位理论家的说法，其实是滥觞于诠释者觉察到自身的偏见以及受诠释文本引发的疏离感等。汉斯-格奥尔格·加达默尔(Hans-Georg Gadamer)写道：

> 一个人在尝试理解一份文本时，已经准备好要让这份文本告诉他一些事情。这也是为什么受过诠释学训练的心灵，必须从一开始就对文本新颖性(newness)特质保持敏锐。不过这种敏锐性涉及的既不是诠释目标的“中立性”，也不必完全消融诠释者的自我，而是自觉地吸收理解个人自家的“先行意义”(foremeanings)(已经存在的意义或诠释，过往经验的结果)与偏见。重要的是必须觉察自身的成见，这样文本才能完全展现自身的新颖性，从而抗衡诠释者个人的前置意义并伸张其自身的真实①。

---

① Hans-Georg Gadamer, *Truth and Method* (New York: Seabury Press, 1975), p. 238.

是故,在阅读一份异国文化的文本时,首先要注意它的距离,所谓距离(包括时间与空间)的主要考量实际上就是——但并不完全是——诠释者自己所处的时间与空间。如我们先前讨论过的,正统的东方学专家或“区域研究”方式将距离等同于权威,将某个遥远文化的异国性融入某种学术话语的权威性修辞,后者在社会中拥有知识的地位,而且不必厘清那种异国性对诠释者的需求,以及让诠释者得以维持生计的权力结构。我的意思很简单:几乎毫无例外,今日西方讨论伊斯兰教的作家没有人会光明正大地将几桩事实纳入考量:“伊斯兰教”被认定为一种具敌意的文化;职业学者对伊斯兰教的论述,清一色局限于企业、媒体与政府的影响范围中,而这些机构又反过来扮演非常重要的角色,致使关于伊斯兰教的诠释以及由诠释所生的知识,变成令人向往并“符合国家利益”。就我上述的析论而言,雷纳德·宾德是个中典型:他先提及这些事情,然后用一句话一笔勾销,向专业精神与“学术训练”致敬,其集体功能有效地驳斥任何对他们理性客观表象的干扰。这个例子显示了一种受到社会接纳的知识如何湮灭它的创生过程。

“利益”作为诠释的一个层面,可以进行更为深入与具体的解析。没有人只是单纯地遭遇伊斯兰教、伊斯兰文化或伊斯兰社会。对于今日西方工业国家的公民,他们邂逅伊斯兰教的原因可能是政治化的石油危机、宗教激进主义与恐怖主义、媒体的密集关注、西方专家——也就是东方学专家——评判伊斯兰教的悠久传统。以一位希望钻研现代中东历史的年轻历史学者为例,他或她在攻读这个主题时,有三种因素发生作用,这些因素会塑造并形成那理解“事实”——被认定为原始资料——的情境。此外,还要考量学者个人的经历、识见以及知性天赋。这些因素综合起来,形成他或她对这个主题的利益的重要部分:纯粹的好奇心会受到许多事物的影响,诸如承揽国务院、军方或石油公司咨商工作的希望;对于出席会议、上电视、讲授课程并成为知名学者的期待;“证明”伊斯兰教是一种美好(或恐怖)文化体系的渴望;担任两种文化之间沟通桥梁的野心;求知的欲望。文本、教授、学术传统与特殊时刻,都会在年轻历史学者的研读内容上留下印记。最后,还有其他事物要考量。例如,一个人如果要研究 19 世纪叙利亚的土地所有权,那么一种极为可能的情形就是,关于此一主题就算最枯燥、最“客观”的探讨,也会与当前政策产生某种关联,对急于了解传统权威(与土地所有权相关)动态发展是否能在今日叙利亚反制复兴党(Baath)权力的政府官员而言,关联尤其明显。

但是,如果能先做一些努力,与远方文化产生非强迫性的接触,然后如果诠释者能觉察到自身将进入的诠释环境(换言之,诠释者了解关于另一种文化的知识并非绝对,而是相对于创造知识的诠释情境),那么诠释者就比较可能体认到:对伊斯兰教与其他“异国”文化的正统观点有极大的局限性。相较之下,伊斯兰教的“对立知识”似乎在克服正统观点的局限性方面颇有进展。正统观点认定伊斯兰教的相关知识应该附属于政府当前的政策利益;应该强化媒体中的伊斯兰教形象,描述伊斯兰教在全世界散播可怕的好战精神与暴力;对立知识的学者正因为扬弃了这些观念,所以凸显出知识与权力之间的共谋关系。而且这么做的同时,他们也寻求在权力强制限定的关系之外,与伊斯兰教建立其他类型的关系,这就意谓着寻求其他类型的诠释情境，因此也培养出一种更为谨慎的方法学意识。

最后，要逃离部分批评家所谓的“诠释循环”(interpretative circle)绝非易事。简而言之，人类社会世界的知识**永远**无法超越作为其基础的诠释。对于伊斯兰教这种如此复杂纠结、难以捉摸的现象，我们所有的知识都来自文本、形象与经验；但这些事物并非伊斯兰教(只能透过其事例来理解)的直接具象化，而是它的再现与诠释。换句话说，所有对于其他文化、社会或宗教的知识，都是来自一种间接证据与个别学者情境——包括时间、空间、天赋、历史情境、整体政治情势——的混合物。使这种知识精确或含糊；坏、较好或更糟的因素，主要是与关涉到创造知识的社会的需求。当然，存在着某种层次的单纯事实，是所有知识诞生的基础：毕竟，一个人怎么可能在不懂阿拉伯语、柏柏尔语(Berber)、对摩洛哥国情社会一无所知的情况下，“认识”摩洛哥的伊斯兰教？但是超越这些事实之上，对于摩洛哥伊斯兰教的知识绝对不止是此处与他处、无生命事物与其观看者之间的通讯联系，而是双方(通常)为了**此处**的目标——例如一篇言之有物的文章、一场演讲、一次电视访问、向决策者建言——而进行的互动。只要目标能够达成，知识就会被认定为已经诞生。知识还有其他的用途(甚至包含无用之用)，但其中最主要用途带有浓厚的功能与工具色彩。

因此，被拿来充当知识的其实是一种非常混杂的事物，决定它的因素主要为外在而非内在的需要(真正的内在需要其实少之又少)。一位夙负盛名的美国学者所做的巴列维王朝伊朗精英阶层研究，对那些要与王国政权打交道的决策者可能很有用处;但是对一位非正统的伊朗专家而言,同样一份研究却可能充斥着错谬与误判 ①。然而,南辕北辙的判断标准并不意谓我们需要更有效的试金石、更坚实的绝对事物;其实这些标准应该提醒我们:诠释的本质会让我们回到诠释自身所引发的问题,质问是为了谁、为了何种目的、为了何种原因,使得一项诠释在某种脉络中比在另一种脉络中更令人信服。诠释、知识以及——马修·阿诺德(Mathew Arnold)说的——文化自身,一直都是各种争议的成果,绝非单纯的天赐恩物。

在这本书中我的论点是:我们从学院、政府与媒体看到的权威、正统的伊斯兰报道,彼此之间都声气相通,而且比起西方世界中其他任何一种"报道"或诠释,其散布**更为**广阔、**更具**说服力与影响力。这种报道之所以会成功,主要因素在于创造报道的人物与机构的政治影响力,而未必是真实性或精确性。我也一直认为,这种报道的目标与伊斯兰教本身的真确知识,关系微乎其微。结果获胜的不仅是一种特定的伊斯兰教**知识**,更是一种特定的**诠释**,从不接受挑战质疑,而且对非正统、追根究底的心灵提出的问题无动于衷。

因此,"伊斯兰教"对于解释波斯湾战争并没有特别的助益,正如"黑人心态"无助于解释 20 世纪美国黑人的遭遇。因为除了让运用并赖之为生的专家得到自恋的满足之外,这些冥顽不化的观念既不能呈现事件本身的力量,也不能呈现引

① 见 Ali Jandaghi's 对于 Marvin Zonis 伊朗精英阶层研究的评论,见"The Present Situation in Iran,"*Monthly Review*, November 1973, pp. 34 – 47。

发事件的复杂力量。结果导致,在同质性观念的主张与实际历史更强有力的主张以及不连续性之间,鸿沟日渐扩大。面对这样的鸿沟,偶尔会有个别人物挺身而出,质问切中要害的问题,并期待合情合理的答案。

没有人能够对我们生存的世界无所不知,是故在可预见的未来,知识工作仍将继续分歧。学术界需要这种分歧,知识本身要求它,西方社会也围绕着它组织起来。不过我认为,大部分人类社会的知识到最后都可以透过常识——也就是从人类共同经验中产生的意识——来理解,而且是——事实上也必须是——臣服于某种批判性的评估(critical assessment)。常识与批判性评估这两种事物,分析到最后皆具社会性与一般知识性的特质,让每个人都能亲炙并培养,而不是某个特殊阶层的特权,也不是一小撮领有凭证的"专家"的私产。然而如果一个人想学习阿拉伯文或中文,理解经济、历史与人口变化潮流的意义,专业训练仍不可或缺,而学院正是提供专业训练的场所:对这一点我毫不置疑。但麻烦在于,当训练衍生出学术派阀与新闻"专家",他们脱离了社会现实、理智观点与知识责任感,若不是千方百计为某一特殊利益集团张目,就是心甘情愿、百依百顺地为权力效劳。在这两种情形中,像伊斯兰这种外国社会或文化,受到的掩饰最后将更甚于阐述或理解。甚至会导致捏造新的虚构、传播闻所未闻错误资讯这类危险。

过去数年来,几乎在任何时刻中,任何人都可以找到大量证据,显示非西方世界普遍地——尤其是伊斯兰教——不再依循美国或欧洲社会科学家、东方学专家、区域专家在第二次世界大战结束初期制定的模式。我认为阐述这一点最为淋漓尽致的，就是著名阿尔及利亚裔学者与批评家穆罕默德·阿尔孔，他也是巴黎大学伊斯兰思想教授：

> “伊斯兰研究”的学术话语一直在提供解释，说明百家争鸣的领域、学说、文化范畴、学术训练与观念，是如何以“伊斯兰教”一个词联成一气；以及为何关涉到伊斯兰教的讨论几乎都只集中在单一面向。对比之下，关于西方社会的研究却是仔细耙梳、思虑精微、一丝不苟、开宗立派。事实上，对西方文化的研究至今仍依循这些原则发展，与“伊斯兰教”以及所谓“阿拉伯世界”领域令人遗憾的研究方向，彻底分道扬镳。①

的确，伊斯兰世界整体而言，既不是一面倒的反美与反西方，在行为上也不会步调一致、容易预测。我一直认为，没有尝试对这些变化做详尽的解释，就意谓着新生而不规律的现实在伊斯兰世界中浮现；同样真确的是，类似的不规律现实，搅乱了早年风平浪静的理论描述，也已经出现在其他后殖民世界。仅只是再三重申“低度开发”、“非洲—亚洲人心态”等老套公式就已经很不明智；但是将这些公式随意联结到一些观念，诸如西方悲哀的衰颓、殖民主义可惜的终结、美国强权遗憾的式微等等，更是——我必须毫不保留地断言——愚蠢至极。那些在空间和本质上距离大西洋世界数千英里的社

① 引述自马立思·鲁斯文(Malise Ruthven)，1996年8月1日《伦敦书评》(*London Review of Books*)第27页。

会,根本就不可能对我们的要求百依百顺。人们可以将此点视为中立的事实,但不必认定(我也是如此)那是一件好事情。无论如何,谈论伊朗的失去以及随之而来的威胁,还有以同样心态谈论西方的衰微,其危险在于我们这么做的同时,已斩断了大多数行动方案的可行性——只剩下提升西方权势、重新夺回伊朗与波斯湾地区之类的方案。这正是过去 20 年来的模式。最近有一批"专家"在其作品中哀鸣英国、美国或法国对伊斯兰世界主宰权的终结(或者鼓吹扩张这种主宰权),在我看来,他们的成功正是骇人的明证,显示潜藏在决策者心中的意念,以及这些"专家"——自觉或不自觉地——真正效力的对象:侵略与再征服的深沉需求①。至于有一批伊斯兰世界的本土顺民与那批专家沆瀣一气,那也只是双方龌龊合作历史的一部分,并非(有些人如此主张)第三世界新成熟面的征象。

除了着眼于征服目的之外,今日西方世界普遍谈论的"伊斯兰教"并非其庐山真面目。我们必须立刻提供其他的选择:如果"伊斯兰教"所揭示的事物远少于它应该揭示的,如果它掩饰的部分比报道的部分还多,那么我们要到何处——或者

---

① 例如 J. B. Kelly 在 *Arabia, the Gulf and the West* 中哀叹英国撤出苏伊士运河以东;Élie Kedourie 抨击戴高乐"放弃"阿尔及利亚,见他对 Alistair Horne, *A Savage War of Peace: Algeria*, 1954 - 1962 的评论,*Times Literary Supplement*, April 21, 1978, pp. 447 - 450;还有 Robert W. Tucker 以及一长串追随者,至少 5 年来一直鼓吹美国进占波斯湾(见"第一章")。Edward N. Luttwak 对这种现象颇有影响,见他在 *The Grand Strategy of the Roman Empire: From the First Century A. D. to the Third* (Baltimore and London: Johns Hopkins University Press, 1976)提出的模型。

应该说是如何——去寻求既不鼓吹未来的权力之梦、也不唤起旧日恐惧偏见的讯息？在这本书中，我曾经提及且不时描述现今最有裨益的几种探讨，而我也说过，这些探讨均滥觞于一个观念：所有的知识都是诠释，而且如果诠释要具备警觉性与人性，并且能够获致知识，那么诠释就得对本身的方法与目标保持自觉。然而，潜藏在所有对于其他文化——特别是伊斯兰教——的诠释之下，是个别学者或知识分子面临的抉择：要让知性为权力服务，抑或为批评、社会、对话与道德感服务。这个抉择必须是今日诠释行为的当务之急，而且必须能引导出决定，而非拖延观望。如果说西方世界关于伊斯兰教知识的历史，一直与征服及主宰有密不可分的关系，那么彻底割裂这些关系的时刻已经来临。对于这一点，再怎么强调也不为过。否则，我们不仅将面临长期的紧张态势甚至战争，还可能会为伊斯兰世界各个不同的社会和国家带来连绵的战争、难以想象的痛苦与翻天覆地的动乱；这绝对不是“伊斯兰教”的胜利，尽管它随时可以扮演由反应、正统与绝望所酝酿的角色。就算是从最乐观的标准来看，这幅景象都令人忧心忡忡。

附录　“9·11”事件回应

复仇　无法消灭恐怖主义

➤ ➤ 复仇 无法消灭恐怖主义 ➤

恐怖攻击激起美国人同仇敌忾发动反恐战争
但将他方妖魔化绝非良好政治的基础

怵目惊心的恐怖重创纽约(华盛顿受害较轻),创造出一个新世界,其中有前所未见的攻击者,不带政治讯息的恐怖任务,以及毫无道理可言的毁灭。对于这个受伤城市的居民而言,惊愕、恐惧以及难以消散的愤怒与震惊,将会持续很长一段时间;这么多人惨遭杀害,所引发的悲恸与痛苦也将历久难弥。

所幸纽约市民有朱利安尼这样一位市长,这个平常惹人讨厌、斗性十足,甚至行事乖戾的人物,事发后却表现得有如丘吉尔;他冷静从容,满怀悲悯,领导全市英勇的警消人员与救难工作者,成效斐然,只是这些人员的死伤也相当惨重。朱利安尼是第一个提醒民众不要惊慌,不要假爱国之名来攻击纽约庞大的阿拉伯裔与伊斯兰教徒社区;他也是第一个表达出大家共同的伤痛,敦促大家在大难过后恢复正常生活。

如果每个人都这样做,那就太好了。全国的电视报道,将那几架可怕的客机造成的恐怖送入每个家庭,毫不间断地持续,而且其效果经常是无益于人心。大部分报道都在强调甚或夸张大多数美国人必然会有的感受:可怕的损失、愤怒、受到侵犯的脆弱感、不顾一切想要复仇的渴望。除了对悲伤与爱国精神的公式化表达，每个政治人物与知名专家都在反复提醒：我们不会被击败，不会被吓阻，不消灭恐怖主义绝不罢休。大家都说这是一场对抗恐怖主义的战争，但是恐怖主义在哪里？要选择哪一条战线？具体目标为何？这些问题都没有答案，只有模糊的暗示："我们"要对付中东地区与伊斯兰教，而且恐怖主义必须摧毁。

更令人气馁的是，我们不愿花多少时间去了解美国在这世界上扮演的角色，以及美国与其本土之外复杂世界的直接关联；美国东西两岸濒临大洋，与世界其他地区悬隔万里，一般美国人根本不会想到那些地区。你总以为"美国"是个沉睡中的巨人，而不是个在伊斯兰世界征战不休、冲突不断的超级强权。美国人民对于奥萨玛·本·拉登的名字与脸孔已经熟悉到麻木的地步，几乎全然磨灭了他以及他的追随者的历史；在集体的想象中，他们已成为所有可憎可恨事物的代表。然后不可避免的是，集体的热情又化为动力，要进行一场《白鲸》中亚哈船长执意追求的战争；然而实际情形是：一个帝国般的强权首度在自家本土受到伤害，大张旗鼓地追求自身利益，却卷入一场霎时间天旋地覆的冲突中，没有清楚的边界，没有明显的对象。善恶分明的象征与世界末日的景象此起彼落，未来的后果与言辞的克制则被抛诸脑后。

我们现在需要对于情势进行理性的了解，而不是更多的声讨挞伐；但是布什与其团队显然只对后者有兴趣。然而对伊斯兰教与阿拉伯世界的大部分人民而言，美国政府与傲慢强权是同义词，这个强权假仁假义，不仅大力支持以色列，而且也是许多压迫人民的阿拉伯政权的帮凶；对于伊斯兰教与阿拉伯世界的世俗运动，以及真正受苦受难的人民，美国根本不闻不问。在这种情势中产生的反美风潮,并非源自对现代化或科技优势的憎恨,而是源自美国具体的干预行动、蹂躏破坏、制裁伊拉克导致该国人民的苦难、支持以色列占领巴勒斯坦领土长达 34 年。讽刺的是,现在以色列正利用美国大难临头的良机,强化它对巴勒斯坦人民的军事占领与压迫。美国政界对于这些事实总是轻描淡写,以"恐怖主义"、"自由"之类的字眼一笔带过;此种大而无当的概念掩饰了不堪闻问的实质利益:石油、国防、在中东地区势力日趋稳固的犹太复国主义者,以及一种古老且变化层出不穷的、对伊斯兰教的敌意与无知。

然而,知识分子的责任感要求我们对于现实抱持更强烈的批判意识。恐怖行动本身不可讳言,几乎每一种奋斗前进的现代运动都会在某个阶段诉诸恐怖活动,南非曼德拉的非国民大会是如此,犹太复国主义也不例外。但是,以 F-16 战机与军用直升机滥炸没有防卫的贫民,与传统的民族主义者的恐怖活动,在架构与效果上并无二致。

恐怖活动的邪恶在于,它会与抽象的宗教与政治理念以及过度简化的迷思挂钩,不顾历史脉络与理智,而这也正是世俗意识必须着力彰显之处,无论在美国抑或中东都是如此。任何信念、神明与抽象理念都不能为滥杀无辜辩护。尤其是当一小撮人主导此类行动,他们自认为代表某种信念,其实根本不然。

此外,正如伊斯兰教徒争议许久的论点,世上并没有单一的伊斯兰教:伊斯兰教就如同美国一样有多种面貌。尽管有部分信徒会徒劳无功地划地自限,订出斩钉截铁的信条,但是所有的传统、宗教或国家都具备这种多样性。历史极为复杂,充满矛盾,绝非那些自以为是的宣传家所能垄断。宗教或道德上的宗教激进主义之所以造成祸害,原因在于他们对于革命与反抗怀抱的原始理念——包括愿意杀人也愿意牺牲——在今日很容易就能与先进的科技相结合,而且对惨烈的报复行动甘之如饴。纽约与华盛顿的自杀攻击者似乎都是受过教育的中产阶级,而非穷苦的难民。穷苦绝望的人们不会冀望有明智的领导带领,针对某种信念来从事教育、群众动员与持之以恒的组织工作。他们经常会受到天花乱坠想法的诱惑,诉诸快速但血腥的解决之道,尤其是经过宗教言辞包装之后。

另一方面,庞大的军事经济力量并不保证具备智慧或道德感。在当前的危机中,质疑与人道的见解犹如空谷足音,美国正升火待发,准备打一场遥远的战争,而其盟邦也被迫加入,但却不知为何而战。如今我们必须从那区隔人群的虚幻门槛退后一步,重新检视各种标签、重新考量有限的资源,下定决心,每个人都休戚与共,就如文化的融合作用,不要理会那些一心求战的口号与信条。

“伊斯兰教”与“西方世界”绝对不应该是让人们盲目追随的旗帜。

有些人还是会盲目追随,但是未来的世代将会谴责他们轻率地延长战争与苦难,他们不愿心无成见地看待不义与压迫的历史,不愿尝试共同的解放与启蒙。将“他方”妖魔化绝非良好政治的基础,现在尤其是如此,因为这恐怖活动根源于不义,我们可以正本清源,使恐怖分子孤立、受到吓阻、失去凭藉。这种做法需要耐心与教育,比起更大规模的暴力与苦难,绝对值得。

无知的冲突

➤ ➤ 无知的冲突 ➤

人类历史不仅有宗教战争与帝国征战，更有无数的相互交流、增益与分享。

“文明冲突”之说全然忽略了历史隐而不显的这一部分。

塞缪尔·亨廷顿(Samuel Huntington)《文明的冲突?》(“The Clash of Civilizations?”)一文刊登于 1993 年《外交事务》(*Foreign Affairs*)期刊的夏季号，当时立刻引发高度注意与热烈反应。亨廷顿的写作目的在于提供一篇原创性的论文，让美国人了解后冷战时期世界政治的“新阶段”(a new phase)，他的论证方式似乎规模宏迈、大胆突兀，甚至高瞻远瞩。亨廷顿特别针对许多对手来立论，他的对手是决策阶层人物、弗朗西斯·福山(Francis Fukuyama)之流的学者与其“历史终结”理论，以及大批欢欣迎接全球化、宗族主义与国家消亡的人士。亨廷顿认为这些人对于新时代都是管中窥豹，只见一斑，而他自己则是要彰显“未来数年全球政治形态”的“关键而且核心的层面”。亨廷顿坚定宣示：

我的前提是：在新世界中，冲突的主要根源不会是意识形态或经济。人类之间的分裂隔阂与首要冲突根源在于文明。民族国家仍将继续在世界事务中挑大梁，但是全球政治的重大冲突会发生在不同文化体系的国家与团体之间。文明的冲突将主宰全球政治。壁垒分明的文明界线，将会是未来世代的战线。

区分西方与伊斯兰太草率

亨廷顿接下来的议论仰仗于一个模糊的观念，亦即他所谓的“文明认同”以及“7或8个主要文明之间之互动”，而他最关切的就是伊斯兰与西方世界的冲突。他这种战斗性十足的思想，十分倚重资深东方学家伯纳德·刘易斯1990年的一篇专文，其标题“穆斯林愤怒的根源”(The Root of Muslim Rage)就表露出明显的意识形态色彩。刘易斯与亨廷顿这两篇文章，草率地将庞大的群体拟人化为“西方”与“伊斯兰”两大阵营，有如将复杂纠葛的认同与文化等问题简化成大力水手的卡通世界，让卜派与布鲁托斗得你死我活，而且较为善良的一方永远能克敌制胜。刘易斯与亨廷顿都无暇考量：每个文明的内在动力与多元性、现代文化的竞争关键在于文化的定义与诠解，以及针对整个宗教或文明放言高论，往往不是为了煽动人心就是出于彻底无知。不，西方是西方，伊斯兰是伊斯兰。

亨廷顿认为西方决策者面临的挑战是：如何使西方文明日趋强大，并捍御其他——特别是伊斯兰——文明。更令人不满的是，亨廷顿自认他综览全世界的观点正确无比，不受流俗成见与潜藏忠诚的影响，好像其他人都在寻寻觅觅他早已知晓的答案。事实上亨廷顿是个意识形态空想家,一心要将“文明”与“认同”扭曲成已然定形、封闭的体系。剥夺了赋予人类历史生机的无数潮流与逆流;也无视于数百年来的人类历史不仅有宗教战争与帝国征战,更有相互交流、增益与分享。“文明冲突”之说全然忽略了历史隐而不显的这一部分,只急于以荒谬可笑、狭隘简化的方式来凸显文明的争斗。亨廷顿1996年出版同名专著时,曾尝试修饰其论点,同时添加了许多注脚,不过这种做法却使亨廷顿陷于自我混淆,并且暴显出他是个拙劣的作者与粗率的思想家。

应认清自杀攻击事件本质

在亨廷顿的书中,西方对抗世界其他部分(冷战对抗的脱胎换骨)的基本模式并未改变,而且在“9·11”恐怖事件之后的论述中,这个模式不断以隐伏与间接的方式出现。由一小撮疯狂好战分子执行的精心策划、可怕至极、动机病态的自杀攻击与大规模屠杀,已成为亨廷顿学说的例证。大家并没有看清事件的本质是:一小撮狂徒为了罪恶目的而胁持了宏大的理念(我在此处是泛用“理念”一词)。从巴基斯坦前总理贝·布托(Benazir Bhutto)到意大利总理贝鲁斯科尼(Silvio Berlusconi)等国际名流都对伊斯兰的问题大发议论,后者更援引亨廷顿的概念来大肆宣扬西方的优越感,说“我们”有莫扎特与米开朗琪罗而他们没有。(贝鲁斯科尼后来不甚情愿地为他对“伊斯兰”的侮辱致歉。)

虽然其破坏性不可同日而语,但大家为什么不看看奥萨玛·本·拉登及其信徒与大卫教派、盖亚那的吉姆·琼斯(Jim Jones)牧师或日本奥姆真理教之间的相似性？连向来理性温和的英国《经济学人》周刊在9月22日那一期中，都忍不住要以偏概全，褒扬亨廷顿对伊斯兰"冷酷而全面，但仍是一针见血的"观察。这本杂志沉重地说，亨廷顿写出了"世界上十多亿穆斯林相信其文化的优越性，同时又对其力量的衰颓耿耿于怀"。亨廷顿访谈过100个印尼人、200个摩洛哥人、500个埃及人和50个波斯尼亚人吗？就算他做到了，这种取样又有何意义？

每一家美国与欧洲的报章杂志都刊登了无数篇社论，来对那些夸大其词与世界末日的言论推波助澜，其目的并非启迪人心，而是要煽动读者身为"西方"一分子的同仇敌忾，进而有所作为。丘吉尔式的言论被自动自发的西方斗士所滥用，特别是在美国，要以战争对付仇恨者、掠夺者与毁灭者，但却几乎全然不顾复杂的历史背景。历史不能如此简化，而且历史会在一块又一块疆域之间相互渗透，凌驾原本会将我们分裂为敌对阵营的边界。

这就是伊斯兰与西方这类陈腐标签的问题所在：这些标签误导并迷惑人心，而人心正力图从混乱的现实中理清头绪，避免轻率的归纳与论断。1994年我在约旦河西岸一所大学演讲时，曾打断一名听众的发问，他攻讦我的理念是"西方的"而非他所秉持的严格伊斯兰教义，我当下想到的反诘是："你为什么要穿西装打领带？这些服饰也是西方的。"他尴尬地笑一笑坐下来。当"9·11"事件消息传来，我想起这件往事：恐怖分子驾驶飞机撞击纽约世贸中心与五角大楼，犯下滔天大罪，他们是如何熟练这些技术细节？一边是"西方的"科技，一边是贝鲁斯科尼所指称伊斯兰对参与现代化的无能,两者之间要如何划清界线?

这道界线当然不容易划清,那些标签、以偏概全与文化论断又是多么不恰当?原始的热情与精密的科技在某种层面上合而为一,泯灭了许多人为强加的界线,诸如“西方”与“伊斯兰”、过去与现在、我们与他们,更不用说那永远争议不休的认同感以及民族性观念。在沙堆上画下界线、发动十字军战役、以我们的善来对抗他们的恶、根绝恐怖主义,还有(美国副国防部长)伍夫维兹所誓言的彻底消灭某些国家,这些独断独行的决策都无法自圆其说,反而显示了如果只图方便,人们可以为煽动民众集体热情而宣扬好战的言论;然而我们也可以去省思、检验与厘清我们在现实中的处境,以及无数生灵(包括“我们”与“他们”)的休戚与共。

敌对文明间存有密切关联

1999 年 1 月到 3 月之间,已过世的伊克巴 · 阿合马(Eqbal Ahmad)在巴基斯坦最受尊崇的《黎明》(*Dawn*)周刊先后发表了 3 篇专文,他以伊斯兰读者为对象,分析他所谓的宗教信仰权的根源。阿合马严词谴责绝对主义论者与狂热暴君对伊斯兰教的戕害,这些人执迷于规范个人行为,倡导“将伊斯兰教律令降格为刑事法典,剥夺其人道精神、美学、知性追求与灵性奉献”,因此“造成一种对教宗单一、孤立面向的绝对强调,并且完全不顾其他面向。这种现象扭曲了宗教、贬抑了传统,而且一旦开展就严重影响当地的政治进程”。阿合马举出的贬抑实例正好也是当今的焦点，他首先呈现“圣战”(jihad)一词丰富、复杂且多元的意义，然后他说明，现在这个词被局限为对敌人发动全面战争，因此已经不可能“认清这个字在伊斯兰宗教、社会、文化、历史或政治的意义，而这些意义是历代穆斯林生活与经验的结晶”。阿合马的结论是，现代的穆斯林“关心权力而非灵魂，关心为政治目的动员民众，而非分担与减轻民众的痛苦与渴望。现在只有非常局限且短暂的政治纲领”。更糟的是，在“犹太教”与“基督教”的论述中，这类扭曲与狂热也触目皆是。

19 世纪末的小说家康拉德，远比其读者所能想象的更强有力。他全然了解，在极端的状况下，文明伦敦与“黑暗之心”的蛮荒之间的差异会迅速崩解，而欧洲文明盛世也会立刻堕落成最野蛮的行径。康拉德在 1907 年出版的《秘密情报员》(*The Secret Agent*)一书中，也写出恐怖主义与“纯粹科学”(延伸开来就是“伊斯兰”或“西方”)之类抽象观念之间的关联性，以及恐怖分子最终极的道德堕落。

在目前这些敌对的文明之间，其实存在着大多数人们不太愿意相信的密切关联。弗洛伊德与尼采都曾经彰显，文明能够轻易跨越刻意维系的边界，连军警也无法阻挡。但是这些多变的理念，充满了暧昧性以及对固有观念的质疑，很难成为足资依循的准则，帮助我们面对当下的处境。相较之下，从亨廷顿“西方对抗伊斯兰”理论所衍生的战斗命令，如今似乎更能够安定人心；而“9 · 11”事件后的官方言论，也正是撷取亨廷顿的理论。这些言论近来已逐渐偃旗息鼓，但是针对阿拉伯裔、穆斯林与印度人的仇恨言行并未销声匿迹、连执法单位行事偏差的报道也时有所闻，可见亨廷顿的理论历久不衰。

之所以会如此，另一个原因是穆斯林在欧洲与美国日渐增加。看看法国、意大利、德国、西班牙、英国、美国甚至瑞典的穆斯林人口，你就不得不承认，伊斯兰已经不再是僻处于西方世界边缘，而是登堂入室、直抵其核心。为什么伊斯兰在欧美的现状会引来那么大的威胁感？深藏在集体文化中的记忆是第 7 世纪、历史上第一度阿拉伯—伊斯兰征战，就如历史学家皮瑞尼(Henri Pirenne)在其 1939 年大作《穆罕默德与查理曼》(*Mahammed and Charlemagne*)中所说，这场征战永远粉碎了地中海地区的一体性，摧毁了基督教—罗马综合体系，从而使北方强权(日耳曼与法兰西加洛林王朝)的新文明兴起，而北方强权的使命就是要捍卫“西方”免受其历史文化夙敌的侵扰。但是皮瑞尼却忽略了，在画出新防线的同时，西方也吸收了伊斯兰的人文学、科学、哲学、社会学与历史学。伊斯兰从一开始就深入西方世界，这一点连一向敌视先知穆罕默德，并将他置于《地狱》(Inferno)核心的诗人但丁都不得不承认。

此外，一神信仰也是历史悠久的传统，路易斯 · 马西农(Louis Massignon)恰切地统称为“亚伯拉罕的宗教”(Abrahamic religions)。从犹太教与基督教开始，每一种一神教都受到先前宗教的影响，对于穆斯林而言，伊斯兰教完成并终结了先知的谱系。这三大宗教——三者皆非庞大僵化、一以贯之的阵营——崇奉的都是所有神祇中嫉妒心最强的一个，三大宗教在许多方面的争锋，至今仍缺乏可信的历史呈现或拨云见日的解释，尽管它们在现代巴勒斯坦的浴血冲突，从俗世层面充分显现了三者悲剧性的水火不容。因此不足为奇的是，穆斯林与基督教徒正高谈十字军与圣战，双方都以故作姿态的轻忽漠视犹太人的存在。阿合马曾指出，这样的议论

"非常能安慰那些受困浅滩、搁浅于传统与现代的深峻水域之间的男男女女"。

西方与伊斯兰教处境相同

然而我们都是在这些水域中浮浮沉沉,西方人、穆斯林与其他人都一样。既然这些水域是历史汪洋的一部分,强行在它们之间设置深沟高垒是徒劳无功的。局势不时会紧绷不安,但是与其迷失在庞大抽象的理念之中,不如从其他的观点来思考,诸如强势族群与弱势族群、俗世政治的理性与无知、公义与不义的普世准则。"文明冲突"理论就像"世界大战"一样是哗众取宠,只能够强化人们防卫性的傲慢自大,但却无助于批判性地理解我们这个时代中复杂的相互依存关系。

Edward W. Said
COVERING ISLAM
Copyright©1981, 1997, Edward W. Said
All rights reserved
本书中文译文由台湾立绪文化出版社授权使用

图字：09 - 2008 - 683 号

图书在版编目(CIP)数据

报道伊斯兰/(美)萨义德(Said, E. W.)著;阎纪宇译. —上海:上海译文出版社,2009.5(2024.4 重印)
书名原文:Covering Islam
ISBN 978 - 7 - 5327 - 4743 - 6

Ⅰ.①报… Ⅱ.①萨…②阎… Ⅲ.①伊斯兰教-研究 ②国际政治-研究 Ⅳ.B968 D5

中国版本图书馆 CIP 数据核字(2009)第 003622 号

报道伊斯兰
[美] 爱德华·萨义德 著 阎纪宇 译
责任编辑/张吉人 李欣祯 装帧设计/赤祥

上海译文出版社有限公司出版、发行
网址：www. yiwen. com. cn
201101 上海市闵行区号景路 159 弄 B 座
上海景条印刷有限公司印刷

开本 890×1240 1/32 印张 11 插页 2 字数 211,000
2009 年 5 月第 1 版 2024 年 4 月第 2 次印刷
印数:10,101—13,100 册

ISBN 978 - 7 - 5327 - 4743 - 6/D · 097
定价：68. 00 元

本书中文简体字专有出版权归本社独家所有，非经本社同意不得转载、摘编或复制
如有质量问题，请与承印厂质量科联系。T：021 - 59815621